ZEITALTER DES LICHTS

MANIFEST EINES NEUEN BEWUSSTSEINS

LICHT-HERZ Verlag

Autor*innen

Jana Haas
Annette Kaiser
Michael Leibundgut
Jasmuheen
Dr. Ilse-Maria Fahrnow
Michael Tamura
Nadine Reuter
Jacqueline Le Saunier
Peter Goldman
Jeanne Ruland

ZEITALTER DES LICHTS

MANIFEST EINES NEUEN BEWUSSTSEINS

LICHT-HERZ Verlag

Kontaktadresse des Verlags: www.licht-herz.media
Bezugsquelle Schweiz: IM LICHT Buchhandlung, www.imlicht.ch
Bezugsquelle Deutschland / EU: www.val-silberschnur.de

1. Auflage – September 2020
©LICHT-HERZ Verlag CH-Zürich
Ein Verlag von:
IM LICHT Seminarzentrum und Buchhandlung, www.imlicht.ch

Herausgeber: Wolfgang Jaeger (LICHT-HERZ Verlag)
Lektorat: Marianne Jaeger (LICHT-HERZ Verlag)
Bilder, Grafiken, Layout, Satz: Benjamin Inselmini (LICHT-HERZ Verlag)
 (Bildelemente shutterstock.com)
Übersetzungen: Barbara Golan

Druck: CPI Moravia Books, Tschechien

ISBN: 978-3-907275-01-6

Tief im Herzen aller Menschen offenbart sich eine Art Blue-print einer Neuen Erde. Es ist als würde darin ein Wissen aufbewahrt, das nun dem menschlichen Bewusstsein wieder zugänglich ist: den Himmel auf Erden gemeinsam zu verwirklichen.
– *Annette Kaiser* –

Es ist die Herzensschwingung jedes einzelnen Menschenwesens, die darüber bestimmt, wie sich alles verbinden wird, denn im nächsten Evolutionsschritt geht es – wie viele Menschen schon wissen – um das im Herzen zentrierte Bewusstsein.
– *Jasmuheen* –

Es ist jetzt deine Aufgabe in dieser Zeit, diese – deine – Vision zu leben. Du hast wundervolle Potenziale und Talente, die zusammengefügt diese Einzigartigkeit ergeben, die gebraucht wird auf dieser Erde. Das Grundprinzip der Neuen Zeit heisst Dienen, damit lassen wir das Ego fallen.
– *Jacqueline Le Saunier* –

Wir werden geführt, zusammengeführt und innerlich gerufen. Dadurch beginnt sich wie der Phönix aus der Asche das Neue Zeitalter in seiner Zeit zu entfalten. Wir finden uns zusammen in den unterschiedlichsten Bereichen und Themen, erschaffen neue Lösungen und beglückende Erfahrungen in Synthese und Liebesbewusstsein. Überall entstehen zuerst kleine Inseln – paradiesische Inseln – diese werden immer mehr Zustrom bekommen und schliesslich fliessen sie ineinander: Paradies-Paradigma.
– *Jeanne Ruland* –

Lebe voll und ganz als die Seele, die du bist, während du dich durch diese Welt bewegst. Sei jetzt das Licht der Welt, und die Welt wird dir entgegenkommen, um deinem Licht Raum zu geben. Jeder Mensch, der sich für diesen Weg entscheidet, trägt zu einem Unterschied bei. Dann werden Wunder an der Tagesordnung sein, und nicht mehr nur als seltene Ausnahmen geschehen. Sei also voller Freude und lebe das Wunder!
– *Michael Tamura* –

VORWORT

Liebe Leserin, lieber Leser

Wie ein geschliffener Diamant, der das Licht in seinen Facetten ganz unterschiedlich funkeln lässt, leuchten die Worte der Autor*innen in diesem Buch in zehn ganz individuellen Farbklängen und ergeben zusammen ein grosses Bild, einen Regenbogen, der Himmel und Erde miteinander verbindet. Vielleicht erkennst du in diesem Bild dein eigenes Herzensbild, deine Herzensvision, deinen Wunsch nach einer friedlichen, von Liebe getragenen Welt? Jetzt bist du – und die Menschheit als Ganzes – aufgerufen, nach Innen zu gehen, hinein zu horchen, was dich wirklich bewegt, was du mit deinem Leben anfangen möchtest, wie du deine Berufung, deine Beziehungen, deine Partnerschaft leben möchtest. Was für eine Zukunft du dir wünschst, für dich, für deine Kinder, für die Menschheit, für die Erde.

Eine neue Zeit kündigt sich an. Wie in jeder grossen Wandlungszeit zeugen zunächst Chaos und Unruhen davon. Etwas Neues kann nur entstehen, wenn das Alte losgelassen, verabschiedet wird. Das Neue ist längst da, das Alte bäumt sich noch auf und verursacht beim Untergang viel Lärm! Mit sanfter Macht erstarkt das Wissen und der Glaube an neue Möglichkeiten. Ist das nicht eine unglaublich spannende Zeit? Hast du bemerkt, dass du vieles einfach nicht mehr akzeptieren möchtest? Es kann doch nicht sein, dass wir Menschen auf dem einen, gemeinsam geteilten Planeten, so miteinander und mit unseren Mitbewohnern, den Tieren, Pflanzen und der Erde selbst umgehen?

Du, wir, alle Menschen, die aus der Kraft des Herzens leben, bilden jetzt das Fundament für das Zeitalter des Lichts, das seit Urzeiten vorausgesagt und oft das «Goldene Zeitalter» genannt wurde. Egal, welchen Glaubens, welcher Hautfarbe, welchen kulturellen Hintergrunds du bist, du trägst in deinem Herzen das Bild der Liebe und des Friedens, des gemeinsamen Lebens in Respekt und Fürsorge. Ist das nicht bemerkenswert? Fragst du dein Herz, so ist alles klar. Fragst du deinen Verstand, dann gibt er tausend Erklärungen und du verlierst dich in endlosen Denkschlaufen. Eine einfache Formel für das Zeitalter des Lichts ist: Dein göttliches Herz nimmt deinen Verstand an die Hand, weist ihm den Weg und der Verstand hat seinen Platz darin, den Herzensweg im Alltag umzusetzen.

Aber woran genau erkenne ich das Neue Zeitalter, von dem so viele sprechen? Was heisst das: lebe mehr aus dem Herzen, seid lieb zueinander – ist das nicht einfach ein abgehobenes Wunschdenken?
Nein, ist es nicht. Wir befinden uns in einem fundamentalen Bewusstseinswandel der Menschheit. Dachten wir bisher, wir seien körperliche Menschen, aus Zufällen und evolutionären Selektionsprozessen entstanden, so weiss das Neue Bewusstsein, dass wir geistige Wesen sind, Seelen, die zurzeit ein physisches Kleid bewohnen. Du bist ein unendliches, ewiges, kraftvolles Lichtwesen, das jetzt gerade eine körperliche Erfahrung im Schulhaus Erde, in der Dualität macht! Klingt radikal und ist es auch!

Viele sprechen vom Dimensionswechsel: wir machen einen Schritt von der 3. und 4. Dimension in die 5. Dimension. Was bedeutet das? Es handelt sich dabei um Bewusstseinsdimensionen. Die 3. Dimension ist die feste Erde, das physische Dasein ohne Selbst-Bewusstsein. Die 4. Dimension enthält alles Denken und Fühlen. Sie ist feinstofflich und findet einen Ausdruck im physischen Körper, ist aber nicht der physische Körper. Wir messen Gehirnströme, die Ursache der Gehirnströme liegt aber ausserhalb des physischen Körpers im feinstofflichen Astralkörper, was hellsichtige Menschen beobachten können. Alle Gefühle, Emotionen, Denkmuster, Philosophien, Wissenschaften sind in diesem Bereich beheimatet. Die 4. Dimension wird oft als Astralebene bezeichnet und existiert unabhängig von der physischen Welt. Was geschieht jetzt, wenn wir uns in die 5. Dimension hinein entwickeln? Alle andern Dimensionen bleiben bestehen. Zusätzlich haben wir das Bewusstsein, ein göttliches Geschöpf, ein Lichtwesen zu sein, mit den Augen der Seele auf alles irdische Geschehen zu blicken und immer mit der höchsten Schöpferquelle und damit mit der unbedingten Liebe verbunden zu sein. Wenn wir das in der Theorie wissen, ist das schön, aber dieses Bewusstsein ganz im Leben zu integrieren, d.h. alle 5 Dimensionen gleichzeitig voll und in Harmonie zu leben, ist ein Quantensprung, der etwas länger dauert. Das braucht Selbstliebe, Demut, Geduld und den Übungsweg, uns immer nach der Stimme des Herzens und der Intuition auszurichten! Da sind wir alle dran. Aber nur schon auf dem Weg dorthin zu sein ist wunderbar, erhellend und erhöht unsere Schwingung stetig, richtet uns auf ein herzbasiertes Bewusstsein – auf eine Herz-Ethik – aus und lässt bedingungslose Liebe und Lebens-Erfüllung immer häufiger aufleuchten. Treffen wir Entscheidungen aus der Sicht der 5. Dimension, so sind diese immer zum höchsten Wohl von allen und allem.

Seit über zwei Jahrzehnten folgen wir – das Team der Buchhandlung und des Seminarzentrums IM LICHT und des Licht-Herz Verlages – unserem inneren Ruf, das Feld der Neuen Zeit bewusst zu stärken. Mit allen unseren Tätigkeiten und Angeboten möchten wir die Kraft der Intuition, das innere Licht, den eigenständigen Entwicklungsweg jedes Einzelnen unterstützen. Die Herzensverbindung zu unseren Kund*innen und zu unseren Referent*innen ist uns dabei eine grosse Freude. Mit der Zeit hat sich daraus ein energetisches Lichtzentrum gebildet, das gut verankert und weit vernetzt ist. Und die Referent*innen wiederum haben ihre eigenen Netzwerke und weltweiten Verbindungen, was ein Lichtnetzwerk rund um die Erde bildet.

Dieses Bild des weltweiten Lichtnetzes hatte ich in einem nächtlichen Klartraum vor Augen und als ich am Morgen erwachte, wusste ich sofort, dass wir ein Buch über das Zeitalter des Lichts veröffentlichen würden. Es sollte gemeinschaftlich von unseren Referent*innen geschrieben werden und helfen, das Neue Zeitalter zu verstehen und einzuläuten. Eine Vision der Wahrheit und des Guten würde den Menschen eine gerichtete Zukunftsvision bieten und ein Fundament werden, auf dem sich unsere Arbeit und das bewusste «Innernet», die Kommunikation auf der geistigen/schöpferischen Ebene, ausbreiten könnte. Mein kurzes Abwehren eines solchen Ansinnens, wurde mit der Aussage der inneren Stimme quittiert: «Auf was wartest du noch?»

Inzwischen ist ein kraftvolles Buch aus der Fülle und der Weisheit unserer Autor*innen/Referent*innen und des Universums geworden, das dir zeigt: Du bist nicht allein mit deiner Sehnsucht nach einer friedlichen Welt! Ganz im Gegenteil, die Zeit ist gekommen, dass wir alle aktiv das Neue Zeitalter im Alltag herbei-leben, in Gemeinschaft mit allen Menschen und Wesen der Erde und im liebevollen Austausch mit der lichtvollen geistigen Welt. Wir sind bereits im Zeitalter des Lichts angekommen: unsere hellsichtigen, weitsichtigen Autor*innen berichten übereinstimmend und in grosser Klarheit darüber! Sie zeigen auf, wie dieses individuell, gemeinschaftlich und global bereits wirkt und in den nächsten Jahren und Jahrzehnten an Kraft gewinnen wird. Dieses Buch kann dir Anker sein für die Gewissheit, dass wir als Menschheit auf einem lichtvollen Pfad sind, dass du deiner Intuition folgen darfst und dabei Befreiung in eine höhere Schwingung des Lebens erfährst. Es wird dich unterstützen in der ganz grossen Sicht auf das Menschheits-Geschehen und dir auch reichhaltige Übungen, Meditationen und viele Anregungen für dein eigenes Leben geben. Neben den Texten findest du dazu zahlreiche Videos, Audios, und ein Büchlein im PDF-Format.*1) Die wunderschönen Illustrationen nähren die Seele und bereichern das Buch mit einer weiteren Ebene der Wahrnehmung. Unser Teammitglied Benjamin Inselmini hat sich zu jedem Text eingestimmt und die entsprechenden Bilder empfangen und umgesetzt.

Während das vergangene Fische-Zeitalter die Individualisierung betonte und uns zu bewussten Ich-Menschen entwickelte, ist im Zeitalter des Lichts, dem Wassermann-Zeitalter, die Gemeinschaft von zentraler Bedeutung. Die Gemeinschaft unter den Menschen, mit allen Wesen der Erde und mit den liebevollen und lichten Wesen der geistigen Welt. Deshalb ist dieses Buch auch ein gemeinschaftliches Werk, das aus Herzensverbindungen entstanden ist. Und es ruft dazu auf, Gemeinschaften zu bilden: unterstützende, respektvolle, liebevolle Lichtnetzwerke, die das Fundament für neue Gesellschaftsstrukturen bilden können. Die das Neue – sei es in Wissenschaft, Politik, Pädagogik, Gesundheitswesen, Kultur, Wirtschaft, Landwirtschaft – bereits vorleben, erproben oder lösungsorientierte Visionen erarbeiten. Bilden wir Zentren der Vernetzung und des Austausches, der Freundschaft, der freudvollen Kreativität, der Stille und Meditation, der Liebe und des Friedens und neuer Strukturen in allen Bereichen der Gesellschaft! Wir schaffen das Paradies auf Erden, in unserem Umfeld, an der Stelle, wo wir leben und unser Interesse, unsere Liebe und unsere Fähigkeiten sind, JETZT!

Nun möchte ich mich bei den Autor*innen bedanken für ihre grossartige Hingabe an das gemeinsame Wirken. Sie haben alle freudig zugesagt, ihren Beitrag für dieses Buch zu schreiben! Mein Dank geht auch an meine Frau Marianne Jaeger, die mir mit Freude und Rat und Tat bei der Umsetzung des Buches zur Seite stand und auch das Lektorat übernahm. An Benjamin Inselmini für die wunderschönen Bilder und das Layout, an Laura Inselmini und das ganze Team der IM LICHT Buchhandlung, die uns allen den Rücken freihielten, damit dieses Buch entstehen konnte. Und ich bedanke mich bei dir, liebe Leserin, lieber Leser, für dein Dasein und dein waches Interesse.

Ich freue mich, wenn du dieses Buch liest, es dich berührt und inspiriert! Jeder Beitrag ist ein leuchtendes Juwel, das unseren Herzensweg unterstützt. Das die Sicht auf die Welt für eine viel grössere Perspektive öffnet. Das uns motiviert, mutig und kraftvoll die Herzensvision einer freudvollen und friedlichen Menschengemeinschaft zusammen mit vielen anderen Menschen in die irdische Wirklichkeit umzusetzen!

In Liebe und Verbundenheit

Wolfgang Jaeger, im Juli 2020
Herausgeber

*1) Um die Dateien anzuhören oder anzuschauen, kannst Du mit der Kamera deines Mobilgerätes (bei neueren Modellen) oder mit einer Codescan-App den beigefügten QR-Code vor die Kamera halten oder scannen. Dann erscheint die Frage «Datei» oder «Link» im Browser öffnen? Bestätige die Frage und nach einer kurzen Wartezeit kannst du die Datei mit «Play» starten. Alternativ kann der angegebene Weblink im Browser eingegeben werden, wenn du keine Kamera zur Hand hast.

DIE WELT IM WANDEL

Jana Haas

DIE WELT IM WANDEL

ALLES IST MIT ALLEM VERBUNDEN, NUR DER INTELLEKTUELLE GLAUBE TRENNT UNS VOM GANZEN

Erwachen ins Neue Zeitalter

Die vedischen Schriften, das weltweit älteste bekannte spirituelle Werk, haben uns bereits vor 5000 Jahren das Goldene Zeitalter prophezeit, die Astrologen sprechen vom Übergang des Fische-Zeitalters der vergangenen 2000 Jahre ins Wassermann-Zeitalter. Das 13. Baktum des Maya-Kalenders endete 2012, was ebenfalls auf die Ankunft eines neuen Bewusstseins hinweisen könnte. Rudolf Steiner hat bereits beschrieben, dass die Menschen sich im Goldenen Zeitalter nicht mehr nach Rassen unterscheiden werden, sondern sich nach «gut» und «böse» trennen.

Dies alles hat schon längst begonnen. Noch vor einigen Jahrzehnten hätte kein Mensch sich vorstellen können, dass Menschen verschiedener Rassen und Kulturen sich jemals in einer solchen Geschwindigkeit vermischen werden und sich gegenseitig liebevoll akzeptieren.

Dies vollzieht sich nach einem göttlichen Evolutionsplan.

Und was bedeutet das für uns heute? Die Menschen bekommen immer mehr die evolutionäre, positive Entwicklung zu spüren. Die Bewusstwerdung steigt nahezu in allen Lebensbereichen. Die Menschen machen sich immer mehr eigenständige Gedanken über den Umgang mit der Natur, gesellschaftliche Werte, medizinische Entwicklung, berufliche und religiöse Freiheit, spirituelles Erwachen, Pädagogik und vieles mehr.

Vom Anspruch an neue Lebensqualität, Freiheit und Verantwortung wird jeder individuell berührt. Doch wir sind alle noch in das alte, «verhärtetere», männliche Zeitalter hineingeboren. Daher herrschen in unserer Gesellschaft noch die alten Strukturen vor. Auch die meisten Menschen in heutigen Machtpositionen in Politik, Wirtschaft und Finanzsystemen stammen noch aus der «alten Zeit». Für unsere eigene Zukunft und für die Zukunft unserer Kinder sind wir die Vorreiter für neue liebevollere Aufbau- und Umgangsformen.

In unserer Gesellschaft geht es uns heute nicht mehr nur um das nackte Überleben. Vor ca. 100 Jahren, als es noch Geheimwissen um die geistige Entwicklung und das freie Denkvermögen gab, ging es um die Bewusstwerdung der Kraft des Geistes in der Gesellschaft.

> Heute ist es unsere Aufgabe, unsere Fähigkeiten bewusst mit der Herzensqualität der Seele zu verbinden und alles mehr in Liebe anzugehen. Die evolutionäre Entwicklung des Goldenen, weiblicheren Zeitalters der Liebe bringt für den Menschen auch neue individuelle Herausforderungen und Lernaufgaben.

Ausgleich zwischen männlichen und weiblichen Werten

Um zu verstehen, warum die neue Zeit oft als weibliches Zeitalter bezeichnet wird, müssen wir uns die Werte und Tugenden, die einen Menschen ausmachen, näher betrachten. Wir leben auf der Erde in der Polarität, das heisst, es gibt für alles einen Gegenpol.

Ein ausgeglichener Mensch braucht sowohl machtvolle, kreative, durchsetzungsfähige wie auch nachgiebige, bewahrende Anteile usw. Wenn wir einige wichtige Anteile in einem Menschen, ganz gleich ob Mann oder Frau, betrachten, dann können wir diese in erschaffende männliche und liebevolle weibliche Anteile aufgliedern:
- ♥ Männlich: Intellekt, Wissen, Erschaffen, Macht, Ausdauer, Kreativität, Durchsetzung, Härte, Bewegung
- ♥ Weiblich: Weisheit, Liebe, Ruhe, Frieden, Bewahren, Demut, Hingabe, Weichheit, Vertrauen

In den vergangenen Zeitepochen war das Männliche dominant, mit Härte, Strenge und Macht. Dies zeigt sich sowohl an der Stellung und den Machtansprüchen der Kirche, an engen gesellschaftlichen Normen und Moralvorstellungen, wie auch an den kriegerischen Auseinandersetzungen. In dieser Zeit war der Intellekt vorherrschend.

In der nun beginnenden neuen Zeit steht eher das Weibliche im Vordergrund, in dem Werte wie Mitgefühl, Verständnis, Liebe, Gleichberechtigung, Wahrheit, Ehrlichkeit, Demut eine immer grösser werdende Rolle spielen. Da man hierbei von weiblichen Werten spricht, nennt man die neue Zeit auch gerne das weibliche Zeitalter. Dies bedeutet aber nicht, dass es ein Zeitalter der Frauen ist, auch wenn diese endlich mehr Anerkennung finden, sondern es handelt sich um eine Vermehrung der weiblichen Werte, die als Ausgleich der bisherigen männlichen Dominanz dienen. Während die bisherige Zeit also mehr von Intellekt und Macht dominiert wurde, wird in die neue Zeit auch immer mehr Liebe und Weisheit mit einfliessen können.

Die beiden Wertigkeiten müssen im Menschen ausgeglichen sein. Hat die bisherige dominierende männliche Vorherrschaft häufig zu Verwüstungen und Kriegen geführt, so wird die weiblichere Ära mehr Harmonie und Frieden bringen.

Machen wir alle den Schritt in das weibliche Zeitalter und vergessen wir dabei aber nicht, unsere männlichen Anteile liebevoll zu bewahren. Denn mit Liebe und Harmonie allein kann es keine Weiterentwicklung geben. Was nützt uns die grösste Weisheit (weiblich), wenn uns kein Intellekt (männlich) zur Verfügung steht, sie umzusetzen. Vereinen wir also beide Kräfte und erschaffen wir eine bessere, harmonischere Welt, im Innen wie im Aussen!

Zeichen des Licht-Zeitalters

Zu keiner Zeit in der Menschheitsgeschichte hatte der einzelne Mensch jemals die Möglichkeiten wie gerade jetzt, zu erfahren, wer er wirklich ist und was seinen Lebenssinn und seinen Seelenplan ausmacht. Es gibt kein Geheimwissen mehr, keine Kirche, die uns mit einem strafenden Gott, mit Sünde, Hölle und Fegefeuer einschüchtern kann. Heute steht uns das ganze kosmische Wissen zur Verfügung.

Die Zukunft wird grosse Veränderungen mit sich bringen. Wir befinden uns mittendrin in einem noch nie dagewesenen Wandel. In ein Zeitalter, in dem sich die Menschheit durch die evolutionäre Bewusstseinsentwicklung nach

dem göttlichen Plan zur Liebe hin verändern wird. Physikalisch lassen sich enorme kosmische Veränderungen messen. So nehmen die Sonnenaktivitäten zu, was gleichzeitig das Magnetfeld der Erde schwächer werden lässt. Auch die Pole des Erdmagnetfeldes verändern sich. Diese Veränderungen spielen, neben dem menschlichen Irrsinn, beim Klimawandel wie auch bei der Zunahme der Naturkatastrophen eine Rolle. Gleichzeitig wird durch diese kosmischen Veränderungen bedingt, die Menschheit sensibler und offener, was wiederum zunehmend zu einer kollektiven Bewusstseinserweiterung führt.

Es steht uns ein gigantischer kosmischer und geistiger Schritt in der evolutionären Entwicklung bevor. Die Abschwächung des Erdmagnetfeldes hat einen direkten Einfluss auf Nervensystem und Psyche der Menschen und somit auch auf unsere geistige Bewusstwerdung. Wenn um uns herum alles feinstofflicher wird, ist es wichtig, dass wir uns diesen Veränderungen anpassen und uns der neuen Schwingung gegenüber öffnen. Wir sind aufgerufen, unsere geistige Anbindung und unsere Seelenkräfte zu stärken, die liebevolle Schwingung zuzulassen und unser Herz uns selbst, Gott (der höchsten Quelle, der höchsten Schöpferkraft) und den Mitmenschen gegenüber zu öffnen.

Durch unsere zunehmende Feinstofflichkeit und die Zunahme der Bewusstseins- und Seelenkräfte werden wir uns verstärkt das kosmische Wissen und die kosmische Weisheit zu Nutze machen können. Diese drastischen Veränderungen bergen aber auch eine grosse Gefahr für diejenigen Menschen in sich, die vom Grundnaturell her sensibel sind, sich diesen neuen Kräften gegenüber aber verschliessen. Durch die Abnahme des Erdmagnetfeldes schwächen sich die strukturierenden Kräfte ab, was dann eine Zunahme von nervlicher Überreizung, Burnout, Depressionen und psychischen Irritationen für diese Menschen mit sich bringen kann. Deshalb sind eine spirituelle Ausrichtung und geistige Anbindung, wie auch das Urvertrauen zu sich selbst und der Hilfe der geistigen Welten, in der heutigen Zeit wichtiger denn je.

Eine Wende dieser Dimension braucht optimistische Menschen, die Zuversicht und Licht in die Welt tragen. Die Menschen werden zwar sensibler und feinfühliger, neigen aber immer noch dazu, sich nach altem Muster zu verhalten, zum Entweder-oder-Denken. Mittlerweile ist der Mensch so reif und

sein Bewusstsein so hoch entwickelt, dass er keinen Weltkrieg oder ähnliche Dramen mehr für seine weitere Entwicklung benötigt. Schenke dem göttlichen Plan, der Menschheit und dir selbst Vertrauen. Gottes grenzenlose Liebe und Kreativität finden sicherlich keine Entfaltung innerhalb einer Apokalypse beziehungsweise eines Weltuntergangs, wie es immer wieder, in letzter Zeit gehäuft, prophezeit wird, sondern in einem liebevollen Bewusstsein des Menschen. Diese Veränderungen, die die Zeit mit sich bringen wird, werden in dem Ausmass stattfinden, dass jeder Mensch daran reifen kann und somit auch in seiner Entwicklung nachkommt. Das Ausmass solcher Veränderungen hängt stets mit der evolutionären Entwicklung und dem freien Willen des Menschen zusammen und entsprechend auch dem natürlichen Verlauf der Entfaltung des Kosmos.

Da wir noch in das alte, männliche Zeitalter hineingeboren wurden, tragen wir auch noch diese Strukturen und Erfahrungen aus der Erziehung in uns. Es obliegt nun unserem freien Willen, ob wir mit diesen Mustern, die uns eine vermeintliche Sicherheit bescheren, unser Leben weiterhin gestalten, oder ob wir den grossen Schritt in das Neue Zeitalter mit neuer Freiheit, Leichtigkeit, Freude und liebevollem Umgang mit uns und unseren Mitmenschen wagen.

Vollziehen wir diesen Schritt im tiefsten Herzen (und nicht nur mit dem Intellekt), so stehen uns die unendliche Weisheit und das Wissen des ganzen Kosmos heute viel mehr zur Verfügung als jemals zuvor. Heute können wir Begrenzungen loslassen; die geistige Welt erwartet dies, die Engel stehen uns unterstützend zur Seite.
Ich möchte dich ermuntern und wünsche dir von ganzem Herzen Vertrauen und Hoffnung in eine neue, liebevolle Welt. Bringen wir unser Inneres in Liebe zum Erstrahlen, so leuchtet wieder ein Licht mehr auf der Welt!

Glauben wir also von ganzem Herzen an eine lichtvolle Zukunft, an ein liebevolles Zusammenleben und an eine Zeit, in der Kriege keine Rolle mehr spielen werden, und an ein neues erwachendes Bewusstsein! Und bringen wir uns selbst in den Wandel bewusst ein. Gerade auch auf uns ganz persönlich kommt es bei der Entwicklung auf unserem geliebten Planeten Erde an. Finden wir alle einen bewussten Zugang zum Geistigen!

Gelebte Spiritualität

Viele Menschen wachsen mit einem vorgegebenen Glauben auf, den sie im Laufe ihrer Entwicklung von ihren Eltern übernehmen – aber in der heutigen Zeit wollen immer mehr Menschen die Spiritualität bewusst leben, bewusst den höheren Sinn der menschlichen Existenz erkennen und den Glauben persönlich erfahren.

Was wir heute unter Spiritualität verstehen, umfasst alle Weltbilder und Lebensweisen, die über den Materialismus hinausreichen. Sie gründet sich in einer geistigen Verbindung mit dem Höheren, man könnte auch sagen: mit dem Übersinnlichen. Spirituelle Menschen suchen aus einem tiefen, unerschütterlichen Glauben heraus den Zugang zu Gott, und ihre Spiritualität bedeutet ihnen geistige Orientierung und Lebenspraxis.

Die Spiritualität befasst sich mit Sinn- und Wertfragen des Daseins, mit den Grundlagen unserer Existenz und unserer Selbstverwirklichung – und dies alles in Verbindung mit dem Göttlichen und einer höheren Wirklichkeit. Spiritualität ist ein Weg zur Liebe, der den Menschen durch all die einschneidenden und auch wunderbaren Veränderungen seines Lebens trägt.

Es gibt verschiedene Ausdrucksformen der Spiritualität: Dazu gehören Gebet und Gottvertrauen bis hin zum Gefühl einer tiefen Geborgenheit; Erkenntnis, Weisheit und Einsicht und die Überzeugung, dass es Transzendenz gibt – eine höhere Wirklichkeit. Dazu gehören aber auch Mitgefühl, Grosszügigkeit und Toleranz und ein bewusster Umgang mit anderen, mit sich selbst und der Umwelt. Und schliesslich zwei wichtige Aspekte: die Ehrfurcht und vor allem die Dankbarkeit.

Das spirituelle Verständnis unseres Daseins hat Auswirkungen auf die persönliche Lebensführung und die ethischen Vorstellungen. Da es die individuelle Lebens- und Erfahrungsgeschichte mitgestaltet, hat es auch erhebliche Auswirkungen auf unser Seelendasein im Jenseits und auf künftige Inkarnationen.

Aber wie entsteht ein solch spirituelles Verständnis? Zunächst einmal ist ein tiefes Vertrauen und voller Glaube an das Göttliche nötig, damit wir in den Kräften des Erwachens, der Einsicht, der Erkenntnis und der Liebe das Geistige als Realität erkennen. Lebt der Mensch danach, so kann sich innerer Friede entfalten. Alles wird zu seiner Zeit seine Heilung auf allen Ebenen erfahren. Diese Erkenntnis ist nötig, um die innere Weisheit zu haben für das tatsächliche Erleben des Göttlichen.

Dieses Erleben kann von Mensch zu Mensch sehr unterschiedlich aussehen. Allen Erfahrungen liegt aber eine Wahrheit zugrunde: Gott ist universelle Energie des Lebens und Schwingung der Liebe, der Ruhe und des Friedens – ein Zustand des absoluten Seins. Gott findet seine Ausdrucksform in der erschaffenden und hingebungsvollen Kraft. Diese Kraft lebt in jedem Menschen und findet in liebevollen Taten ihren Ausdruck. Die Verbindung mit dem Transzendenten besteht zu jeder Zeit, und wer achtsam mit seiner Wahrnehmung umgeht, erlebt sie im Austausch mit anderen, in Gedanken und Emotionen. Dieses göttliche Bewusstsein brauchen wir für eine positive, liebevolle Ausrichtung unseres Inneren.

Gelebte Spiritualität zeigt dem Menschen den Weg, die wahren inneren Werte zu erkennen, die das Leben wirklich lebenswert machen und alles darstellen, was den Menschen in seinen zwischenmenschlichen Begegnungen bereichert.

> Es sind die inneren Werte, die den Menschen immer mehr aufrichten und Klarheit schaffen: Ehrlichkeit, Mitgefühl, Verständnis, Erkenntnis, innere Erlebnisse und Liebe. All diese Tugenden sind nötig, um Spiritualität praktisch im Alltag zu leben und die Neue Zeit verlangt das von uns.

Solange unser Leben nach unseren Vorstellungen verläuft, fällt es uns leicht, diese Eigenschaften zu spüren. Doch es ist wichtig, unseren Glauben an das Gute und an Gottes Kraft auch in weniger beflügelnden Zeiten zu bewahren und aus einem tiefen Vertrauen heraus allen Ereignissen etwas Gutes abzugewinnen. Wir sollten stets darauf achten, dass alles, was wir tun, aus vollem Herzen, in Liebe und Freude geschieht. Damit diese Eigenschaften zu jeder Zeit selbstverständlich werden, können wir uns mit Gebeten, Segnungen, Meditationen, intensiven Gesprächen, Momenten der Ruhe und Besinnung,

langen Spaziergängen und erhöhter Achtsamkeit im Alltag zur inneren Besinnung bringen.

Es ist wichtig, jegliche Angst vor den Menschen und vor dem Leben in Liebe zu verwandeln; das bedeutet, andere nicht zu be- und ver-urteilen. Vergessen wir nicht, dass kein Mensch etwas Negatives tun kann, ohne auch etwas Positives anzustossen. Entlassen wir die Gefühle, hilflose Opfer oder Täter zu sein. Stattdessen können wir, den Engeln gleich, eine neutrale, urteilsfreie Haltung voller Sicherheit und Vertrauen einnehmen.

Für die spirituelle Entwicklung ist es im neuen lichteren Zeitalter sinnvoll, mehr Wissen über die jenseitigen Welten zu erlangen, um grössere Weisheit im Leben entwickeln zu können. Wenn wir im Diesseits noch in emotionalen Mustern gefangen sind, werden wir auch im Jenseits diese Muster leben. Denn die Seele nimmt all ihre Emotionen mit in den Tod und muss im Jenseits lernen, sie loszulassen. Gelingt uns dies schon zu Lebzeiten, so können wir bereits hier ein leichteres und befreiteres Leben führen.

Leider ist in unserer Kultur der Tod mit vielen Ängsten besetzt, die durch Unwissen und falsche Interpretationen entstanden sind. Sie lassen sich mit mehr Wissen und Weisheit entkräften. Schon die Vorstellung von einer Hölle macht den Menschen Angst, ohne dass sie wirklich wissen, um was es sich dabei handelt. Jenseits aller düsteren Bilder ist die Hölle der emotionale Zustand einer Seele, die wie in einem Schockzustand oder in grosser Wut gefangen ist und nicht daraus herausfindet. In diesem lähmenden Zustand fehlt die Liebe und damit auch die Möglichkeit zur Entwicklung. Solche Gefühle erleben wir auch in unserem Alltag und können uns somit auch hier eine Hölle auf Erden erschaffen. Jede Seele, hier im irdischen Leben, wie auch im Jenseits, hat stets ihren freien Willen und kann sich für Wut und Angst oder für die Liebe entscheiden. So ziehen wir Menschen auf dieser Erde durch unsere Schwingung ähnlich denkende und fühlende Menschen an. Es sollte deshalb stets unser höchstes Ziel sein, uns zur Liebe hin zu entwickeln. So können wir der rasanten Erdenentwicklung standhalten.

Die Zeit ist reif dafür, dass sich die Menschheit nicht nur an den religiösen Vorgaben orientiert, die oft aus der Absicht heraus entstanden sind, die Men-

schen zu verunsichern und abhängig zu machen, sondern dass sie die eigene Wahrheit des Herzens in sich begreift. Denn gerade heute brauchen die Menschen Geistesfreiheit und eigene innere Erlebnisse, um zu neuen Erkenntnissen zu kommen.

Freier Wille und Verantwortung

Der Mensch von heute hat die Aufgabe, bewusst Verantwortung für seinen freien Willen und die Entscheidung für Angst oder Liebe zu übernehmen. Das Paradies ist bereits hier auf der Erde möglich, wir müssen uns nur dafür bereit machen.

Es gibt viele Menschen, die sich auf den spirituellen Weg machen, weil sie am Ziel ein Leben ohne Probleme erhoffen. Doch bei dieser Erwartungshaltung wird oft vergessen, dass der Mensch hier auf Erden in der Polarität lebt. Wenn er sich seiner Angst stellt, aus der seine Probleme entstehen, kann er sich konsequent zu einem Leben in Liebe entwickeln. Das irdische Leben ist niemals ein Zustand ohne Probleme, sondern ein Weg zur Lösung von Irritationen. Es geht darum, sich in allem wahrzunehmen und sich stets weiter zu entwickeln.

Hier kommt es vor allem auf den Umgang mit dem freien Willen an. Der Mensch kann zwar nicht immer beeinflussen, was auf ihn zukommt, denn das ist auch mit dem Schicksalsweg anderer Beteiligter verbunden. Jedoch kann er immer frei entscheiden, wie er damit umgeht: aus der inneren Reife der Liebe oder aus der Angst heraus.

Es ist wichtig, angesichts schwerer Lebensphasen nicht zu verzagen, sondern sich eher in das eigene Gottvertrauen zurückzuziehen und nachzudenken. Ob das Urvertrauen in solchen Zeiten zerbricht oder nicht, hängt letztlich wieder von der individuellen Betrachtungsweise ab, vom freien Willen. Deshalb brauchen wir Gott und das Bewusstsein seiner Gegenwart, um zu wissen, dass in allem ein Sinn zu finden ist. Nur dann können wir begreifen, dass wir unser Leben nicht nur in den engen Grenzen des materiellen Daseins betrachten sollten.

Durch das spirituelle Bewusstsein haben wir die Möglichkeit, unsere geistige Wahrnehmungsfähigkeit zu erweitern, mit der wir unsere Entwicklungsschritte im Leben gestalten können. So entwickeln wir eine individuelle Persönlichkeit und können das Leben mit Interesse, Begeisterung und Freude meistern und persönliche Antworten und Lösungen finden. Erst dann entfalten wir unser volles Potenzial.

> Die Neue Zeit und das sich im Erwachen befindende, neue Bewusstsein ermöglichen eine grenzenlose Entfaltung.

Die Schöpfungsgeschichten der Bibel und der Wissenschaft

Betrachten wir uns zum besseren Verständnis die fortlaufende evolutionäre Entwicklung. Jede Keimzelle, ob tierisch oder pflanzlich, trägt in sich den perfekten Plan für ihre Entwicklung. Dies bedeutet, es besteht ein kompletter Bauplan für Entwicklung, Wachstum, Funktion, Aussehen und Grösse. Die Frage ist nun, wenn wir an den Ursprung des Weltengeschehens zurück gehen, ob die Entstehung per Zufall, also ohne Plan von statten ging, wie es uns atheistische Wissenschaftler gerne glauben machen wollen, oder ob hier bereits der komplette Plan für die Entstehung des Kosmos mit allen Elementen, Pflanzen und Wesenheiten vorhanden war, nach welchem sich das Universum im Laufe von Milliarden Jahren aufbaute und entwickelte. Dann entspräche es der Schöpfung Gottes.

Atheisten glauben, es explodierte etwas rein zufällig mit einer gigantischen Wucht. Dieser Big Bang ist die heute am meisten verbreitete wissenschaftliche Meinung. Die Frage bleibt trotzdem: Gottesplan oder Zufall? Die perfekte Ordnung, nach der alles abläuft, spricht meines Erachtens eindeutig für eine Schöpfung. Ich habe bisher bei zufälligen, unkontrollierten Explosionen niemals Ordnung, sondern immer Chaos vorgefunden. Ich denke, es lohnt sich deshalb, auf die Geburt des Kosmos etwas näher einzugehen.

Viele Forscher sagen, dass sich Religion und Wissenschaft nicht ausschliessen, sie zeigen lediglich verschiedene Perspektiven einer Wirklichkeit auf. Von

dem Physiker Max Planck stammt folgendes Zitat: «Wohin und wieweit wir also blicken mögen, zwischen Religion und Naturwissenschaft finden wir nirgends einen Widerspruch, wohl aber gerade in den entscheidenden Punkten volle Übereinstimmung. Religion und Naturwissenschaft schliessen sich nicht aus, wie heutzutage manche glauben und fürchten, sondern sie ergänzen und bedingen einander. Gott steht für den Gläubigen am Anfang, für den Physiker am Ende allen Denkens.»

Charles Darwin meinte: «Ich habe niemals die Existenz Gottes verneint. Ich glaube, dass die Entwicklungstheorie absolut versöhnlich ist mit dem Glauben an Gott. Die Unmöglichkeit des Beweisens und Begreifens, dass das grossartige, über alle Massen herrliche Weltall, ebenso wie der Mensch zufällig geworden ist, scheint mir das Hauptargument für die Existenz Gottes.»

Carlos Rubia, der frühere Leiter des Cern-Institutes bei Genf, sagte in einem Interview: «Als Forscher bin ich tief beeindruckt durch die Ordnung und Schönheit, die ich im Kosmos finde, sowie im Innern der materiellen Dinge. Und als Beobachter der Natur kann ich den Gedanken nicht zurückweisen, dass hier eine höhere Ordnung der Dinge existiert. Es ist eine Intelligenz auf höherer Ebene vorgegeben, jenseits der Existenz des Universums selbst.»

Betrachten wir zunächst einmal die wohl spannendste Geschichte, welche die Menschheit beschäftigt, die Entstehung der Welt.
In der Bibel, im ersten Buch Moses, der Genesis, wird die Schöpfung folgendermassen beschrieben. Hierbei ist allerdings zu beachten, dass damals die Meinung herrschte, dass die Welt eine Scheibe sei und der Himmel sich darüber aufspanne.

1. Am Anfang schuf Gott Himmel und Erde.
2. Es war aber die Erde wüst und leer und Finsternis lag auf dem Ozean und der Geist Gottes schwebte über dem Gewässer.
3. Da sprach Gott: Es werde Licht! Und es ward Licht.
4. Und Gott sah, dass das Licht gut war und Gott trennte das Licht von der Finsternis.
5. Gott nannte das Licht Tag, die Finsternis nannte er Nacht. Und es wurde Abend und es wurde Morgen, der erste Tag.

6. Da sprach Gott: Es werde eine Feste zwischen den Wassern, und dies sei eine Scheidewand zwischen den Wassern.

7. Da machte Gott die Feste und schied das Wasser unter der Feste von dem Wasser über der Feste.

8. Und Gott nannte die Feste Himmel. Und es wurde Abend und Morgen, der zweite Tag.

9. Und Gott sprach: Es sammle sich das Wasser unter dem Himmel an besonderen Orten, dass man das Trockene sehe. Und es geschah so.

10. Und Gott nannte das Trockene Erde, die Sammlung der Wasser aber nannte er Meer. Und Gott sah, dass es gut war.

11. Da sprach Gott: Es lasse die Erde aufgehen Gras und Kraut, das sich besame, und fruchtbare Bäume, die ein jeglicher nach seiner Art Frucht trage und habe seinen eigenen Samen bei sich selbst auf Erden. Und es geschah so.

12. Da liess die Erde junges Grün aufgehen, samentragende Pflanzen je nach ihrer Art und Bäume, welche Früchte trugen, in denen sich Samen von ihnen befand, je nach ihrer Art. Und Gott sah, dass es gut war.

13. Und es ward Abend und Morgen, der 3. Tag.

14. Und Gott sprach: Es sollen Leuchten entstehen an der Feste des Himmels, die da scheiden Tag und Nacht und geben Zeichen, Zeiten, Tage und Jahre.

15. Und sie sollen dienen als Lichter an der Feste des Himmels, um die Erde zu beleuchten. Und so geschah es.

16. Da machte Gott zwei grosse Leuchten. Ein grosses Licht, damit es bei Tage die Herrschaft führe und ein kleines Licht, damit es bei Nacht die Herrschaft führe, dazu die Sterne.

17. Und Gott setzte sie an die Feste des Himmels, damit sie schienen auf die Erde.

18. Und über den Tag und über die Nacht regierten und das Licht und die Finsternis voneinander schieden. Und Gott sah, dass es gut war.

19. Und es wurde Abend und es wurde Morgen, der 4. Tag.

20. Da sprach Gott: Es errege sich das Wasser mit webenden und lebendigen Tieren und Vögel sollen über die Erde hinfliegen an der Feste des Himmels.

21. Da schuf Gott die grossen Seetiere und allerlei Getier, die sich herumtummeln, von denen das Wasser wimmelt, je nach ihrer Art. Und allerlei

gefiedertes Gevögel, ein jegliches nach seiner Art. Und Gott sah, dass es gut war.

22. Und Gott segnete sie und sprach: Seid fruchtbar und mehrt euch und bevölkert das Wasser im Meer und das Gefieder mehre sich auf Erden.
23. Und es wurde Abend und es wurde Morgen, der 5. Tag.
24. Und Gott sprach: Die Erde bringe hervor lebendige Wesen, jedes nach seiner Art, Vieh und kriechende Tiere und wilde Tiere je nach ihrer Art. Und es geschah also.
25. Und Gott machte die Tiere auf Erden, ein jegliches nach seiner Art und das Vieh nach seiner Art und alle Tiere, die auf dem Boden kriechen, je nach ihrer Art. Und Gott sah, dass es gut war.
26. Und Gott sprach: Lasst uns Menschen machen nach einem Bild das uns gleich sei, und sie sollen herrschen über die Fische im Meer und über die Vögel unter dem Himmel und über das Vieh, über die wilden Tiere und über die ganze Erde und über alles Gewürm, das auf Erden umherkriecht.
27. Und Gott schuf den Menschen nach seinem Bilde – zum Bilde Gottes schuf er ihn; als Mann und Weib schuf er sie.
28. Gott segnete sie und Gott sprach zu ihnen: Seid fruchtbar und mehrt euch und bevölkert die Erde und macht sie euch untertan und herrscht über die Fische im Meer und die Vögel unter dem Himmel und über alles Getier, das sich auf Erden tummelt.
29. Und Gott sprach: Seht da, ich habe euch gegeben allerlei Kraut, das sich besamt, auf der ganzen Erde und allerlei fruchtbare Bäume, die sich besamen, das sei eure Nahrung.
30. Und allen Tieren auf der Erde und allen Vögeln am Himmel und allem, was auf Erden kriecht, was da beseelt ist, bestimme ich alles Gras und Kraut zur Nahrung. Und es geschah so.
31. Und Gott sah alles an, was er gemacht hatte; und es war sehr gut. Und es wurde Abend und wurde Morgen, der 6. Tag.

Soweit die biblische Vorstellung.

Die heute vorherrschende wissenschaftliche Meinung ist die Urknalltheorie. Aber auch sie basiert auf der Postulierung von Hypothesen, welche niemals

real beobachtet wurden. Sie ist auch nicht das einzige wissenschaftliche Modell über die Entstehung des Universums. So gibt es auch andere Modelle, die von einem sich entwickelnden Universum ausgehen, das ohne Anfang und ohne Ende ist.

Was die Urknalltheorie betrifft, so führten die experimentellen und theoretischen Methoden die Kosmologen sehr nahe, bis auf die sog. Planckzeit, also 0,0000000000000000000000000000000000000000001 Sekunden (eine 0 mit 43 Stellen hinterm Komma) an den Urknall heran. Bis zu diesem Zeitpunkt nach dem Urknall gelten die bekannten physikalischen Gesetze. Jenseits dieser Grenze liegt aber ein bislang unerforschtes Reich, also Ungewissheit.

So bleibt die Frage bestehen: Was geschah in dem Augenblick, an dem unser Universum geboren wurde? Die meisten Astrophysiker halten es für unmöglich, bis an den Urknall heran zu gelangen, d.h. es gibt – zumindest bis jetzt – keine Möglichkeiten, den Moment der Schöpfung zu untersuchen. Die tatsächliche Entstehung bleibt damit als Rätsel bestehen und wird wohl für alle Zeiten nur über Gott gelöst werden können.

Betrachtet man nun das Weltengeschehen aus dieser Urknalltheorie, so entstand die Welt vor 13,7 Milliarden Jahren durch eine Explosion eines unvorstellbar kleinen Punktes, viel kleiner als ein Atomkern und mit einer unvorstellbar hohen Dichte und extremster Hitze und der Ausdehnung in Überlichtgeschwindigkeit. Die Energie verwandelte sich bereits innerhalb der ersten Sekunde in Elementarteilchen wie Elektronen, Protonen und Neutronen; sofort danach entstanden die ersten Atomkerne. Die Mehrzahl der Wissenschaftler ist der Meinung, dass der Urknall ein absoluter 0-Punkt ist und die Geburt des Kosmos war; die Entstehung von Raum und Zeit aus dem Nichts. Neueren Theorien zu Folge könnte der Urknall auch lediglich ein Durchgangsstadium von einem Universum in ein anderes Universum gewesen sein. Vielleicht war aber auch alles nochmals ganz anders.

Irgendwie ist die Welt jedenfalls entstanden und den genauen Vorgang und den genauen Plan kennt wohl nur Gott.

Im Neuen Zeitalter bilden Physik und Spiritualität ein Ganzes

Die moderne Physik beweist uns, dass das, was wir als Materie bezeichnen, letztendlich aus Nicht-Materie aufgebaut ist. Wer die sichtbare Welt für etwas Absolutes hält, geht somit weit an der Wirklichkeit vorbei.

Wie findet aber nun alles Materielle, letztendlich auch wir Menschen, zu seiner Form, wenn alles nur aus Energie besteht? Dies kann nur funktionieren, weil alles beseelt ist und hinter allem ein Geist steht. Es sind die himmlischen Wesenheiten, die in die Form führen und die Natur dazu bringen, sich in all den wunderbaren Farben, Formen und in üppiger Fülle auszudrücken. Ohne diese geistige Beseelung könnte die sichtbare Materie nicht bestehen, denn nicht die vergängliche Materie ist die Realität, sondern der unsterbliche, nicht sichtbare Geist, der allem innewohnt. Geist wiederum könnte alleine nicht existieren, sondern muss einem Wesen angehören und dieses Geistwesen kann auch nicht aus sich selbst existieren, sondern braucht wiederum einen Schöpfer, nämlich Gott. So ist es letztendlich der Geist Gottes, der alles durchdringt.

Nach dieser gigantischen Schöpfungsleistung verwandelte sich die Energie gleich zu Anfang zu Elementarteilchen. Es sind hier tatsächlich die Elektronen, die uns besonders interessieren, da sie die geisttragenden Teilchen sind. Sie sind quasi mit Gedankenenergien geladen. Wir Menschen sind über unsere Elektronen und Lichtteilchen, welche eine riesige Informationsspeicherkapazität besitzen, grundsätzlich stets mit allem geistigen Wissen verbunden. Doch um daraus Nutzen zu ziehen, müssen wir die geistige Anbindung herstellen.

Je mehr Menschen zu Liebe, Harmonie und geistiger Anbindung finden, umso schneller kann die Manifestierung der Neuen Zeit gelingen.

Alle stoffliche Materie, auch unser Körper, besteht im Grunde aus Nichtstoff, also aus Energie. Dies bedeutet, die gesamte Materie strukturiert sich aus Energie und Information. Wir bestehen, wie alle Materie, aus verdichteter Energie. Teilchen verlassen uns ständig und andere treten in unseren Verbund ein. Wohin sie genau gehen und woher sie genau kommen, weiss niemand,

ausser Gott. Es erklärt aber, warum alles zusammenhängt und dass wir alle mit allem verbunden sind. Es kommt somit unbewusst zu einem ständigen Energie- und Wissensaustausch. Hierüber lässt sich auch die Hellsichtigkeit und Telepathie erklären. Die uns umgebende Energie ist in Form der Aura um unseren Körper herum noch sehr dicht und wird mit zunehmendem Abstand zu uns immer mehr ausgedünnt, ohne jemals an ein Ende zu gelangen. Jedes Elektron weiss vom Zustand eines jeden anderen Elektrons, sowie auch jedes Lichtteilchen von der Existenz anderer Lichtteilchen weiss und jedes scheint auch zu wissen, was die anderen gerade tun. Sie stehen miteinander in Kommunikation.

Hier findet auch das von Rupert Sheldrake postulierte «Morphische Feld» seinen Platz. Er erklärt dabei, wie z.B. das Wissen durchgemachter Lernprozesse einer Tierspezies auf andere Tiere der gleichen Spezies übertragen wird, völlig unabhängig von der geographischen Entfernung. Man kann sagen, das Wissen geht um die Welt. Hieraus erklärt sich auch, dass zeitnah an verschiedenen Orten gleiche Ideen oder Erfindungen auftauchen können. Alles Wissen was jemals gedacht wurde, ist als Information abgespeichert und für jeden (!) abrufbar und grosse und wichtige Neuerungen teilen sich darüber stets allen Menschen mit.

Jeder von uns ist ein Teil des Ganzen und jeder von uns kann sich in das grosse Wissen einklinken. Der Zugangscode ist die meditative Ruhe in uns. Ein friedvoller Zustand fördert, und aktives Denken hindert den Prozess. Man sieht nur mit dem Herzen gut.

Das sich entfaltende Seelen-Bewusstsein

Eine andere Frage, die mir oft gestellt wird, ist die, ob sich die geistige Welt mit der Zeit verändert habe. Über die Jahrtausende hinweg oder vielleicht auch seit meiner Kindheit. Ist die Welt heute höher schwingend als früher? Dies ist offensichtlich ein fortlaufender Prozess. Ich kann nicht wahrnehmen, dass sich die geistige Welt verändert hätte. Die Gesetzmässigkeiten dort sind und bleiben die gleichen. Allerdings sind wir Menschen in unserer Wahrnehmung und unserem Empfinden feiner geworden. Immer mehr Menschen öffnen

sich für die geistigen Welten und tauschen sich untereinander auch darüber aus. Darum haben wir heute ein unvergleichlich grosses Wissen über diese Welten und ihre Zusammenhänge in unserem Alltag. All das beschleunigt sich immer weiter: Wir lernen immer schneller, Heilung geht immer schneller und es stehen uns auch immer mehr Methoden und Möglichkeiten zur Verfügung. Wenn ich nur schon beobachte, was unser Verein für geistig behinderte Kinder in Russland in sieben Jahren erreicht hat – an Anerkennung in der Gesellschaft – das hätte in früheren Generationen vielleicht siebzig Jahre gebraucht.

Immer braucht unser Bewusstsein für seine Entfaltung Zeit. Wir müssen Erfahrungen machen, sie durchdringen und aus ihnen lernen. Und gerade heute haben wir die Chance, in einem Leben ungeheuer viel zu erreichen – an eigener seelischer Weiterentwicklung und an Inspiration für andere.

Ich weiss, dass ich die Zeit, die mir in diesem Leben bleibt, in tiefer Demut, mit Würde und Dankbarkeit annehmen werde. Für unsere Seele geht es darum, dass wir einen liebevollen Fussabdruck in dieser Welt hinterlassen. Denn am Ende unserer Reise werden wir uns nicht fragen: «Was hat mir die Welt gegeben? Was habe ich alles angehäuft? Bin ich auf meine Kosten gekommen?» Vielmehr wird sich unsere Seele, wenn sich unsere physischen Augen zum letzten Mal geschlossen haben, fragen: «Wie intensiv habe ich gelebt?» Und das wird von den Fragen abhängen: «Wie intensiv habe ich geliebt? Und wie intensiv konnte ich auch die Liebe anderer annehmen?» Mögen wir diese Fragen dann mit einem Herzenslächeln beantworten können. Und vielleicht möchtest du dir diese sogar jetzt schon jeden Abend vor dem Einschlafen stellen und lächelnd der Antwort in dir lauschen.

So viele Fragen drängen in unserer Welt auf Antworten. Und wir werden uns für gute und friedvolle Wege in die Zukunft für immer mehr Mitgefühl und ein höheres Verantwortungsbewusstsein öffnen. Auch wenn sich unsere Welt noch so stark verändert hat, die Bedeutung der geistigen Anbindung, die Grundphilosophie der Liebe, diese Gesetzmässigkeiten des Lebens galten immer und sie gelten auch weiterhin. Sich nach ihnen auszurichten und in allem nicht die Gegnerschaft, sondern die Versöhnung und die Heilung an-

zustreben, das ist für mich aus all meinen Erfahrungen heraus das wertvollste Vorgehen geworden.

Immer wieder werde ich gefragt, ob es nicht naiv ist, von einer positiven Weiterentwicklung der Menschheit auszugehen. Ich antworte darauf mit einem klaren Nein. Es hat sich über die Jahrtausende, Jahrhunderte und auch die letzten Jahrzehnte so vieles zum Guten weiterbewegt. Allerdings bildet das die Berichterstattung des Grossteils der heutigen Medien nicht ab. Doch wir können uns aktiv auf die Suche nach all dem machen, was die Liebe, das Mitgefühl und die Schönheit hochhält und weiter vermehrt.

Ich persönlich bin sehr, sehr dankbar und glücklich darüber, in einer Zeit zu leben, in der es so viel Freiheit und Frieden gibt. Das ist keineswegs selbstverständlich. Und wir müssen diesen Frieden und diese Freiheit behüten, bewahren, in die Welt tragen und uns dafür einsetzen, indem wir von Herzen miteinander kommunizieren und eher das Verbindende als das Trennende sehen. Indem wir auf Lösungen und auf Heilung fokussiert sind. So trägst du dein Licht in die Welt!

In liebevoller Verbundenheit,
Jana Haas, Januar 2020

Die Stärke deiner Seele

Video 2020
14:58 Minuten

QR Code scannen oder
Link in Browser eingeben.

www.licht-herz.media/haasv1

Das Video ist einer Reihe von Videobeiträgen entnommen:
https://www.sinnsucher.de/experte/jana-haas

Dieser Beitrag enthält Auszüge aus den Büchern «Himmlisches Wissen» (Knaur MensSana) und «Mein Seelenweg ins Licht» (Arkana), beide von Jana Haas

Literaturhinweise:
Jana Haas: Mein Seelenweg ins Licht, Arkana 2020
Jana Haas: Das Seelenhören, Scorpio 2019
Jana Haas: Dein Herz kennt den Weg, Goldmann 2019
Jana Haas: Jede Seele ist in der Liebe zu Hause, Knaur MensSana 2019
Jana Haas: Himmlisches Wissen, Knaur MensSana 2015

JANA HAAS

Jana Haas wurde in der ehemaligen Sowjet-union geboren. Durch mehrere Nahtoder-fahrungen in der Kindheit blieb sie mit der jenseitigen Welt verbunden und verfügt über die Gabe einer starken Hellsichtigkeit. Sie kann geistige Dimensionen genauso deut-lich sehen wie wir die materielle Welt. Mit Ein-sichten, die ihr auf diese Weise zuteilwerden, bringt sie den Menschen die Zusammenhän-ge zwischen beiden Welten näher. Es ist er-staunlich, wie harmonisch ihre Einsichten zur Lehre grosser Religionen passen.

Jana Haas erreicht die Menschen durch ihre tiefe spirituelle Verbindung, die aus ihrer Ausstrahlung und ihren Worten spürbar wird. Sie wirkt immer au-thentisch und strahlt eine liebevolle Klarheit aus. In Lehrgängen, Seminaren, Vorträgen, Büchern und Filmbeiträgen gibt sie ihr Wissen weiter.
Website: www.jana-haas.com

Morgenmeditation

Video 2020
14:31 Minuten

QR Code scannen oder
Link in Browser eingeben.

www.licht-herz.media/haasv2

Abendmeditation

Video 2020
14:46 Minuten

QR Code scannen oder
Link in Browser eingeben.

www.licht-herz.media/haasv3

ZEITALTER DES LICHTS

Annette Kaiser

ZEITALTER DES LICHTS

1. Jetzt

Das Zeitalter des Lichts war, ist und wird sich immer unmittelbar im Jetzt – diesem Augenblick – im Werden manifestieren. Insofern hat das Zeitalter des Lichts bereits vor Äonen von Jahren begonnen: Das Licht IST – ewig, unendlich, jetzt – genauso!

Aus einer Perspektive innerhalb von Raum und Zeit offenbart sich den Menschen zusätzlich eine evolutionäre Dimension: Darin befinden wir uns als Menschheit – als Teil von Mutter Erde – in stetem Wandel. Dieser Zeitraum, in dem wir heute leben, ist allerdings besonders: Wir stehen in einem grossen Übergang: Das Zeitalter des Lichts leuchtet auf.

Die gesamte evolutionäre Entwicklung auf unserer Erde wird von D. Walsh wie folgt zusammengefasst:
«Stellen Sie sich vor, die Geschichte der Erde wäre auf einem Jahreskalender dargestellt, sodass die Mitternacht am Beginn des 1. Januar die Entstehung der Erde repräsentiert und die Mitternacht des 31. Dezember die Gegenwart. Dann würde jeder Tag dieses ‚Erdenjahres' 12 Millionen Jahren tatsächlicher Geschichte entsprechen. Auf dieser Skala erschien die erste Lebensform, ein einfaches Bakterium, irgendwann im Februar. Komplexere Lebensformen tauchen jedoch viel später auf. Die ersten Fische erscheinen um den 20. November. Die Dinosaurier treffen am 10. Dezember ein und verschwinden am ersten Weihnachtstag wieder von der Bildfläche. Unser erster als Mensch erkennbarer Vorfahre trat erst am Nachmittag des 31. Dezember in Erscheinung. Der Homo sapiens – unsere Spezies – tauchte gegen 23.45 Uhr auf. Unsere gesamte aufgezeichnete Menschheitsgeschichte, seit der frühen Antike, ereignete sich in der letzten Minute des Jahres.» *1)

Im gesamten evolutiven Geschehen sind also vor allem zwei Quantensprünge zu beachten: der Erste findet irgendwann im Februar statt, wo erstes Leben in Form eines einfachen Bakteriums auf der Erde erscheint. Der zweite Quantensprung findet mit dem Erscheinen des Mensch-Seins statt, welcher u.a. die Gabe der Selbstreflektion besitzt.

Und nun stehen wir mitten in einem dritten Quantensprung, worin sich Evolution als Geschehen im Eins-Sein mit dem All-Einen erkennt und formt. Es handelt sich dabei um einen Bewusstseins-Sprung, der sich im menschlichen Bewusstsein vollzieht. Dieses vermag ein getrenntes Selbst- und Weltverständnis zu umfassen und zu transformieren und somit die untrennbare Einheit vor jeglicher Verschiedenheit zu erkennen und immer mehr zu inkarnieren.

Und genau damit beginnt das Zeitalter des Lichts. Es ist ein eigentlicher Geburtsprozess. Er ist heute bereits so weit vorangeschritten, dass er irreversibel ist. Dies bedeutet, dass das Zeitalter des Lichts sich nun in der dreidimensionalen Welt zu verankern vermag. Unabhängig von dieser evolutionären Betrachtungsweise, die das Raum-Zeit-Geschehen umfasst, war und ist ES JETZT – genau jetzt – schon vollkommen entfaltet. Manchmal wird dieses Geschehen auf Erden in alten, heiligen Schriften als das ‚Goldene Zeitalter' bezeichnet, wo die ganze Erde mit all ihren lebenden Wesen in Harmonie und Frieden schwingt. Darin hat jeder einzelne Mensch als untrennbarer Teil der Menschheit und allen Lebens in seinem bewussten Eins-Sein mit allem, was ist, eine neue Auf-Gabe: Er ko-kreiert Evolution.

2. Im Gewahren lieben, was ist

Der Schlüssel für das Zeitalter des Lichts ist das menschliche Bewusstsein.

Es vermag nun die dreifache Trennung zu überwinden: Die erste beinhaltet die von Menschen entwickelte Idee, dass der lebende Mensch ein unabhängiges und definierbares «subjektives» Bewusstsein ist, d.h. ein eigenes Selbst, einen eigenen Geist, eine eigene Psyche und einen eigenen Körper als Existenz besitzt. Aus diesem sich selbst als getrenntes Wesen definierenden Körper-Geist-Organismus entsteht zwangsläufig der zweite trennende Mythos: nämlich, wenn ich als Mensch getrennt von allem existiere, so ist die ganze Welt von mir getrennt. Und die dritte vermeintliche Trennung beinhaltet, dass das Göttliche, Namenlose Ewige Jetzt, die Quelle, getrennt vom Mensch-Sein ist.

Im Zeitalter des Lichts vermag das menschliche Wesen diesen dreifachen Mythos der Trennung zu umfassen und zu transzendieren. Im bewussten Sein-jetzt, von Augenblick zu Augenblick, IST was IST untrennbar Eins. Darin wird die Einheit allen Lebens, das Eins-Sein jeglicher Existenz in Nicht-Existenz erkannt. Die eine, untrennbare Wirklichkeit enthält und transzendiert zugleich all ihre Modifikationen als ihren dynamischen Ausdruck – die Welt aller Formen – im Nicht-Zwei. – Das ist innerhalb der menschlichen Bewusstseinsentwicklung in sich eine Offenbarung von unschätzbarem Wert – eben ein Quantensprung.

Im Gewahren vollzieht sich dieses Wunder in jedem Augenblick von neuem. So kann jeder Augenblick – jetzt – gerade jetzt! – als eine Einladung gesehen werden, ganz präsent und wach anwesend zu sein. Viele spirituelle Wege oder Nicht-Wege, die letztlich alle ins Gewahren zeigen, stehen der Menschheit heute zur Verfügung, so wie ein Zeigefinger auf den Mond als das Eigentliche verweist. Denn Gewahrsein kann nicht wirklich mit dem Verstand erfasst werden. Es ist der Beobachter/die Beobachterin im Mensch-Sein, der/die wahrzunehmen vermag, wie der Verstand versucht, Gewahrsein zu begreifen oder zu definieren. Gewahren hat allerdings einen «Geschmack». Manche umschreiben ihn als eine Art subtiles Empfinden von tiefem, innerem Frieden. Andere wiederum bezeichnen diesen Einen Geschmack als Sat-Chit-Ananda (Wahrheit/Existenz – reines Bewusstsein – und Glückseligkeit). Präsenz oder Gewahren birgt in sich zudem höchste Intelligenz, wovon der Mind nur einen kleinen Teil repräsentiert. Alles Schöne, Gute, Wahre, Kreative und Freudige entspringt diesem untrennbaren lichtdurchfluteten Bewusstseinsfeld des Eins-Seins.

Hinzu kommt nun noch das Wichtigste: die Liebe. Sie liebt in Selbst-Strahlung, aus sich selbst heraus alles, was ist. Die Liebe ist in bestimmter Weise der eigentliche Prüfstein im Gewahren. Liebt «es» wirklich bedingungslos und inklusive alles Wahrgenommene – Jetzt?

Wie nur, kann diese Liebe beschrieben werden! Sie ist so subtil, dass sie mit Worten nicht wirklich zu erfassen ist. Vielleicht kann sie wie folgt umschrieben werden:

Liebe ist vollkommen in sich und völlig unpersönlich,
sie wohnt als leuchtende, reine Kraft in allem und durchdringt alles,
sie ist unendlich und ewig,
sie ist jenseits von Namen und Formen – obwohl sie durch diese wirkt,
sie ist jenseits der Dualität und offenbart sich in tausenderlei Gestalt,
sie ist die allmächtige Kraft, die alles überwacht und lenkt,
sie bleibt von Raum und Zeit unberührt,
in ihrem Strahlen gibt es kein sogenanntes Recht oder Unrecht,
sie kennt keine Gegensätze und Konflikte,
sie leuchtet in Stille von Innen heraus – in Einfachheit,
sie ist beseligend,
ihr Erscheinen gründet auf der untrennbaren Einheit allen Seins und Werdens,
sie verströmt sich ständig und wirkt von der höchsten Ebene aus,
sie führt alle Mannigfaltigkeit auf den Ursprung zurück,
in ihr heben sich alle Gegensätze und Unterschiede auf... vgl. *2)

Gewahren liebt, was ist. Dies ist der eigentliche Schlüssel, die Grundlage im Mensch-Sein als Menschheit für das Zeitalter des Lichts. Diesen Quantensprung im Bewusstsein haben die Menschen dieser Erde immer neu im Jetzt zu vollziehen, so dass die ganze Menschheit in einem natürlichen Einklang zu schwingen beginnt im Zeitalter des Lichts.

Der entscheidende Faktor im heutigen Zeitgeschehen auf der Erde ist der Mensch. Er trägt in sich einerseits im Unbewusstsein ein Potenzial, das Zerstörung hervorbringen kann. Andrerseits birgt er in sich essenziell eine Schöpferkraft, welche Evolution zu ko-kreieren vermag, woraus ein Weltfrieden und eine Neue Erde entstehen können.

So beinhaltet das Zeitalter des Lichtes eine Ent-Scheidung in Freiheit. Erst dadurch kann sich das Zeitalter des Lichts in ganzer Kraft entfalten.

3. Heiter und gelassen: Spiegel und Spiegelbild

In dieser speziellen Zeit der grossen Umwandlung ist es hilfreich, tiefgreifend zu verstehen, dass Weltgeschehen als Spiegelbild im Spiegel aufleuchtet. Am besten kann dies mit dem Bild «die Welle ist das Meer» verdeutlicht werden. Der Verstand wird dabei seine Kapriolen schlagen, denn so ganz kann der Mind diese Metapher nicht begreifen. Das «Herz» hingegen vermag dieses Paradox «die Welle ist das Meer» zu erahnen, ja schliesslich intuitiv umfassend zu «verstehen».

So kann jedes Geschehen in und auf dieser Welt als eine Wellenbewegung in Raum und Zeit verstanden werden, die zugleich untrennbar und eindeutig «Meer» ist – jetzt! Es ist durchaus möglich, im menschlichen Bewusstsein beide Aspekte des Einen zu gewahren. Etwas im menschlichen Bewusstsein ruht in der Stille – IST –, und gleichzeitig ist über die fünf Sinne das stetige Wandeln aller Formen und Gestalten in dieser Welt wahrnehmbar. Der Mensch verfügt in sich über diesen multidimensionalen Zugang.

Als erster Schritt dahin sind die Menschen eingeladen, die Unterscheidung zwischen «Welle» und «Meer» klar zu erkennen. Dies gelingt am einfachsten durch ein Hinwenden nach Innen. Im nun erkennbaren inneren, alchemistischen Prozess werden die Phasen separatio, conjunctio oppositorum und unio mystica (Trennung, Vereinigung der Gegensätze und mystische Einheit) erfahren, die sich im Gewahrsein im Hier und Jetzt immer neu von Augenblick zu Augenblick offenbaren. vgl.*3)
Der «Eine Geschmack» ist jetzt erkannt und vermag – auf dem Marktplatz lebend – das weltliche Geschehen neutral, in tiefem Mitgefühl und tiefer Liebe, wahrzunehmen als Nicht-Zwei.

Damit vollzieht sich der eigentliche dritte Quantensprung – nochmals von einer anderen Seite beleuchtet. Der Vorgang ist vergleichbar mit dem einstigen Weltbild aus dem Mittelalter, worin die Erde als Mittelpunkt unseres Sonnensystems gesehen wurde, bis Niklaus Kopernikus (1473-1543) beweisführend die Menschheit eines Besseren belehrte: Die Sonne steht im Zentrum unseres planetarischen Systems. – Analog könnte der dritte Quantensprung bedeuten, dass das unreflektierte Ich im Menschen im Gewahren jetzt nicht mehr im Zentrum steht. Der Mensch hat seine Identifizierung mit dem Ich – der «Welle» – lösen können und erfährt nun, dass er in Essenz alles und alle zugleich als Tanz im Nichts ist.

Auf diese Weise kann ein menschliches Wesen gleichzeitig nachvollziehen, wie es selbst die Welt als Projektion mitkreiert. In einer mystischen Betrachtungsweise ist der Kosmos eine sich ständig wandelnde Lichtprojektion des Logos, die sich im Urlicht selbst vollzieht. Hier ist entscheidend, dass die «Welle» oder die projizierte Erscheinung des Kosmos und unserer Welt nicht abgewertet werden. Jegliche Wertung erzeugt Trennung. Alles ist heilig – oder – nichts ist heilig. Wertung geschieht dann, wenn ein Teil als heilig deklariert wird, wodurch sogleich das Unheilige erschaffen ist.

Und dennoch: Das Spiegelbild als Spiegelbild, gespiegelt im Spiegel zu erkennen als das, was es ist, befreit den Menschen von seiner Gebundenheit an Form. Denn der Mensch ist beides: Spiegel und Spiegelbild. Im Gewahren «verkörpert» er den Spiegel, worin all seine Gedanken, Worte und Handlungen als Spiegelungen erscheinen. Der Spiegel selbst ist leer und heisst jedes Bild willkommen, haftet an keinem Bild, hat keinen Widerstand gegenüber irgendeinem in ihm erscheinenden Bild und wertet nicht. Wurzelt das menschliche Bewusstsein hauptsächlich in der Kraft der Gegenwart, wird es leichter im alltäglichen Geschehen, denn der Tanz der Formen ist als Erscheinung erkannt. Heiterkeit und Gelassenheit breiten sich aus.

Dieses Nicht-mehr-identifiziert-Sein mit der dreidimensionalen Welt öffnet das Tor zur bedingungslosen Liebe für die Eine Welt. Aus dieser Liebe heraus kann das menschliche Wesen nun bewusst Wellenbewegungen als Spiegelungen miterzeugen. Es kann sozusagen einen neuen Film – projizierte Bilder – erschaffen. Das Zeitalter des Lichts kann sozusagen als ein neuer Film gesehen werden, ein neues Narrativ für unsere Welt, welches auf der unendlichen Leinwand des Formlosen zu spielen beginnt. Durch das Schöpferlicht im menschlichen Wesen, das nun in der Kraft der Gegenwart und Liebe bewusst zur Verfügung steht, ist es möglich, gemeinsam als Menschheit das Zeitalter des Lichts in Seinem Bilde zu ko-kreieren.

4. Die Vision einer Neuen Erde

Im Zeitalter des Lichts leben die Menschen im Einklang mit Körper, Geist und Seele. Sie ruhen im Geist in der Stille des Seins. Verbunden mit ihrer Seele offenbart sich ihnen aus dem Herzensraum der nächste Schritt im ko-kreativen Werden. Es sind die Freude, die als leitende Grundlage dient, und die Liebe für alles, was ist. Darin ist alles potenziell möglich.

> Tief im Herzen aller Menschen offenbart sich eine Art Blue-print einer Neuen Erde. Es ist als würde darin ein Wissen aufbewahrt, das nun dem menschlichen Bewusstsein wieder zugänglich ist: den Himmel auf Erden gemeinsam zu verwirklichen.

Wenn Menschen aus allen Kulturen dieser Welt gefragt werden, wie denn eine Neue Kultur auf unserer Erde im Miteinander aussehen könnte, entstehen oft ganz ähnliche Aussagen und Bilder. Es sind dies Visionen oder Imaginationen, die eine Welt in Frieden, in Harmonie und Balance mit allem, was ist, charakterisieren. Diese Visionen kreisen alle in Essenz um einen Ein-Klang von Mutter Erde mit allen lebenden Wesen; ein Ein-Klang mit der Pflanzen- und Tierwelt sowie mit der Menschheit, die sich wiederum in eine höhere Ordnung der Harmonie eingefügt hat. Dabei wird die Verschiedenheit geehrt und zugleich die Einheit allen Lebens gefeiert. In diesen Visionen gibt es keine Ausbeutung mehr, weder von Mutter Erde noch von den Tieren oder Menschen. Jegliche Gewaltanwendung gehört der Vergangenheit an. Die Menschheit ist ihren barbarischen Zeiten entwachsen und lebt nun im Zeitalter des Lichts. Dieses wurzelt im Erkennen und Erfahren der grundlegenden Freundlichkeit des Universums, der Fülle, die überall ist, der Freude im Da-Sein und Feiern als ein lichtvoller Tanz im Nichts. Es wird verstanden, dass Materie zu 99,999% «Leer-Licht-Feld» ist und dass u.a. durch Aufmerksamkeit, die der Liebe für alles was ist entspringt, Manifestierung hervorgebracht werden kann, die dem Wohle aller dient.

So wird die Bewegung der Welle als Meer ko-kreiert. Die Menschen leben dabei mehr und mehr aus dem nächsthöheren Holon, das sich aus allen Individuen bildet: die Menschheit. Als Menschheit im Gewahr-Sein-jetzt, das liebt, was ist, wird eine Lichtkraft freigesetzt, die wahrlich Berge zu versetzen vermag. Das Zeitalter des Lichts kann sich nun vollends entfalten.

5. Eine neue Ordnung

Das Zeitalter des Lichts drückt sich durch das Wirksamwerden einer höheren Ordnung der Harmonie aus. Die Erde fügt sich auf ihre Weise wieder in die grundlegende Freundlichkeit ein, welche sich im gesamten universalen Geschehen ausdrückt. Es ist das inhärente So-Gut-Sein, das jegliche Existenz immanent und transzendent durchströmt.

Im Gewahren-jetzt, das liebt, was ist, sind wir mit unserem menschlichen Dasein unmittelbar in der Frequenz des untrennbaren Einen ohne Zwei. Darin kann sich eine neue Ordnung entfalten, die fünf Aspekte aufweist als eine untrennbare Einheit. In Worten sind diese fünf Aspekte nur als Beziehungsfelder zu beschreiben. Denn Sprache basiert auf dem polaren Prinzip, das innerhalb von Raum und Zeit gilt, und daher keine Einheitssprache sein kann. In Wirklichkeit sind diese fünf Aspekte also eins. Man könnte sie wie einen Diamanten beschreiben, der fünf Facetten aufweist: nämlich die «Beziehungsfelder» Mensch – Mutter Erde; Mensch – Mensch; Mensch – Kosmos; Mensch – Höheres Selbst; und Mensch – Numinoses.

1. Mensch – Mutter Erde
Wie schon erwähnt, ist es die Menschheit in der heutigen Zeit, welche die der Erde zugrundeliegende, harmonische Entfaltung aus dem Gleichgewicht bringt. Die Menschheit vermag zwar die Erde nicht mehr total aus der Balance zu kippen, obwohl dieses Potenzial bis vor kurzem als mögliches Szenario der grossen Zerstörung vorhanden war. Inzwischen ist das menschliche Bewusstsein insgesamt so weit in seiner Frequenz angestiegen, dass eine totale Zerstörung unserer Welt ausgeschlossen werden kann. Dennoch: Es bleibt – realistisch betrachtet – noch viel zu tun, als ein Tun im Nicht-Tun.

Der Schlüssel für die Ordnung ist die Liebe im Gewahren: Nisargadatta Maharaj hat dies wie folgt auf den Punkt gebracht:
«Liebe sagt, ich bin alles,
Weisheit sagt, ich bin nichts,
zwischen diesen beiden fliesst mein Leben.»

In diesem So-Sein jetzt, empfindet jedes menschliche Wesen ein Da-Seins-Fühlen, das sich aus dem Namenlosen als selbst strahlende Liebe offenbart. So beginnt die Menschheit Mutter Erde mehr und mehr als einen lebendigen Organismus in untrennbarer Einheit wahrzunehmen. Im Erfahren von Alle-und-alles-im-Jetzt-zugleich wird klar, dass jegliche Verunstaltung, jegliche Ausbeutung oder Verletzung von Mutter Erde ein Geschehen ist, das sich die Menschheit letztlich selbst zufügt. Es ist möglich, Mutter Erde in ihrer göttlichen Kraft als Ganzheit im Herzen zu «empfinden».

Viele Menschen lieben ihre eigenen Kinder zutiefst und sind redlich bemüht, ihnen das Beste auf den Lebensweg zu geben, damit sie ihre einzigartige Wesenskraft zum Wohl des Ganzen zum Ausdruck bringen können. Dieses Empfinden der Liebe für die eigenen Kinder kann sich auf die Welt ausdehnen, auf alles, was ist. Damit ergeben sich ganz neue Bezüge, auch zur Mutter Erde: Die Menschen werden achtsamer, halten inne, sind in communio mit den Pflanzen, Tieren, ja mit der ganzen Erde. Und sogleich wird erfahrbar, wie die Tiere, die Pflanzenwelt und selbst die Welt der Mineralien und Steine in bestimmter Weise auf den Klang der Liebe antworten. Das können wir Menschen im ganz alltäglichen Geschehen überprüfen: Da ist im Garten oder einem Park z.B. eine Amsel, ein Specht, ein Spatz oder eine Meise...Im Gewahren-jetzt, worin der Vogel wahrgenommen ist, wendet er sich dem Menschen meistens auch zu. Wie kostbar doch dieser Augenblick der Begegnung im Nicht-Zwei!

Mit dem Blick der Liebe verwandelt sich die Beziehung zur Mutter Erde grundlegend. Jegliche Trennung wird dabei überwunden. Gleichzeitig wird alles, was ist darin über die fünf Sinne kristallklar wahrgenommen. Diese Liebe erfüllt das menschliche Wesen ganz. Darin widerspiegeln sich Mensch und Mutter Erde in communio. So ist dieser Augenblick-jetzt vollkommen – vielleicht sogar paradiesisch? Und genau dieser Moment formt Zukunft! Wie wunderbar! Das Potenzial, den Himmel auf Erden zu bringen, scheint Wirklichkeit zu werden.

2. Mensch - Mensch

Diese Beziehung ist vermutlich in der heutigen Zeit für die gesamte Menschheit die grösste Herausforderung. Noch sind viele kollektive Narben und Traumata in der menschlichen Psyche und Seele zu erlösen. Und die barbarischen Zeiten, wo Gewalt gegeneinander angewendet wird, sind noch nicht vorüber. Gleichzeitig sind es täglich mehr Menschen, die begreifen, dass das «Erkenne dich selbst», das sowohl individuelle wie kollektive Schattenarbeit beinhaltet, der wesentliche Beitrag für einen Weltfrieden bedeutet. Denn in Essenz vermag nur der innere Frieden Weltfrieden zu erzeugen.

Im Gewahren-jetzt, das liebt, was ist, entfaltet sich im Menschen eine immer tiefgreifendere Liebe für alle Menschen und deren Kulturen in der ganzen Vielfalt menschlichen Lebens. Die sogenannten regionalen und kontinentalen Verschiedenheiten können als Bereicherung des Ganzen gesehen werden aus der Dimension der untrennbaren Einheit vor jeglicher Verschiedenheit. Auch das sogenannte Böse und Dunkle im Mensch-Sein kann nun mit dem Herzen verstanden und in Unterscheidungskraft und Mitgefühl wahrgenommen werden. Gewahren vermag in sich die polaren Kräfte, die in der dreidimensionalen Welt herrschen, in sich zu umfassen und zu transzendieren.

Diese polaren Kräfte verändern sich jedoch im Zeitalter des Lichts. Die polaren Kräfte, die wir als Tag und Nacht z.B. erfahren oder als unten und oben, links und rechts bezeichnen oder als starken und schwachen Strom deklarieren, werden weiterhin existieren. Die von den Menschen verursachten polaren «Strukturen» hingegen werden in ihrer Frequenz erhöht. Darin werden u.a. Macht und Ohnmacht, sogenannte Liebe und Hass, arm und reich transformiert. Das ist eine gute Nachricht. All dies ist nämlich menschgemacht und veränderbar. Es gibt in der heutigen Zeit bereits ganz wunderbare Ansätze, wie z.B. «Gradido», *4) welche das grosse Ungleichgewicht von arm und reich in einem demokratischen Verständnis zu überwinden vermögen.

Im Eins-Sein von Mensch zu Mensch wird auch deutlich, dass jedes Individuum eine spezifische Gabe hat, die nun in Freude, kreativ zum Wohle des Ganzen beitragen kann. Als einzelner Mensch bin ich in Einfachheit eingeladen, meine – nur meine – Wesens-Gabe ganz zu leben. Vollziehen dies alle auf ihre Weise, entsteht durch die Intelligenz im bewussten Sein eine Synchronisation, welche das Gesamte in eine höhere Ordnung der Harmonie zu bringen weiss. Befreit von alten Denkmustern und Glaubenssätzen kann auf diese Weise gemeinsam als Menschheit Himmel auf Erden ko-kreiert werden. Das Zeitalter des Lichts kann sich dadurch sichtbar entfalten.

3. Mensch - Kosmos

Das Zeitalter des Lichts zeichnet sich in einem erweiterten, kosmischen Bewusstseinsfeld aus, das – wenn gewünscht – allen Menschen zugänglich ist. Dies beinhaltet zunächst eine kosmozentrische Perspektive, worin das ganze kosmische Geschehen als Nicht-Zwei erfahren wird. Darin dehnt sich unser uns bekanntes Universum in grösster Geschwindigkeit weiterhin aus. Es werden neue Sternensysteme geboren, während andere sterben. Im Kosmos sind dem menschlichen Auge über Teleskope Millionen von Galaxien bereits zugänglich. Und fast alle Menschen sind im Gewahren vom nächtlichen Sternenhimmel tief berührt und bezaubert. Der Kosmos ist für uns Menschen somit ein erweitertes Zuhause. Wir empfinden diesen unendlichen Raum als etwas Grossartiges.

Auf einer subtileren Wahrnehmungsebene stellen einige Menschen fest, dass dieser Kosmos auf seine Weise lebendig ist. In Anbetracht der Unermesslichkeit des Universums ist zu vermuten, dass nicht nur der Planet Erde Leben oder andersartige Formen von Existenz beherbergt. In einem esoterischen Verständnis werden diese sogar benannt: z.B. 'die Sirius-Geschwister' oder 'die Könige vom Orion', 'die Plejadier' usw. Für die Wissenschaft und für eher intellektuell fokussierte Menschen mag all dies purer Humbug sein. – Wer weiss! In den nächsten zehn Jahren wird sich das irdische Bewusstsein so weiten, dass immer mehr Menschen den kosmischen Raum spirituell erforschen werden. Darin könnten Inspirationen und Hilfestellungen für die Menschen der Erde zur Verfügung stehen, die den grossen Übergang aus der Trennung in ein Zeitalter des Lichts zu erleichtern vermögen. Es könnte auch sein, dass die Erdgeschichte an sich noch einiges Entdeckenswertes in sich birgt. Viel-

leicht existierten ja einst wirklich Lemurien oder Atlantis, was bedeuten würde, dass die heutige Menschheit nicht die erste ist auf diesem Planeten. So
jedenfalls haben es alte Schriften der Maya aufgezeichnet. Nach diesem Verständnis wäre die heutige Menschheit als 5. Generation zu sehen.

Im Gewahren-jetzt, das liebt, was ist, sind dem menschlichen Bewusstsein
die kosmischen Dimensionen zugänglich. Hier ist wichtig zu verstehen, dass
es sich dabei immer noch um duale Dimensionen handelt im Nicht-Zwei mit
dem Namenlosen. Sowohl grobstoffliches und feinstoffliches wie kausales
«Wahrnehmen» ist der Wellenbewegung zuzuordnen. Und – übrigens können diese kosmischen Welten eine grosse Faszination auf Menschen ausüben. Sie können als so interessant erscheinen, dass man alles andere dabei
vergisst oder sich gar darin verliert. Die Quelle selbst, das Numinose, die Eine
untrennbare Wirklichkeit, ist vollkommen eigenschaftslos. Jegliches kosmische Geschehen birgt in sich Eigenschaften. Hier ist Klarheit und Weisheit von
grosser Bedeutung. Denn selbst das kosmische Geschehen ist Teil des Films,
der sich auf der Leinwand abspielt.
Den Kosmos multidimensional zu erforschen ist Teil der Qualität, die ein Zeitalter des Lichts charakterisiert. Das schöpferische Spiel entpuppt sich als
grenzenlos.

4. Mensch - Höheres Selbst

Der Mensch kann als göttliches Wesen, das eine menschliche Erfahrung
macht, bezeichnet werden. Im Zeitalter des Lichts ist der Mensch mit dem
göttlichen Wesen «identifiziert» (identere=gleichmachen). Er hat das
Identifiziert-Sein-mit-dem-kleinen-Ich transzendiert und IST.

Heute entwachsen immer mehr Menschen in der Zeit des grossen Übergangs der Identifikation mit dem auf die dreidimensionale Welt reduzierten
Menschsein.
Obwohl auch im herkömmlichen Paradigma die Sprache von Seele, Geist
und Körper enthalten war, liegt und lag dem Mensch-Sein eine Abwertung
inne. Bedingt durch religiöse, kulturelle, familiäre und persönliche Konditionierungen geben sich Menschen in der westlichen Kultur kaum einen inneren
Selbstwert.

Es ist in der heutigen Zeit von grösster Wichtigkeit, zu erkennen und zu erfahren, dass wir Menschen göttliche Wesen sind; d.h. dass wir in Essenz reines Bewusstsein, Wahrheit und Liebe sind. Dies kann nur durch Introspektion oder durch besondere Geschehnisse, wie z.B. einen Nahtod erfahren werden.

Auf der einen Seite sehen wir Menschen zurzeit im äusseren Geschehen gespiegelt eine allgemeine Tendenz zum Narzissmus. Dieser äussert sich etwa in der weltweit gängigen Selfie-Kultur oder in der heutigen Politik. Andererseits gibt es wie nie zuvor immer mehr Menschen, die sich selbst erforschen und/oder aktiv werden, indem sie neue/alte Werte auf der Strasse vertreten.

Zudem werden in den Zeiten des Übergangs viele Kinder auf der ganzen Welt geboren, die bereits das Zeitalter des Lichts mit auf die Erde bringen.

Für alle Menschen gilt, sich dem Höheren Selbst, dem Göttlichen in sich, welches das menschliche Wesen vollkommen immanent und transzendent durchdringt, ganz hinzugeben. Dies sollte die erste Priorität im menschlichen Leben haben. Es gilt dabei nur, die im Jetzt aufsteigenden Ängste und Konditionierungen, die weitgehend aus einem getrennten Welt- und Selbstbild entstanden sind, zu transformieren. Immer dann, wenn ein Unbehagen im menschlichen Da-Sein auftaucht – ob aussen oder im Innern – ist dies als eine Einladung zu verstehen, bewusstseinsmässig noch weiter und umfassender zu werden. Dabei entsteht die Chance, begrenzende Glaubenssätze und Ängste fühlend wahrzunehmen und zu integrieren. Die eigentliche Transformation geschieht dabei ganz ohne menschliches Dazutun.

Den Selbstwert stärken in der Gewissheit, dass das menschliche Wesen göttlich ist, ist eine wunderbare, befreiende Aufgabe. Sie führt den Menschen nicht in den Narzissmus, sondern über sich selbst hinaus ins All-Eine Nichts. Daraus entsteht eine innere Haltung, welche den Menschen im Ich-Bin verwurzeln lässt, – dem Höheren Selbst. Darin wird eine Seins-Macht freigesetzt, die eigentliche Schöpferkraft, welche die ganze Schöpfung hervorzubringen vermag. So kann das Höhere Selbst im Eins-Sein mit der angenommenen, menschlichen Dimension schöpferisch im Zeitalter des Lichts wirksam sein.

5. Mensch - Numinoses

Das Numinose, die Quelle, das Namenlose, Brahman, Tao, das Göttliche....wie immer die Menschen DAS benennen möchten, es IST jenseits des Nennbaren jetzt – genau so!

Die Quelle ist die eigentliche Heimat für uns Menschen. Der innerste Blick ist im dynamischen Sein und Werden hier auf unserer Erde immer inhärent darauf ausgerichtet. Alles und Alle zugleich sind DAS im DAS. Die tiefste Sehnsucht im menschlichen Dasein ist die Vereinigung mit dem Numinosen. Alle anderen Sehnsüchte lassen sich auf diese primäre Sehnsucht zurückführen. Und wahrlich, sie ist zugleich immer jetzt schon erfüllt. ES IST. Es gab und ist nie eine Trennung gewesen. Das Namenlose, Ewige, ist JETZT. Es leuchtet in Liebe für alles, was ist in unendlicher Zärtlichkeit; nicht fassbar, selbststrahlend, alles hervorbringend und wieder zu sich zurückziehend als höchste Dynamik im ganzen Universum. Im bewussten Mensch-Sein widerspiegelt sich das Numinose, die Quelle, als Tropfen des Meeres in untrennbarer Einheit. Welch ein Glück zu leben! Welch ein Glück zu sterben! Ein lauter Nichts im Nichts...

6. Noch nicht

Aus der heutigen Perspektive in Raum und Zeit ist die Menschheit noch nicht im Zeitalter des Lichts angekommen. Es sind jedoch viele einzelne Menschen, welche sich bereits auf das nächsthöhere Holon beziehen, welches alle und alles zugleich meint. Auf vielfältige Art und Weise versuchen diese Menschen – alleine oder in Gemeinschaft und Gruppierungen – einen Ausdruck zu finden, der dem Einheitsbewusstsein Form geben möchte. vgl.*5) Darin hebt sich die Trennung von Innen und Aussen auf. So ist Gewahren, das liebt, eine Lebensweise, die sich in Einfachheit im täglichen Geschehen freudvoll und auf natürliche Weise ausdrücken will.

Noch leben die Menschen im Mainstream in der Phase des Übergangs. Darin verstärken sich alle Kräfte, die in dieser Welt wirksam sind. Sie werden sichtbar, d.h. für jeden Mensch erkennbar. Schattenhaftes wie Lichtvolles zeigen sich gleichermassen. Wir Menschen sind dadurch eingeladen, in eigener Verantwortlichkeit für das Ganze zu wählen, was wir wirklich wollen. Die Zeit, wo diese Entscheidungen an die Politik oder andere Institutionen abgegeben werden konnten, ist vorbei.

Der dritte Quantensprung aus der Trennung ins Einheitsbewusstsein benötigt jeden Einzelnen, d.h. die gesamte Menschheit ist dabei angesprochen. Es ist eine «Bewegung», die jeden Menschen meint. Denn fehlt einer, verändert sich das Gesamtgefüge. Alles ist mit allem verbunden und wirkt unmittelbar auf alles. Diese evolutionäre «Bewegung» ist inklusive, nur in einem Miteinander möglich. Das ist eine ganz neue Dimension in der menschlichen Entwicklungsgeschichte. Es geht dabei nicht so sehr um Einzelne, die uns beispielhaft vorangehen, als vielmehr um uns alle, in einem gemeinsamen Ausgerichtet-Sein, welches der Verschiedenheit jedes Einzelnen mit Respekt und Toleranz zu begegnen vermag im Jetzt.

Noch ist es so, dass unser tägliches Denken, Fühlen und Handeln als Menschheit zerstörerisch ist. So stirbt z.B. alle 20 Minuten eine Pflanzen- oder Tierart aus. Die Abholzungen der Urwälder in Brasilien, Malaysia usw. haben katastrophale Folgen für das ganze Klima. Die Weltenmeere sind übersäuert, und der Fischbestand ist in vielen Meeren bedrohlich zurückgegangen und gefährdet das ganze ökologische Gleichgewicht. In jeder Sekunde werden von uns Menschen zudem 209 kg Plastik in die Weltmeere gekippt. In Tibet z.B. schmelzen hunderte von Gletschern ab, was eine Wasserknappheit für 1,5 Milliarden Menschen bedeuten wird. Wir bräuchten in der heutigen Zeit fünf Planeten, um nachhaltig auf unserer Erde leben zu können; d.h. wir betreiben Raubbau auf höchstem Niveau. Ein weiterer Aspekt der heutigen Zeit ist die ungleiche Verteilung von Gütern. Es gibt 67 Milliardäre in der Welt, welche über das gleiche Vermögen verfügen wie die Hälfte der Weltbevölkerung. Auch darin wird sichtbar, dass jegliches Gleichgewicht auf unserer Erde aus den Fugen geraten ist.

Es ist wichtig, diesen Fakten in die Augen zu schauen. Und – es ist möglich, all dies wahrzunehmen mit einem Blick der Liebe. Denn Scham und Schuldgefühle helfen uns nicht weiter. Dieser Blick des Mitgefühls und der Liebe verschönert nicht, sondern lernt, was zu lernen ist, hält inne und wird kreativ. Dabei ist auch zentral zu verstehen, dass all diese Probleme, auf die wir heute stossen - ob Klima, Gewalt oder Terrorismus - weder von «Gott», Buddha oder irgendwelchen Ausserirdischen gemacht sind. Wir Menschen sind dafür verantwortlich. Das heisst auch, dass wir die Möglichkeit haben, dies zu verändern.

Und noch etwas ist wichtig zu verstehen: Unsere Gedanken und Gefühle gegenüber uns und anderen Menschen haben eine Wirkkraft in sich. Es ist nicht egal, was und wie wir denken, sprechen und handeln. Es ist ein Fakt, dass 90 % unserer negativen Gefühle anderen Menschen gegenüber auf unseren eigenen mentalen Projektionen beruhen. Wow!

> Ja, ich verstehe. – Und ja, es gibt einen Weg heraus aus dem «noch nicht»: Hier und jetzt beginne ich mein Sein, mein Wesen zu entdecken und zu erforschen, um in einem Miteinander das zu verwirklichen, wovon mein Innerstes schon immer geträumt hat: Weltfrieden, eine neue Kultur in unserer Weltgemeinschaft, die sich in Richtung Himmel-auf-Erden-zu-erschaffen kreativ, frei und freudig ausrichten will.

Geist formt Materie. Materie – so Prof. Dürr – ist nichts anderes als verkrusteter Geist. *6) Geist, der sich im Gewahren-jetzt, das liebt was ist, von Augenblick zu Augenblick offenbart, ist pure Schöpferkraft. Sie erschafft Form. Viele, die uns vorangegangen sind, wie Buddha oder Jesus u.a. waren auch Meister der metaphysischen Kräfte. Im Gewahren hier und jetzt verstehen mehr und mehr Menschen, wie metaphysische Kräfte wirken und wie diese zum Wohle von allem was ist, einsetzbar sind. Diese speziellen Kräfte können nur in der reinen All-Liebe, die dem Ganzen dient, vollends wirksam werden. Darin liegt ein Schutz.

> Mit Selbsterkenntnis, gesundem Menschenverstand, den wissenschaftlichen Erkenntnissen sowie technischen Entwicklungen, die dem Gesamtwohl dienen und einer kollektiven Weisheit, die sich allmählich entfalten wird, wird es möglich sein, die Zeitepoche von «noch nicht» zu erlösen, um eindeutig das Zeitalter des Lichts zu erschaffen als Lebensweise – jetzt.

7. Ethik aus der Stille

Viele Menschen nehmen in der heutigen Zeit wahr, dass äussere Struktu-ren und Institutionen Risse bekommen. Es findet einerseits eine grosse Be-schleunigung statt, teilweise bedingt durch die neuen Medienlandschaften, so dass die von aussen gesetzten, vermeintlich «ewig» geltenden Normen im individuellen Leben immer weniger greifen. Andererseits stellen wir tat-sächlich im Mainstream einen gesellschaftlichen Verfall von Werten fest. Fake News, Lügen, Versprechungen oder Vorgaben, die dann in der eigenen Insti-tution nicht eingehalten werden, gehören inzwischen fast zur Tagesordnung. Dies sind Hinweise darauf, dass wir Menschen heute eingeladen sind, unsere Werte selbst zu setzen und für unser Leben als Teil der Menschheit ganz die Verantwortung zu übernehmen. Gleichzeitig ist zu beachten, dass wir «frei» entscheiden können. Es gibt in einer erweiterten Betrachtungsweise keine Instanz, die uns, nach dem Tod z.B., für unsere guten Taten lobt und uns für die schlechten Taten bestraft – ausser man will daran glauben. Grundsätzlich funktioniert das sogenannte «Göttliche» nicht so, wie wir Menschen uns dies ausgedacht haben.

In Anbetracht des eben Angesprochenen, lädt die Dynamik der Zeit uns Men-schen ein, erwachsen zu werden im Mensch-Sein und als Menschheit. Es ist ein emanzipatorischer Prozess. Es gilt aufzuwachen, aufzuwachsen, aufzu-räumen, aufzublühen und aufzustehen im Licht der neuen Zeit. *1) Mit dem allmählichen Auflösen der von aussen gesetzten Werte, Normen und Verhal-tensweisen, sind wir Menschen aufgefordert, den Blick nun nach Innen zu wenden. Denn in jedem Menschen gibt es eine innere Instanz, die als Gewis-sen (con-science = zusammen wissen) bezeichnet werden kann. Dabei gilt es zu unterscheiden zwischen diesem inneren Wissen und dem, was ein kondi-tioniertes Gewissen besagt, das z.B. durch religiöse Praktiken oder spezielle familiäre und gesellschaftliche Normen, die dem Kind nach der Geburt als «Werte» eingeflösst wurden.

Es gibt eine ursprüngliche Instanz im Mensch-Sein, ohne Überlagerungen. Die ist dem Menschen in der heutigen Zeit immer zugänglich, wenn er ernst-haft und wahrhaftig nach innen fragt. «ES» WEISS im Gewahren-jetzt, wel-ches eine Liebe ausstrahlt für alles und alle zugleich. Dieses Wissen ist auf dem Punkt, so dass die Frage des Fragenden fraglos beantwortet ist. Der Klang der Antwort ist wie eine silberne Glocke – kristallklar.

So können wir uns in Zeiten des Übergangs von innen leiten lassen. Wir folgen schlicht diesem inneren Licht. Dieses vermag durchaus Ungewöhnliches hervorzubringen. Die Seele übernimmt somit die Führung, oder anders ausgedrückt, wir folgen dem Licht des Herzens. Darin schwingt die Ethik aus der Stille, die immer dem Gesamtwohl dient.

In dieser Weise lebend wird das Leben einfach. Immer häufiger können wir alles aus dem inneren Lichtraum entstehen lassen: ES führt uns – das Höhere Selbst – in den Einen nächsten Schritt – nicht in die nächsten 100 Schritte! Es ist sehr wichtig, dass wir uns mit dem einen, nächsten Schritt zufrieden geben. So bleibt das Feld aller Möglichkeiten offen. Denn grundlegend ist ES freundlich, will immer das Beste für das menschliche Da-Sein, auch wenn dies dem kleinen Ich im Menschen nicht immer einleuchtet.

So verwurzelt im Sein-jetzt, worin eine Ethik inhärent in der Stille immer zugänglich ist, entsteht allmählich eine Gewissheit, dass alles möglich ist. Es ist ein Vertrauen in DAS – nicht blind – sondern im wachen Da-Sein jetzt. Es ist, wie wenn ein befreiendes Nicht-Wissen mit einem Wissen für den nächsten einen Schritt im Einklang tanzt. Mehr Sicherheit gibt es nicht. Denn wirklich sicher ist nur das Hier und Jetzt!

8. Eine Revolution des Mitgefühls und der Liebe

Auf unserer Erde gab es schon mehrere Revolutionen: die Französische, Russische und Chinesische u.a. Obwohl im Ansatz ernsthaft bemüht, das Wohl der Bevölkerung wesentlich zu verbessern, haben sich die ursprünglichen Intentionen nicht verwirklicht. Gleichzeitig hat die Französische Revolution Massstäbe gesetzt, die von grosser Bedeutung für die ganze Menschheit wurden: Freiheit – Gleichheit – Brüderlichkeit. Und dennoch: Diese Ideale sind heute noch nicht verwirklicht in unserer Welt. Dies steht u.a. auch in dem Zusammenhang, dass wir Menschen das äussere Geschehen von der inneren Dynamik im Menschen als etwas scheinbar Getrenntes wahrnehmen. Die Ideale von Freiheit, Gleichheit und Geschwisterlichkeit werden sich erst verwirklichen können, wenn das menschliche Bewusstsein den Mythos der Trennung überwunden hat.

Freiheit kann grundlegend als ein Frei-Sein von Unwissenheit verstanden werden, die eine sich im Aussen manifestierende Freiheit als Lebensweise erst möglich macht. vgl.*7)

Gleichheit kann als eine innere Erfahrung beschrieben werden, worin das menschliche Bewusstsein in jedem Atom das Eine «Licht-Liebes-Feld» erkennt. So ist alles heilig, jedes Grasbüschel, jedes fallende Blatt, jedes Mäuseaugenpaar, jede Sternschnuppe, jeder Mensch... Alle Menschen sind grundlegend aus dem gleichen «Stoff» gebaut. Wir alle haben die gleiche Anzahl Knochen im Leib, zwei Augen und Ohren usw. Und gleichzeitig sind wir einzigartig. Das Gleichwertige ist jedoch dem Einzigartigen übergeordnet. – Oder ist es gerade umgekehrt?

Brüderlichkeit und Schwesterlichkeit stehen in Verbindung mit Mitgefühl und Liebe. Mit dem Blick des Herzens sehen wir in jedem Menschen sein Herzenslicht – mag es scheinbar noch so verborgen sein – als Nicht-Zwei. So ist die Menschheit eine grosse, untrennbare Familie.

Und das hat Konsequenzen. Im Gewahren, das liebt, was ist, gibt es keine Grenzen im Sinne von meine Kleinfamilie, meine Nation, meine Religion usw. Diese Grenzen sind geöffnet, ohne dass die eigene Identität als Individuum dabei verloren ginge. Wie begegne ich nun meinen Geschwistern in dieser Welt? Freundlich, offen, höre ich zu, teile ich, habe ich Mitgefühl, ja eine Liebe für sie alle – einfach so?

Geschwisterlichkeit kann ohne Gerechtigkeit nicht verwirklicht werden. Wir benötigen eine ökonomische, soziale und ökologische Gerechtigkeit als Grundlage Wie sonst kann Weltfrieden entstehen? Wenn über zwei Milliarden Menschen in äusserster Armut leben und ein kleiner Anteil der Menschheit in Luxus schwelgt, wie, – wie soll da Frieden auf Erden entstehen?

Das Zeitalter des Lichts hat die Kapazität, Lösungen zu finden. Und es gibt sie bereits weitgehend... Es liegt nur noch an uns Menschen, diese umzusetzen.

Ja, es braucht dazu eine Revolution des Mitgefühls und der Liebe. Wir benötigen nicht primär – aber auch – spezielle Techniken, besonderes Wissen, Konzepte, Strategien und politische Bewegungen. All das hat seinen Platz im ganzen Geschehen. Wir benötigen heute vor allem die Liebe, die unsere Ich-bedürftigkeit schmelzen lässt und uns zu verstehen gibt, dass Gewahren, das liebt was ist, eine win-win-Situation für alle ist. Wenn ich z.B. immer unterschwellig in der Angst lebe, mir könnte etwas weggenommen werden, da ich so vieles besitze, färbt dies auf mein Lebensgefühl inhärent ab. Da ist immer ein Mü Angst in meinem inneren System wirksam. Das kann zermürben, krank machen oder schwer. Wenn ich häufiger teile, kann ich die Freude des Gebens kosten, und ich selbst bin dabei noch «reicher» geworden, denn ich beschenke mich letztlich selbst.

Eine Revolution des Mitgefühls und der Liebe ist der Schlüssel zu dem zurzeit stattfindenden Übergang, worin alles geschichtlich Erlernte integriert werden kann. Zugleich öffnet sich ein Tor, das wir Menschen alle im Herzen tragen: endlich, endlich Weltfrieden zu verwirklichen. Darauf aufbauend kann sich im Zeitalter des Lichts eine Neue Erde manifestieren. –

Und all diese Erfahrungen, all dieses Wissen, wird die Menschheit im bewussten Eins-Sein vielleicht eines Tages anderen planetarischen Wesen zur Verfügung stellen können. – Wer weiss...

Annette Kaiser, Dezember 2019

Literatur-Hinweise

*1) Annette Kaiser: Im Übergang: Vom Homo Sapiens Sapiens zum Homo Universalis, S.6 (Zitat von Donald Walsh) und S.15ff., Goldener Wind 2018

Im Übergang vom Homo Sapiens Sapiens zum Homo Universalis
2018, Buch im pdf Format
47 Seiten

QR Code scannen oder Link in Browser eingeben.

www.licht-herz.media/kaiser-pdf

*2) Swami «Papa» Ramadas: Auf der Suche nach Gott, S.103, Ansata Verlag 1988

*3) Annette Kaiser: Der Weg hat keinen Namen, S. 69ff, Theseus Verlag 2002

*4) Bernd Hückstädt: Gradido, Natürliche Ökonomie des Lebens, Gradido-Akademie 2012, www.gradido.net/academy

*5) Annette Kaiser und Ilse-Maria & Jürgen Fahrnow: Frieden, Liebe und Wahrhaftigkeit, Teil II, Dr.Fahrnow-Verlag 2019

*6) Hans-Peter Dürr: Geist, Kosmos und Physik, Crotona-Verlag 2010

*7) Dalai Lama: Der neue Appell des Dalai Lama an die Welt mit Sofia Stril-Rever, Benevento Verlag 2018

Weitere Bücher zum Thema:
Annette Kaiser: Die Seele Europas erwacht, Crotona-Verlag 2018
Annette Kaiser: Eine Welt – Eine Menschheit – Ein Bewusstsein, Aquamarin Verlag 2015

ANNETTE KAISER

Annette Kaiser wurde 1948 in Zürich/Schweiz geboren. Sie ist spirituelle Lehrerin, Gründerin und spirituelle Leiterin des Seminarhauses «Goldener Wind by Villa Unspunnen» in der Schweiz. Sie ist Visionärin einer universellen Spiritualität und hat mehr als zehn Bücher geschrieben. Nach ihrem Studium der Ökonomie und Soziologie an der Universität St. Gallen (CH) arbeitete sie viele Jahre im Bereich der Entwicklungszusammenarbeit. Ihr Spezialgebiet waren die Sache der Frau und der interkulturelle Dialog. Während 17 Jahren war sie Schülerin von Irina Tweedie, einer anglo-russischen Sufi-Lehrerin. Ende der 1980er Jahre gründete Annette Kaiser ihre Tai Ji DO-Schule und bildet seit über 30 Jahren Lehrerinnen und Lehrer aus. Seit 1998 ist sie von Frau Tweedie autorisiert, die Naqshbandiyya Mujaddidiyya Sufilineage fortzusetzen und Menschen auf dem Weg der Liebe zu begleiten. Im Jahr 2000 entwickelte sie den «Übungsweg DO», den sie kontinuierlich weitergestaltet und der Menschen in einem non-dualen kosmozentrischen Verständnis lehrt und inspiriert.

Annette Kaiser widmet sich insbesondere der transkonfessionellen und transkulturellen evolutionären Spiritualität, die einen offenen, bewussten Seinszustand als natürlichen Ausdruck einer integralen Lebensweise in einem sehr tiefen Sinne impliziert. Dieser Weg führt in die Universelle Spiritualität und die Universelle Zusammenarbeit als Nicht-Zwei. In beiden Bereichen initiiert und beteiligt sich Annette Kaiser auf vielfältige Weise (Retreats, Workshops, Konferenzen, Audiokonferenzen etc.) mit verschiedenen Gruppen, Zentren und Menschen in Europa und weltweit. Sie sieht das 21. Jahrhundert als einen Aufruf an die Menschheit, sich selbst als untrennbar Eins zu erkennen und eine neue Kultur in kollektiver Weisheit und Liebe zu einem Herzen mitzugestalten.

Darüber hinaus engagiert sie sich auch auf einer sehr praktischen Ebene, immer im Geiste dessen, was Universelle Spiritualität für sie bedeutet – EINE Welt – EINE Menschheit – EIN Bewusstsein – lokal und global: kürzlich zum Beispiel durch die Initiierung der Co-Creating-Europe-Bewegung (www.co-creating-europe.eu) oder die Unterstützung des Projektes «Lebensraum Belmont» neben ihrem Seminarzentrum in Wilderswil. Zudem ist sie seit über 30 Jahren Präsidentin des gemeinnützigen Vereins «Open Hands», der Projekte in Asien, Afrika und Lateinamerika unterstützt.

Sie ist verheiratet, Mutter von zwei erwachsenen Kindern und Grossmutter.

Website: www.goldenerwind.ch

Eine ganzheitliche Haltung zum Zeitgeschehen kultivieren
Video 2019
12:31 Minuten

QR Code scannen oder
Link in Browser eingeben.

www.licht-herz.media/kaiserv1

13 LICHT-STIMMUNGEN FÜR DEN ALLTAG

Michael Leibundgut

13 LICHT-STIMMUNGEN FÜR DEN ALLTAG

Wenn wir diesen Planeten weiter verwandeln wollen in einen immer licht-volleren Ort, so sind wir alle gefragt, täglich bewusst dazu beizutragen. Es gibt nur die eine Möglichkeit: dass jedes Wesen liebevoll seinen Teil dazu beisteuert.

Nur eine Kerze, die brennt, kann ihr Licht weitergeben und so geht es immer wieder darum, dass wir aus uns selbst heraus von Licht erfüllt sind. Da in unserer Dimension noch viele alte Prinzipien uns vor der Nase herum gaukeln, die uns immer mal wieder schwächen können, möchten wir mit 13 kurzen Licht-Stimmungen Fenster öffnen, die uns eine Richtung weisen, wie Licht einfallen kann in unsere irdische Ebene, besonders an Tagen, an denen wir uns nicht besonders licht- und liebevoll fühlen.

1. Die Einmaligkeit deines Körpers

Dein irdischer Körper gehört nicht dir, er ist ein Teil des physischen Körpers der Erde und wird wieder vollkommen in ihr aufgehen nach deiner Abreise von hier. Er ist die kostbarste Leihgabe, nur er kann dir diese irdischen Erfahrungen, den Aufenthalt hier ermöglichen. Und auch wenn wir uns viele viele Male hier immer wieder verkörpert haben, so ist jeder Körper eine einmalige Erfahrung. Wir können noch so viele Male reinkarnieren, aber nie mehr in derselben physischen Form. Geniessen wir diese Einmaligkeit und bedanken wir uns bei der Erde – und bei unserer biologischen Familie – dass sie uns dieses Kunstwerk erschaffen und uns zur Verfügung gestellt haben.

Behandeln wir unsere Körper mit freudiger Sorgfalt, aber ohne ängstliche Vorsicht. Der irdische Körper möchte in Bewegung sein, dynamisch, im Fluss mit den vitalen Energien der Natur. Der Körper kann auf einem Stuhl still sitzen für eine bestimmte Zeit, aber es entspricht nicht seinen Bedürfnissen. Wir laden unsere Körper auf und erhalten sie, indem wir mit ihnen in fliessende Energien eintauchen. Alles zu Statische schwächt den Körper auf die Dauer, denn er möchte wie ein Dynamo immer wieder aufgeladen werden.

Indem wir die Energie in unserem Körper pflegen und erhalten, stärken wir ein Glied in der Kette der Menschheit und dies ist unsere erste Verantwortung: Für dieses Stück Erde, das uns anvertraut wurde, so gut und so liebevoll wie möglich zu sorgen. Du bist der Ort, an dem alles beginnt. Unsere Körper sind Überraschungspakete und sie entziehen sich unserer vollständigen Kontrolle. Indem dies so ist, sind weder sie noch wir unvollkommen, sondern es ist genau die Aufgabe, die wir brauchen, um als Seele hier unsere Wachstumserfahrungen zu machen. Wir können unsere Körper nicht vollkommen rational steuern, da wir uns immer wieder täglich neu erden sollen, indem wir uns auf diese körperliche Erfahrung hier auf der Erde einlassen.

Und dieses Sich-auf-die-Erde-einlassen kann nicht über den Kopf oder über das Denken geschehen, sondern über das Annehmen. Ganz egal in welchem Zustand sich mein Körper gerade befindet – ganz egal ob ich gesund, müde, krank oder taufrisch bin – so geht es immer wieder darum, auch auf physischer Ebene einfach anzunehmen, was ist. Dies ist eine Riesenherausforderung für unser Denken, da es möchte, dass wir nur annehmen und akzeptieren, was in unseren Augen gut oder angenehm ist.

Für viele von uns ist es eine gute Technik, jeden Morgen bewusst in unserem physischen Körper einzuchecken. Einfach ganz hier ankommen über das Bewusstsein der Einmaligkeit dieser Erfahrung. Sich gewahr werden, dass wir wieder einen Tag in diesem luxuriösen High-Tech-Tool verbringen dürfen, dessen Funktionen wir noch nicht vollständig verstehen. Aber jeder gemeinsame Tag bringt uns einander näher und es geht darum, das Geschenk der körperlichen Erfahrung in all seinen Facetten immer wieder anzunehmen. Und annehmen heisst – wie wir bereits erwähnt haben – auch annehmen, wenn wir noch nicht vollständig verstehen.

2. Das Fest im Alltag

Sicher, das Leben auf diesem Planeten bringt immer mal wieder Ärger, Stress und verschiedene Formen von Unmut mit sich. Wie können wir das ausbalancieren und jedem Tag eine festtägliche Qualität einhauchen? Indem wir im Alltag bewusst unsere Aufmerksamkeit auf die Dinge richten, die unser Leben hier wundervoll machen und bereichern. Das können ganz kleine Momente sein, die wir durch unsere Wertschätzung und Achtsamkeit erheben und sie dadurch zu einem Fest werden lassen. Zum Beispiel den Kaffee nicht mitnehmen und unterwegs trinken, sondern sich die Zeit nehmen, sich hinzusetzen und den Kaffee mit deiner Gegenwart zu ehren. Oder wenn deine Katze beschliesst, dass sie sich gerade jetzt dir auf den Schoss legen will, wenn es dir eigentlich überhaupt nicht passt, dann halte einfach einen Moment inne und nimm die Wertschätzung an.

Ein Fest zu feiern heisst, die lineare Qualität der Zeit – in der wir uns so oft gefangen fühlen – in Raum zu verwandeln: Und dies können nur wir selbst tun oder zulassen. Oft übergehen wir die Momente von tiefer Qualität in unserem Alltag, welche uns so unglaublich gut tun und nähren würden.

> Wir dürfen unseren Blickwinkel wieder öffnen für die Momente unbezahlbarer Geschenke in unserem Leben. Um in den Genuss dieser festlichen Qualität in unserem Alltag zu kommen, müssen wir einfach offen sein, die vielen wundervollen Momente und Situationen anzunehmen und nicht daran vorbeizugehen.

3. Das Kloster im Alltag

Wir stammen alle nicht von hier, und das Im-Aussen-gefordert-sein und Handeln-müssen spiegelt nicht unsere kosmische Natur wider. Es tut uns daher immer wieder unaussprechbar wohl, uns in uns zurückzuziehen und einfach zu SEIN! Es ist dies ein natürliches Bedürfnis – ähnlich wie Essen, Trinken und Schlafen – welchem wir alle Rechnung tragen sollten.
Die Form, wie dieser Rückzug zu uns selbst ausschauen kann, ist ganz individuell. Manche mögen es, sich still in einem Zimmer hinzusetzen und zu atmen, andere fühlen sich wohler in Bewegung an der frischen Luft. Die äussere Form ist nicht entscheidend. Entscheidend ist die Absicht, ganz in die eigene innere Ruhe und Kraft einzutauchen. An manchen Tagen scheint uns diese unendlich weit weg und gerade dann ist es besonders wohltuend, sich diesem Ritual hinzugeben und an den Ort zu gehen, an dem wir einfach nur sein dürfen, ganz absolut.

In diesem Rückzug von der Welt im Aussen, treffen wir auf unsere Kraft und Klarheit als kosmisches Wesen. Es tut uns gut, immer wieder einfach nur mit uns selbst zu sein. Wähle deine Form, sei spielerisch und kreativ. Jede und jeder von uns hat ihre oder seine ganz eigene Art und Weise, an der grossen kosmischen Tankstelle anzudocken. Im Rückzug von der Aussenwelt und in der Hinwendung zu uns selbst können wir alle täglich an unserem persönlichen Zugang zu unserer Ur-Ebene bauen. Manchmal braucht es Mut, sich herauszunehmen, gerade wenn dies für das Umfeld noch ungewohnt ist.

Gönn dir die Kühnheit aufzuzeigen, wie gut es sich anfühlt, für eine halbe Stunde oder für eine Stunde komplett unerreichbar zu sein: «Schatz, ich geh' ins Kloster! Ich bin in einer Stunde zurück...»

4. Empfange deine Segnungen

Das Leben segnet uns unablässig in unterschiedlichsten Formen. Und so wie dieses irdische Leben für uns sehr normal geworden ist, so haben wir auch die Neigung, diese vielen Segnungen nicht mehr klar zu sehen. Wir halten sie – könnte man sagen – für die Grundausstattung. Doch wenn wir diesen Planeten mit all seinen Wesen ins Licht begleiten wollen, so ist es wichtig zu verstehen, dass diese Segnungen auf dieser Ebene nicht zu jeder Zeit eine Selbstverständlichkeit waren. Dass wir unsere Schwingung zur Unterstützung aller vervielfachen können, indem wir uns immer wieder aller Segnungen bewusst werden, die wir je empfangen haben oder die uns täglich immer wieder zuteilwerden.

> Eine hohe Form von segnendem Goldenem Licht – also bedingungsloser Liebe – greift immer wieder in unser Leben ein.

Wir müssen nichts dafür tun, wir müssen uns nicht als «würdig» erweisen, es geschieht einfach. Und immer wieder. Gerade wenn wir uns an einem schmerzvollen und schwierigen Punkt in unserem Leben befinden, neigen wir dazu, Segnungen nicht anzunehmen, weil wir uns als «nicht würdig» betrachten, es nicht «verdient» haben, oder die Segnung einfach ganz anders ist, als wir sie uns vorgestellt oder gewünscht haben. Schön ist es, sich immer wieder mal abends kurz zu überlegen, was für Segnungen wir im Laufe des vergangenen Tages denn erfahren haben. Vielleicht hatten wir sie zunächst gar nicht bemerkt...

5. Dankbarkeit – der Turbolift

In unserer irdischen Dimension, in der so vieles durcheinander geht und die unterschiedlichsten Dinge an uns vorbei wehen, kommt es immer mal wieder vor, dass wir die Orientierung verlieren und wir nicht mehr so ganz sicher sind, wo der richtige Weg genau verläuft. Es gibt nichts Besseres und Gesünderes, als uns immer wieder tief im Gefühl der Dankbarkeit zu verankern. Dankbarkeit ist Psychotherapie für die Seele und sie richtet uns immer wieder neu aus.

> Das tiefe innere Gefühl der Dankbarkeit braucht keinen äusseren Anlass, es ist vielmehr eine Seelenstimmung, die uns mit einer höheren kosmisch-göttlichen Ebene verbindet, die Ebene, aus der wir ursprünglich stammen und wohin wir unterwegs zurück sind.

Universelle Dankbarkeit ist also das göttliche Navigationssystem, das uns zeigt, in welche Richtung wir als Seele eigentlich unterwegs sind. Es gibt Tage, da fühlen wir uns nörgelig, quengelig, unerfüllt oder alles zusammen – und dies ist kein Fehler, es gehört zur menschlichen Erfahrung einfach auch dazu. Doch wenn wir es schaffen, aus diesen Situationen in den Zustand absoluter Dankbarkeit einzutauchen, dann ist uns eine wundervolle Akrobatik gelungen, da wir uns von einem dumpfen in einen hochschwingenden Zustand versetzt haben. Ja, wir können zaubern! Der Zauberstab fühlt sich bloss manchmal etwas eingerostet an...

6. Teile die Fülle!

Genau, wir können alle zaubern! Und es ist immer wieder schön sich zu vergegenwärtigen, dass alle Formen von wahrhaftem Glück und Freude sich vermehren, wenn wir sie teilen. Es ist dies das ganz zentrale menschliche Bedürfnis: unser Menschsein in Liebe und Frieden zu teilen. Wir – und vor allem

unsere Körper – kommen aus einer tiefgreifenden Erfahrung von Mangel und stecken zum Teil noch sehr tief in einem Muster von «Entweder hat es für dich oder für mich...». Doch diese Mangelerfahrung ist eine Störinformation, sie entspricht nicht der höheren kosmischen Realität, der wir ursprünglich entstammen.

Und so gilt es, unsere Körper mit der liebevollen Erfahrung der Fülle vertraut zu machen. Fehlt mir etwas in meinem Leben, so hilft es in der Regel zu überprüfen, ob ich denn auch bereit bin, das zu geben, was ich empfangen möchte. Denn Fülle beginnt immer in uns selbst. Und so lautet das Mantra zur Aktivierung von Fülle:

> Ich sende und empfange Fülle auf allen Ebenen.

Ich kann die Erfahrung der Fülle nur machen, wenn ich bereit bin, sowohl zu geben als auch zu empfangen und wenn ich bereit bin, mich nicht zu sorgen. Gerade die Bereitschaft zu empfangen, ist immer noch in vielen von uns verkümmert, da alte Konzepte von «Ich bin es nicht würdig zu empfangen» noch tief in unseren Zellen wirken. Das Göttliche teilt ständig! Es wirft uns ununterbrochen Bälle zu! Diese Bälle dürfen wir an uns vorbeifliegen lassen oder wir können sie fangen. Das Göttliche hat keine Erwartungshaltung, es gewährt uns die Erfahrung unseres Freien Willens. Wichtig ist es aber auch zu verstehen, dass nie jemand ein Gesetz erlassen hat, das sagt: «Du darfst die Bälle nicht fangen». Bestimmte Ebenen wollten einfach alle Bälle für sich haben und eben nicht teilen und wir sind für eine bestimmte Zeit darauf reingefallen. Und übrigens vermehren sich die Bälle, je mehr wir sie fangen!...

7. Tauche ein in die Verbundenheit

Die Menschheit ist unterwegs in ein Einheitsbewusstsein. Das heisst, alle werden immer mehr und mehr spüren, dass nichts und niemand alleine und abgetrennt existiert, sondern dass alle und alles miteinander verbunden sind. Dieses Einheitsbewusstsein, welches Teil unserer kosmischen Multidimensionalität ist, stellt für den Körper und den Verstand eine noch sehr neue Realität dar und deshalb tut es gut, sie Schritt für Schritt damit vertraut zu machen.

Wir können dies sehr gut umsetzen, indem wir uns dem Einheitsbewusstsein «scheibchenweise» nähern und uns immer wieder mit einer bestimmten Ebene verbinden.

Ich kann mich in einem meditativen Zustand bewusst mit der Erde oder der Natur in ihrer Gesamtheit, der Ebene der Engel oder der aufgestiegenen Meisterinnen und Meister oder mit unseren kosmischen Freunden verbinden. Jedes Mal, wenn wir dies tun, wachsen wir ein Stückchen mehr in die jeweilige Ebene hinein. Jedes menschliche Wesen, das sich bewusst mit anderen Existenzebenen verbindet, strahlt die Realität der Verbundenheit aus und hilft, das Einheitsbewusstsein aufzubauen.

8. Universeller Friede

Nach dem genau gleichen Prinzip der Verbundenheit können wir daran mitarbeiten, dass die Erde ein immer friedlicherer Ort wird.

> Friede existiert gleich einem Naturgesetz – wie etwa dem der Gravitation – in vielen höher schwingenden Dimensionen und wir können ihn hier manifestieren, indem wir uns über Meditation und Bewusstsein mit dem Feld des universellen Friedens höherer Dimensionen verbinden.

Wir gehen dazu in einen meditativen Zustand und leiten den Atem in unseren Herzraum und erweitern die Energie bis in die Kehle. Sanft und so wie es sich gut anfühlt, öffnen wir dann das dritte Auge, das Kronen-Chakra und eventuell auch das erste Chakra über dem Kopf. Dieser Energie-Zustand ermöglicht es uns, in Verbindung zu gehen mit dem universellen Frieden, und ihn in unseren Energie-Körper und weiter in unseren menschlichen Körper fliessen zu lassen. Indem wir dies immer wieder tun, kann Friede zunächst in uns eine Realität werden und sich dann immer weiter im Aussen manifestieren in dieser Dimension. Friede beginnt immer mit uns selbst. Diese Übung ist besonders schön und wirkungsvoll, wenn man sie in einer Gruppe anwendet.

9. Sei ein Einhorn!

Das «Einhorn-Prinzip» steht für die Tatsache, dass es unser aller Aufgabe ist, unsere Einmaligkeit hier auf Erden zu präsentieren und zu leben und die Erde damit zu ehren, dass wir unser Allerbestes, unsere grössten Fähigkeiten, unsere Talente und unsere Schönheit hier zum Einsatz bringen. Diese Aufgabe verlangt von uns den Mut, ganz authentisch zu sein, was nicht immer ein Leichtes ist, da die Welt noch sehr geprägt ist von der Idee, dass das Aussen vorgibt, wer wir zu sein haben.

Und so gilt es, konsequent und liebevoll Schicht für Schicht alte Konzepte und Paradigmen loszulassen und in uns selbst immer wieder hineinzuhorchen. So können wir immer besser erfahren, wer oder was wir denn in Liebe sein möchten und in Wahrheit sind, wenn wir genau zuhören.

Das Einhorn steht für die hoch entwickelte Individualität, die verstanden hat, dass sie jedem anderen Wesen den Raum für seine Eigenständigkeit im selben Masse zugesteht, wie es ihn für sich selbst in Anspruch nimmt. Und so ist es alles andere als ein Zufall, dass das Astral-Tier Einhorn uns alle schon eine Weile auf Schritt und Tritt begleitet: auf Kaffee-Bechern, T-Shirts, Küchenpapier und allerlei anderen Alltagsgegenständen. Das Einhorn möchte uns das Selbstvertrauen und den Mut vermitteln, den Schritt in unsere liebevolle Individualität umzusetzen und somit den Planeten mit unserer Einzigartigkeit zu bereichern.

10. Herz & Hirn

Wir sprechen in der heutigen Zeit viel darüber, dass es wichtig ist, mehr aus dem Herzen zu handeln und weniger aus dem Denken, aus dem Kopf. Dabei entsteht manchmal etwas der Eindruck, dass unser Gehirn – welches für unser Denken zuständig ist – vielleicht nicht die fortschrittlichste Abteilung unseres menschlichen Körpers ist. Dem ist aber natürlich nicht so! Man könnte den Sachverhalt so darstellen: Unser Gehirn ist ein Super-Computer, auf dem ein Programm läuft, das etwas in die Jahre gekommen ist und das angepasst werden darf. Das alte Denken verhindert nämlich, dass Herz und Hirn so zusammenarbeiten können, wie es ihnen eigentlich bestimmt ist.

Ja, in der Tat, Herz und Hirn sind ein Doppelorgan, so wie es die beiden Lungenflügel oder die beiden Nieren sind.

Herz und Hirn (zum Hirn gehört auch das gesamte Nervensystem) spielen eine ausserordentlich zentrale Rolle im Aufstiegsprozess des menschlichen Körpers. Die organische Zusammenarbeit von Herz und Hirn wird den menschlichen Körper und die Art und Weise, wie wir als Seele in den physischen Körper eingreifen und eingebettet sind, vollständig verändern.

Was kann ich im Alltag tun, um diese Zusammenarbeit von Herz und Hirn zu unterstützen und zu beschleunigen? Nun, bereits die Information, dass es sich bei den beiden um ein Doppelorgan handelt, verändert schon vieles. Unser Denken steckt immer noch in dem alten «Entweder Hirn oder Herz» und es bringt sehr viel, sich einfach auf der Informationsebene darauf einzulassen, dass die beiden zusammen arbeiten.

Wohltuend ist auch die kleine Übung, sich vorzustellen, wie die beiden Organe energetisch in Kontakt miteinander stehen. Man kann sich vorstellen, wie Herz und Hirn verschmelzen, oder bewusst die Energie visualisieren, die die beiden im Energiekörper verbindet. Für viele von uns ist die Vorstellung, dass das Hirn auch ein Herz ist, sehr hilfreich, da wir dadurch einfacher zu einem liebevollen Gehirn kommen können. Die Vorstellung, die wir haben von unserem Körper, und die Beurteilung, die wir ihm zukommen lassen, sind sehr entscheidend.

Es ist wichtig, ein liebevolles Gehirn und ein klares Herz zu haben!

11. Wir sind alle Abenteurer*innen!

Ja, die Erde ist ein komplexer Ort, und auch wenn es uns gut geht und wir mit allem Lebensnotwendigem und mehr darüber hinaus versorgt sind, so spüren viele von uns einen gewissen Druck. Gerade hochsensitive Menschen leiden oft unter der Angstinformation «es könnte schief gehen», die im kollektiven Feld der Menschheit immer präsent ist und sich gerade auch in der heutigen Zeit sehr stark bemerkbar macht.

Aber lasst euch bitte etwas sagen: Wir sind hierher gekommen als Seele auf diesen Planeten, um etwas zu tun, was wir noch nicht getan haben, um etwas zu lernen, das wir noch nicht können. Kurz: Wir lieben die Herausforderung! Unsere Seelen sind alle Abenteurer*innen! Aber sobald wir in einem Körper stecken, sind wir von vielen Ängsten begleitet. Diese Ängste basieren auf Erfahrungen, die von uns und unseren biologischen Vorfahrinnen und Vorfahren gemacht wurden und auf den Erfahrungen unserer Seele, aber sie sind nicht Teil unseres Ursprungs. Die Angst ist eine neue Erfahrung, die wir gemacht haben, aber wir dürfen sie hinter uns lassen, so wie eine Rakete, die, um weiter aufsteigen zu können, eine ausgebrannte Stufe abwirft.

In einem ersten Schritt dieser Entwicklung ist es nötig, den Ängsten noch zu erlauben, einfach da zu sein, aber wir überlassen ihnen nicht mehr unser Handeln. Es ist dies ein komplexer Entwicklungsschritt, der eine grosse Aufmerksamkeit und ein tiefes Feingefühl erfordert, und der eine sehr grosse Frucht hervorbringen wird.

Die Erde ist ein Schulungsplanet und wir sind alle nicht von hier. Wir alle haben als Seelen beschlossen, uns über einen Inkarnationszyklus auf der Erde zu verfeinern und weiterzubilden, da wir in unseren individuellen kosmischen Heimatwelten an einen Punkt gelangt waren, an dem die Heimat unsere Neugier und Wissbegier nicht mehr stillen konnte.

Und so sind wir nun also hier, umgeben von Aufgaben, die es zu lösen gilt. Und wenn euch an gewissen Tagen oder Momenten eine Ohnmacht überkommt und der Zweifel, ob denn dies alles zu schaffen sei, so versetzt euch für eine Weile in die kosmische Wesenheit, die ihr auch noch seid – nebst dieser menschlichen Wesenheit – und spürt dort eure Begeisterung und euren Mut auf für dieses irdische Unterfangen.

12. Sprich dein Licht!

Wir alle kennen den grossen Satz: «Und Gott sprach: Es werde Licht!» Er vermittelt uns zentrales Wissen über unsere Macht und über die Art und Weise, wie wir manifestieren. Jedes Wesen in diesem Universum manifestiert über sein Bewusstsein. Ein göttliches Urbewusstsein entschied, sich durch Klang auszudrücken und so Licht zu erschaffen.

Der göttliche Urklang enthält also die Information «Es werde Licht» oder «Ich manifestiere Licht». Es war dies eine bewusste Entscheidung des Göttlichen. Und da wir nach demselben Prinzip erschaffen sind und manifestieren, sollten wir uns immer wieder dieser Zusammenhänge bewusst sein, gerade wenn wir sprechen. Denn beim Sprechen geben wir unentwegt unserer Energie, unserem Bewusstsein, Raum durch unsere Stimme. Immer wenn ich etwas ausspreche, erschaffe ich eine Realität, so wie das Göttliche eine Realität erschafft, wenn es Licht manifestiert. Sprache manifestiert – wie alle anderen Formen von Klang – Realitäten.

Und so wie das Göttliche immer verbunden ist mit der von ihm erschaffenen Realität, so sind wir dies mit der Realität, die das von uns gesagte darstellt. Im Sprechen entfaltet sich unsere wunderbare Kraft. Das menschliche Sprechen bewegt sich in der Bandbreite zwischen Segen und Fluch und es geht darum, sich immer am lichtvollen Sprechen, dem Segen zu orientieren. Unser Alltag ist komplex und wir können es noch kaum vermeiden, manchmal etwas Nicht-liebevolles über uns oder über andere auszusprechen. Wenn wir einen allzu grossen Fokus auf das Vermeiden solcher Äusserungen legen, verkrampfen wir uns sehr schnell. Der bessere Ansatz ist es, sich darauf zu konzentrieren, über das eigene Sprechen immer wieder Licht zu erschaffen. Das heisst, ganz bewusst liebevolle Inhalte auszusprechen, Liebesbekundungen, Worte der Wertschätzung und des Dankes.

Wenn wir den Inhalten unseres Herzens Raum geben über die Sprache, sind wir ganz in unserer liebevollen Kraft, so wie das Göttliche, als es sprach «Es werde Licht!».

13. OM!

Michael & Equon mit den Königen von Orion, Februar 2020

OM! Heilende Klänge von Michael Leibundgut
Audio 2020
11:51 Minuten

QR Code scannen oder Link in Browser eingeben.

www.licht-herz.media/leibundguta1

Literaturhinweise:
Michael Leibundgut: Radio Equon – Sendungen aus dem goldenen Licht, Christa-Falk-Verlag 2013
Michael Leibundgut: Unterwegs ins Meisterbewusstsein – Ein Reiseführer, Christa-Falk-Verlag 2019

MICHAEL LEIBUNDGUT

Zunächst stand Michael Leibundgut als Sänger auf der Opernbühne und im Konzertsaal. Nie hätte er sich damals vorstellen können, dass eine noch viel schönere und erfüllendere Berufung auf ihn warten würde, bis er dann mit Mitte 30 hellsichtig wurde und sich ihm durch den Kontakt mit Equon, einem aufgestiegenen Meister der Plejaden, neue Welten auftaten.

Heute arbeitet er als Medium und spiritueller Lehrer und begleitet Menschen darin, eine liebevollere, freiere und dadurch erfülltere Version von sich selbst anzunehmen.

Er ist im Rahmen seiner Schulung durch die geistige Welt selbst durch diese Entwicklung gegangen. Aus dieser sehr persönlichen Erfahrung heraus arbeitet er mit Ratsuchenden.

Seine Stimme spielt auch in seiner heutigen medialen Arbeit immer noch eine zentrale Rolle, da sie nicht nur Information überbringt, sondern auch direkte Heilfrequenzen, welche über das gesprochene Wort hinaus wirken.

Michael und Equon teilen ihr Wissen und ihre Einsichten regelmässig in Seminaren, Workshops und Meditationen und geben Einzelberatungen in der Praxis LICHTGANG in Zürich sowie in Basel als auch durch alle modernen Telekommunikationskanäle.

Website: www.equon.info

Dein Leben ist dein Tempel
Video 2019
10:18 Minuten

QR Code scannen oder
Link in Browser eingeben.

www.licht-herz.media/leibundgutv1

EINE ZEIT HÖCHSTER ALCHEMIE

Jasmuheen

EINE ZEIT HÖCHSTER ALCHEMIE

Während ich mich in der Meditation auf das Feld der Menschen einschwinge, die sich von diesem Artikel angezogen fühlen werden, habe ich ganz stark den Eindruck, die Gestaltung eines guten Lebens sei vergleichbar mit dem Backen eines guten Kuchens. Das mag nun vielleicht eigenartig klingen, da ich ja als eine der wichtigsten Verfechterinnen der Nahrung aus der Quelle (Lichtnahrung) gelte! Doch kann man sehr wohl sagen, dass unsere Erde zurzeit am Kochen ist, sowohl auf der individuellen wie auch auf der planetarischen Ebene.

Seit Jahrtausenden nutzen die Menschen ihren freien Willen dazu, alles zu erschaffen, was sie sich wünschen. Die so entstehenden Realitäten und Schöpfungen werden dann mit Familienmitgliedern und Freunden geteilt – in neuerer Zeit über das Internet auch mit der ganzen Welt. Auf diese Weise sind zahlreiche unterschiedliche Paradigmen entstanden, die von den Mitmenschen in unterschiedlichem Masse akzeptiert oder abgelehnt werden.

Wir sind unablässig schöpferisch tätig. Gleichgesinnte fühlen sich von unserer Wirklichkeitskreation angezogen, während jene, die ein anderes Bewusstsein und eine andere Auffassung von Wirklichkeit haben, sie vielleicht ignorieren oder ablehnen. Dies beruht, wie heute allgemein bekannt, ganz einfach auf dem Gesetz der Resonanz.

Ob eine Idee auf fruchtbaren Boden fallen wird, hängt aber nicht nur von diesem Naturgesetz ab, sondern auch davon, in welchem Moment und auf welche Weise sie in Umlauf gebracht wird. Nikola Tesla zum Beispiel hatte der Welt sehr viel zu geben, scheint aber trotzdem verarmt und einsam gestorben zu sein, und viele seiner Ideen wurden lächerlich gemacht. Erst heute ist die Welt bereit für den Geschmack seines Kuchens, für seine Art zu denken. Elon Musk setzt Teslas Erfindungen nun in erfahrbare Wirklichkeit um, was auch dadurch begünstigt wird, dass unsere Welt nun in ihren Bestrebungen nach nachhaltigeren, für den Planeten verträglichen Energiemodellen eine grössere Bereitschaft für Teslas Auffassung der Wirklichkeit entwickelt hat.

Tesla war wie Einstein ein Visionär. Er sagte einmal: «Sobald die Wissenschaft feinstoffliche (nicht-physische) Phänomene zu studieren beginnt, wird sie innerhalb eines Jahrzehnts grössere Fortschritte machen als in allen bisherigen Jahrhunderten ihres Bestehens zusammen.»

Viele Menschen erkennen jetzt, dass wir auf der Erde in eine Zeit höchster Alchemie eingetreten sind. Teslas Thesen über feinstoffliche Erscheinungen fallen nun auf fruchtbaren Boden, und vieles von dem, was wir schon früher intuitiv gesehen und gespürt haben, wird nun zunehmend auch von der Wissenschaft bestätigt. Feinstoffliche Erscheinungen fesseln mich wie viele andere Menschen schon seit Jahrzehnten.

> Wir beginnen, die Eigenschaften des einheitlichen Feldes zu verstehen und erleben voller Freude, dass darin ein Bewusstsein voller Liebe, Wohlwollen, Weisheit und Kraft wohnt, das die gesamte Schöpfung durchdringt.

Und da wir Teil dieser Schöpfung sind, beseelt dieselbe reine Liebe-Weisheit auch jeden einzelnen von uns! Können wir sie sehen? Nein; aber wir können sie fühlen und mit unseren Feinsinnen wahrnehmen, und oft erkennen wir auch ihre Auswirkungen in unserem Leben. Es ist dieses Feld, das uns alle nährt und am Leben erhält. Wenn wir tiefer darin eintauchen, stellen wir fest, dass viele Beschränkungen von uns abfallen. Menschen, die nur auf die materielle Welt bezogen sind, können sich das nicht einmal ansatzweise vorstellen, denn Freiheit ist eine Erfahrung, nicht nur eine Idee.

Es ist eine der Alchemie zuzuordnende Kunst, unseren Geist auf die Schwingung dieser Höchsten Intelligenz auszurichten und uns geistig unmittelbar von ihr zu nähren. Dasselbe gilt für die Ausrichtung unseres emotionalen Systems auf ein Feld, in dem wir so gut genährt sind, dass wir keinen emotionalen Hunger mehr verspüren. An diesem Punkt beginnen wir, diese nährenden Schwingungen auch in die uns umgebenden Felder auszustrahlen. Auf diese Weise üben wir uns in der Kunst, durch das Spielen mit Energie feinstoffliche Erscheinungen hervorzubringen. Wenn wir das auf eine Weise tun, die der menschlichen Evolution förderlich ist, dann ist das eine weitere Stufe von Alchemie.

Höhere Alchemie lässt sich mit dem Kuchenbacken vergleichen: Wir müssen alle Zutaten bereitstellen und sie in einer Schüssel mischen. Die Schüssel ist in diesem Bild der Planet Erde, und die Zutaten sind die Menschen, die auf ihr leben. Als nächstes müssen die Zutaten so gemischt werden, dass sich alles glatt und harmonisch verbindet, sodass der fertige Kuchen für alle ein Genuss ist. Natürlich muss er, damit er wirklich auch jedem schmeckt, eine Vielzahl subtiler Geschmacksnuancen enthalten. Dies geschieht, wenn wir alle ganz bewusst das Beste einbringen, das unser Wesen ausmacht.

Das Beste an unserem Wesen ist die reine Essenzenergie, deren liebende Intelligenz uns allen innewohnt. Wenn sie in unserem Feld vorherrscht, werden alle von ihr genährt, denn sie eint alles; sie trennt nicht und schliesst nichts aus.

Genauso wie es verschiedene Kuchensorten gibt, die alle ganz unterschiedlich schmecken, so gibt es auch in der Evolution viele verschiedene Zeitabschnitte. Der Abschnitt, den wir jetzt betreten haben, ist wohl der spannendste aller Zeiten. Die Menschheit als Ganzes hat um ein neues irdisches Daseinsmuster gebeten:

a) Ein Leben in Gesundheit: Im Moment sind 30% aller Todesfälle auf Herzkrankheiten zurückzuführen und 30% auf Krebserkrankungen, während nur 0.6% der Fälle dem Terrorismus anzulasten sind. Jetzt sehen wir ein Erstarken der Realität des «Gesunder-Lebensstil-Kuchens», denn es ist ja bekannt, dass unsere Lebensweise im Alltag nicht nur unsere Gesundheit prägt, sondern auch unsere Erbsubstanz verändern kann.

b) Sehr viele Menschen, vor allem die Millennials (Millennial ist die Bezeichnung für die um die Jahrtausendwende ab 1980 geborene Generation) fordern nun eine Lebensweise, die Gaia und der Erde mehr Achtung entgegenbringt, und sich weniger nachteilig auf die Klimaveränderung und die globale Erwärmung auswirkt. Nachdem nun klar geworden ist, dass eine Eindämmung dieser nachteiligen Einflüsse möglich ist, reduzieren sehr viele Menschen und Länder ganz bewusst ihren CO2-Fussabdruck.

Die Punkte a) und b) werden durch eine vegane Ernährung begünstigt.

c) Die dritte grosse Veränderung, die wir in unserer Welt sehen, zeigt sich im wachsenden Bedürfnis der Menschen nach einem Leben im Gleichgewicht. Ein erfolgreiches Leben besteht darin, gesund und glücklich zu sein und in Harmonie mit sich selbst und den anderen zu leben, und sich nicht nur auf Vermögenserwerb und finanzielle Sicherheit zu beschränken. Natürlich gibt es auch Menschen, die noch sehr auf den Überlebenskampf und die Versorgung ihrer Familien konzentriert sind. Doch entsteht nun auch in Drittweltländern durch eine gute, ganzheitliche Erziehung grössere Freiheit, was vor allem den Frauen zugute kommt.

Um diese Ziele zu erreichen, haben nun viele Menschen begonnen, mit Energiemustern zu arbeiten, also mit feinstofflichen Erscheinungen. Ein Mittel dazu ist der Atem.

> Die Erfahrung zeigt, dass wir durch Achtsamkeit oder auch nur durch tiefes, langsames und bewusstes Atmen einen sehr tiefen Frieden erlangen können. Durch tägliches Üben verändert sich unser Erleben im Alltag, und wir fühlen uns ausgeglichener und ganzheitlicher.

Studien zeigen, dass das Vermitteln von Achtsamkeitsübungen in Schulen eine enorme Auswirkung auf die geistige und emotionale Gesundheit der Schüler hat. Probleme wie Mobbing und mangelndes Selbstwertgefühl werden abgebaut; dem gegenüber steigen schon durch nur drei fünfminütige Meditationsübungen pro Tag die geistige Klarheit und das allgemeine Wohlbefinden deutlich an. Ausserdem haben viele Schulen Junkfood und ungesunde Fertigkost von den Mittagstischen verbannt und stellen nun fest, dass sich die geistige Leistungsfähigkeit, die emotionale Stabilität und die körperliche Ausdauer bei Kindern und Lehrpersonen enorm verbessert haben.

Ein neues Energiemuster lässt sich vergleichen mit einem Kuchen einer anderen Geschmacksrichtung. Genauso wie ein Kuchen uns nähren kann, werden uns auch die Energiemuster, die wir erzeugen und in denen wir uns aufhalten, entweder nähren oder schwächen.

Auch wenn noch nicht alle Schulen solche Veränderungen erarbeitet haben, so ist der Nutzen eines ganzheitlicheren Ansatzes im Schulsystem doch er-

wiesen. Das ist ein einfaches Beispiel dafür, welchen tiefgreifenden Einfluss das Spielen mit feinstofflichen Übungen wie Meditation oder Atem auf unser Leben im Körper haben kann.

Als Menschen verfügen wir über den freien Willen, der es uns erlaubt, unser Leben genau so zu gestalten, wie wir es haben möchten. Ich selbst habe zum Beispiel im Alter von zwölf Jahren festgestellt, dass mich eine leichte Ernährung mit einem hohen Anteil an Rohkost geistig und körperlich leistungsfähiger macht. Ich trieb damals viel und gerne Sport und merkte schnell, dass ich mehr Energie und Ausdauer hatte, wenn ich Nahrungsmittel mit hoher Lebenskraft zu mir nahm.

Mit 17 stellte ich fest, dass mir tägliche Yoga- und Meditationsübungen eine neue Ebene geistiger Klarheit, mehr Gelassenheit und ein tieferes Verständnis für das Leben auf der Erde mit all seinen Rhythmen und Geschmacksrichtungen eröffneten. Ich wurde ruhiger und weniger anfällig für die Belastungen des Alltags. So wurde mir immer klarer, welche Zutaten in meinen «Kuchen eines guten Lebens» gehörten. Zunächst war das eine leichte Ernährung, sodass ich weniger Energie für die Verdauung aufzuwenden brauchte, die mir dann für anderes zur Verfügung stand. Dann galt es, körperlich gesund und stark zu werden und zu bleiben; auch dies sparte Zeit, da ich auch dann kaum krank wurde, wenn andere um mich herum an Erkältungen und Grippe litten.

In einer Welt, die dem Ansturm immer neuer Viren ausgesetzt ist, ist es sehr wichtig, ein starkes Immunsystem zu bewahren und in der Liebesenergie zu bleiben, anstatt der Angst zu verfallen. Ausserdem gilt es, unsere geistige Energie weise einzusetzen.

Als junge Erwachsene stellte ich fest, dass wir unser Immunsystem stärken können, indem wir unseren Körper nicht überlasten, und dass unsere Lebensfreude beträchtlich ansteigt, wenn wir uns liebevoll um alle Aspekte unseres Lebens kümmern, nicht nur auf der körperlichen, sondern auch auf der emotionalen, mentalen und spirituellen Ebene. Durch die Art, wie wir unsere Zeit verbringen, fügen wir weitere Zutaten zu unserer eigenen Lebensenergie-Schüssel hinzu und machen unser Dasein entweder freudiger oder aber herausfordernder und schwieriger.

Jetzt bin ich Mitte 60, immer noch stark, fit und gesund, imstande, die Welt zu bereisen, von Viren frei zu bleiben und eine wunderbare Lebensqualität zu geniessen, denn ich empfinde einfach nur Dankbarkeit dafür, auf der Erde leben zu dürfen.

Wenn die Zutaten in unserer eigenen Lebensenergie-Schüssel für uns stimmen, fühlen wir uns leicht und frei. Je vollständiger und ganzer wir werden, desto mehr können wir das Leben geniessen. Meine Geschichte ist keineswegs ungewöhnlich, denn es gibt sehr viele Menschen, die bereits so leben.

Wer sich durch eine harmonische Lebensweise fein eingestimmt hat, ist sich auch seines energetischen Einflusses auf die umliegenden Energiefelder bewusst. In grosser Zahl haben wir uns nun darauf verpflichtet, sicherzustellen, dass unsere Anwesenheit auf der Erde ein nährendes Umfeld für alle darstellt, die in unser Feld eintreten.

In diesem Sinne gilt es, dafür zu sorgen, dass wir frei sind von Hunger. Sind wir weder körperlich noch emotional, mental oder spirituell hungrig, dann hören wir auf, uns als Konsumenten und Ausbeuter zu benehmen. Wenn wir uns ganz und vollständig fühlen, können wir uns entspannen, ganz und gar präsent sein und jeden Moment ohne Hintergedanken und Leistungsstreben geniessen. Das ist für mich Gesundheit auf allen Ebenen.

Das globale Spiel des «Harmoniekuchen-Backens» ist deswegen so interessant, weil jeder Mensch ganz einzigartig ist und bewusst oder unbewusst eine ganz bestimmte Bandbreite an Schwingungen ausstrahlt, die man zwar nicht sehen, aber fühlen und an ihren Auswirkungen erkennen kann. Wenn etwa jemand einen Raum betritt und dabei traurig oder wütend ist, dann werden das die meisten Menschen in der unmittelbaren Umgebung sofort spüren. Auf Gefühle der Trauer reagieren unsere Mitmenschen in der Regel mit Verständnis und Mitgefühl; ein wütender oder aggressiver Mensch hingegen findet sich vielleicht bald allein im Raum, weil Wut abstossend wirken kann. Jemand, der über ein ausgeprägtes Energiebewusstsein verfügt und seinen eigenen Raum halten kann, bleibt vielleicht beim Betroffenen, um ihm dabei zu helfen, seine Wut auszudrücken und durch die erhaltene energetische Unterstützung wieder zur Ruhe zu finden.

Der globale «Harmoniekuchen» entsteht aus unseren Herzensgebeten und aus unserem Wunsch, uns vom Drama zu befreien, nachdem wir uns alle so lange vom «Chaoskuchen» ernährt haben.

Wenn jeder von uns die Zutaten seines Lebens in die Schüssel gibt, dann treffen gewissermassen trockene und nasse Zutaten verschiedenster Beschaffenheit aufeinander. Gemeinsam machen sie die Mannigfaltigkeit der über 7.5 Milliarden Menschen aus, die heute auf der Erde leben. Jeder einzelne Mensch hat sein ganz eigenes Energiemuster, das andere Menschen anzieht oder abstösst. Die meisten lernen irgendwann, Akzeptanz oder Zurückweisung nicht so persönlich zu nehmen, weil sie merken, dass das lediglich davon abhängt, ob Energiemuster zusammenpassen oder nicht. Ähnliche Zutaten werden im richtigen Moment auf die richtige Art zusammenfinden, sowohl individuell wie auch global.

> Jede Stufe der Evolution sammelt und mischt die Energien neu, je nachdem, wozu das Kollektiv nun bereit ist. Als Antwort auf die jeweils vorherrschenden Herzensgebete werden neue Energiemuster magnetisch zusammengeführt.

Es ist sehr interessant, wie langsam dieser Prozess am Anfang fortzuschreiten scheint, wenn die ersten Zutaten zusammenkommen und erst einige wenige Menschen damit beginnen, etwas in Gang zu setzen und das Feld in eine neue Richtung zu bewegen. In der Kuchenanalogie wäre das so, als würden die Zutaten mit einem kleinen Holzlöffel vermischt. Heute leben wir aber in einer Zeit, wo nicht mehr mit einer kleinen Rührkelle, sondern mit einem Hochleistungsmixer gemischt wird!

Dieses Mixen auf hoher Stufe hat im Jahre 2012 mit Ablauf des Mayakalenders begonnen und lässt sich nicht mehr aufhalten. Plötzlich hat sich die Energie in unserer Welt verändert. Eine Lebensweise kommt zum Abschluss, und alles wird neu gemischt. Alte, einschränkende Muster kommen an die Oberfläche, damit sie in einen harmonischeren Zustand integriert werden können. Da das Herz der Menschheit nach weniger Chaos und mehr Zufriedenheit hungert, werden nun auch die gesellschaftlichen, religiösen, päda-

gogischen, politischen und sogar die wirtschaftlichen Systeme unserer Welt neu formatiert.

Sind wir schon am Ziel? Nein. Viele Menschen sind der Meinung, dass dieser Prozess des «Hochleistungsmixens» noch etwa ein Jahrzehnt andauern könnte. Andere wissen, dass sich diese Zeitspanne danach bemessen wird, wie gross unser persönlicher und kollektiver Wunsch nach einem Zustand tieferen Einsseins mit uns selbst, miteinander und auch mit dem unsere Welt beseelenden geistigen Wesen Gaia ist.

Wenn wir uns weiterhin vom «Chaoskuchen» ernähren möchten, dann steht uns das selbstverständlich frei. Wenn wir uns lieber vom «Harmoniekuchen» ernähren möchten, dann steht uns auch diese Möglichkeit offen – wir müssen uns lediglich darauf einschwingen.

Es gibt nun überall auf der Welt ganzheitliche Bildungszentren, welche die dafür erforderlichen Einsichten und didaktischen Methoden bereithalten. Lernen reicht allerdings nicht aus.

> Vielmehr ist es die Herzensschwingung jedes einzelnen Menschenwesens, die darüber bestimmt, wie sich alles verbinden wird, denn im nächsten Evolutionsschritt geht es – wie viele Menschen schon wissen – um das im Herzen zentrierte Bewusstsein.

Im Einheitsbewusstsein wissen wir, dass jede Zutat eines Kuchens, der allen schmecken soll, ihre unverwechselbare Bestimmung, ihr einzigartiges Muster hat. In ähnlicher Weise beeinflusst das «kollektive menschliche Muster» auf der Erde auch unsere universellen Energierhythmen.

Viele der Lichtwesen, mit denen ich über die letzten 30 Jahre zusammengearbeitet habe, betonten, dass es im irdischen Leben darum gehe, Geschenke auszutauschen; Geschenke zu machen und Geschenke zu empfangen. Und viele von uns wissen: Wenn schwierige Zeiten überwunden sind, können wir zurückblicken und sagen, «oh, das war hart – aber es hat mich zu einem besseren Menschen gemacht, und eigentlich bin ich froh um diese Erfahrungen,

weil sie mir einen Zuwachs an Weisheit und an Herzenstugenden beschert haben.»

> Die nun von der Erde ausstrahlende Schwingung der Herzenstugenden der Menschheit als Ganzes wird das bestimmen, was oft als universeller Aufstieg bezeichnet wird.

Ja, es ist wahr; wir befinden uns in einem unaufhaltsamen Prozess hochtourigen Mixens der Zutaten der Menschheit, angetrieben von den Gebeten des kollektiven Herzens um eine neue Daseinsweise. Auch dies ist ein Ereignis, das einst von Propheten und Sehern vorausgesagt wurde für eine Zeit, in der sich immer mehr Menschen von ihren ichbezogenen Prioritäten verabschieden, die so viele Einschränkungen erzeugen und die Dualität stärken.

Viele sind der Meinung, dass unsere Welt nun am Anfang eines lange vorhergesagten sechsten und letzten goldenen Zeitalters stehe, wo wir in einen äusserst ungewöhnlichen Prozess des dreifachen Aufstiegs eingebunden sind, welcher die Einzelwesen, den Planeten und das Universum auf einen neuen, harmonischen Klang einschwingen wird. Diese neue, herzzentrierte harmonische Schwingung kommt aus dem innersten Kern von Gaia, aus dem innersten Kern des Universums, von den Bewohnern der inneren Erde und auch von den vielen weisen, liebevollen erwachten Menschen unserer Welt, die nun sehr reine Energien ausstrahlen.

Die Erwachten schicken eine klare Botschaft: «Ja, es gibt noch mehr; stimmt euch einfach ein, nehmt euch die Zeit, zu erfahren, wer ihr in eurem Innersten wirklich seid; lasst die Energie dieses innersten Kerns, eure reine, natürliche Energie aufsteigen und Euch ganz und gar durchfluten, dann werdet auch ihr euch in einer Daseinssphäre verankert finden, von der die alten heiligen Boten und die Hüter der Weisheit der Eingeborenen schon immer erzählten!»

Buddha sprach vom Land der Reinheit; Jesus sprach vom inneren Himmelreich; andere sprechen von Shamballa – und das ist es tatsächlich, was jetzt geschieht: Die Shamballa-Matrix, das Christus-Bewusstsein erstehen in uns, sodass all unsere Herzensgebete erhört werden und wir unser ganzes Potenzial einsetzen können. Dieses neue Energiemuster, das jetzt in unserem

individuellen und kollektiven Wesen entsteht, lässt sich auch als Tanz von Shiva und Shakti beschreiben, als Ausgleich der männlichen und weiblichen Energien. Dies zeigt sich auch in der Entstehung der #MeToo-Bewegung, die mehr Gleichberechtigung und Respekt in den Beziehungen fordert.

Es gibt immer noch Länder, die an Energiemustern festhalten, welche auf den alten Paradigmen der Dualität gründen; Paradigmen von Urteilen, von Richtig oder Falsch, Gut oder Böse; auf der beschränkten Auffassung, es gebe nur einen einzigen richtigen Weg. Solche Paradigmen fesseln Menschen energetisch an ihre Glaubenssätze, wie es dem universellen Gesetz der Resonanz entspricht. Wenn wir in Harmonie und Einheit leben möchten, müssen wir derartige Urteile loslassen, damit ein neues Paradigma entstehen kann. Wir müssen zunächst mit uns selbst und dann miteinander neue Übereinkünfte treffen und neue Verpflichtungen eingehen.

Es gibt Länder wie etwa die Schweiz, deren Energiefeld sehr rein ist, weil den Schweizern immer schon an harmonischem Zusammenleben, an Neutralität und an einer Lebensweise gelegen war, die einen positiven Einfluss auf das umliegende Feld haben sollte. Die Regierung stellt die Infrastruktur zur Verfügung, aber die Menschen selbst treffen in Volksabstimmungen alle wichtigen Entscheide.

Sobald die Bewohner eines Landes innerlich eine Stufe grösserer Einheit und Harmonie erreicht haben, wird das Land als Ganzes fähig, dieses neue Muster wahrer Harmonie und Einheit anzuziehen, umzusetzen und zu verankern.

Neutralität bedingt ein klareres Bewusstsein davon, dass alle Menschen in Form verkörperte göttliche Wesen sind, und dass die Gaben, die jeder Mensch mitbringt, so einzigartig sind wie der Mensch selbst. Neutralität bedeutet in diesem Falle auch Toleranz und das Wissen darum, dass jedes Land im Spiel mit seinem freien Willen das Ganze durch seine Schwingungen beeinflusst – entweder nährend oder entzweiend, je nachdem, von welchem Bewusstsein das Land als Ganzes geprägt ist.

Während dieser Prozess des hochtourigen Mixens weitergeht, stellen viele Menschen fest, dass sie im Himmel auf Erden leben, in der Shamballa-Matrix.

Das liegt daran, dass sie sich für den «Harmoniekuchen» entschieden und einschränkende Paradigmen losgelassen haben. Sie haben sich mit Meditation und Achtsamkeit darauf vorbereitet, ein Leben voller Gnade und ein Herz voller Dankbarkeit zu geniessen und sind so fähig geworden, jeden Moment ganz im Jetzt zu sein, wo sie sich an der ganzen Bandbreite der Schöpfung erfreuen können, einschliesslich ihres eigenen multidimensionalen Wesens.

Die Erfahrung unseres eigenen, multidimensionalen Wesens verleiht uns wahre Freiheit:

Freiheit von Unwohlsein.
Freiheit von Todesangst.
Freiheit vom Dasein als hungriger Mensch.
Freiheit von der Matrix der Dualität mit ihren Rhythmen von Chaos und Angst.

Das Erlangen dieser Freiheit erfordert sowohl eine ganzheitliche Bildung wie auch eine beständige Kohärenz von Atem, Herz und Hirn, deren wohltuende Wirkung vom HeartMath Institute und Menschen wie Dr. Joe Dispenza erforscht worden sind.

Wir leben in einer aufregenden Zeit, auch wenn es vielleicht noch eine Weile dauern wird, bis sich alle Erdenbewohner für eine ganzheitlichere Sicht entscheiden mögen. Dann werden wir, so meint Tesla, als Kultur wahrhaft vorankommen.

Tesla sagte weiter: *«Es ist paradox, aber wahr, dass wir, je mehr wir wissen, in einem absoluten Sinne immer unwissender werden, denn erst Erkenntnis macht uns unsere Beschränktheit bewusst. Eine der schönsten Blüten der intellektuellen Evolution besteht in der unablässigen Eröffnung immer neuer und grösserer Aussichten.»*

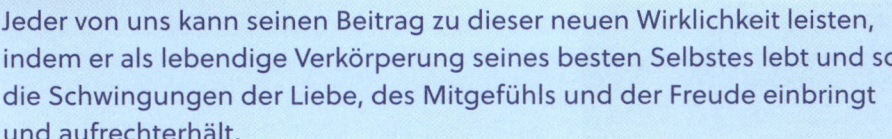

Jeder von uns kann seinen Beitrag zu dieser neuen Wirklichkeit leisten, indem er als lebendige Verkörperung seines besten Selbstes lebt und so die Schwingungen der Liebe, des Mitgefühls und der Freude einbringt und aufrechterhält.

Jasmuheen, Januar 2020

Dieser Beitrag wurde von Barbara Golan aus dem Englischen übersetzt.

The Ascension Hologram
Eine wunderbare Beschreibung des Bewusstseinssprungs in das Neue Zeitalter und das, was auf der Erde jetzt geschieht (in Englischer Sprache).
Video 2020
50:03 Minuten

QR Code scannen oder Link in Browser eingeben.

www.licht-herz.media/jasmuheenv1

Literaturhinweise:
Jasmuheen: Unity Reset – Erwachen zum Bewusstsein der Einheit, Lichtwelle Verlag 2020
Jasmuheen: In Resonanz – Das Geheimnis der richtigen Schwingung, Koha Verlag 2009
Jasmuheen: Sanfte Wege zur Lichtnahrung, Koha Verlag 2014
Jasmuheen: Lichtnahrung – Von kosmischer Energie leben, Koha Verlag 2013
Jasmuheen: Harmonische Heilung, Lulu.com 2008

JASMUHEEN

Jasmuheens innerer Auftrag ist, das Bewusstsein der Menschheit zu fördern, um gemeinsam eine gesunde, harmonische Welt zu schaffen.

Jasmuheen meditiert seit über 44 Jahren und hat sich auf meditative Reisen in tiefe innere Ebenen spezialisiert. Sie nutzt den alchemistischen Meditationsprozess, um es den Menschen zu ermöglichen, noch tiefer mit ihrer eigenen erleuchteten Natur zu verschmelzen.

Als Friedensbotschafterin bereist sie seit 1994 die ganze Erde und hat durch ihre Zusammenarbeit mit Stammeskulturen in Kolumbien, im Amazonasgebiet und auch in den Slums in Brasilien sowie mit verschiedensten Regierungen auf allen Ebenen viele Erfahrungen gesammelt und positive Veränderungen bewirken können. 2013 konnte sie ihre Arbeit vor den Vereinten Nationen in Wien präsentieren.

Ihre Bewusstseinsprogramme ermöglichen es den Menschen, eine tiefe Verbindung zur auf allen Ebenen nährenden Quelle des eigenen göttlichen SEINS aufzubauen, wodurch auch die globale Ressourcennutzung wieder in Harmonie kommen kann. Seit 1993 ernährt sich Jasmuheen von Prana und ist seither nicht mehr auf physische Nahrung angewiesen. Auf ihren Welttourneen teilt sie jedes Jahr ihre neuesten Forschungen und führt in tiefere Verbindungen und Einblicke in den «Ozean reinster göttlicher Essenz» und der reinen Liebe, die uns alle nährt. Sie gibt Einblicke in unseren aktuellen Evolutionsstatus auf Erden gemäss den Informationen von Lichtwesen und des Göttlich-Weiblichen. Viele ihrer Erkenntnisse erfolgen auch aus ihrer Verbundenheit mit ihrem zukünftigen Leben als Kommandantin der Intergalaktischen Föderation, wo sie auch in interdimensionaler Energiefeldwissenschaft ausgebildet ist.

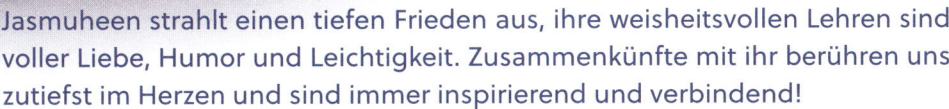

Jasmuheen strahlt einen tiefen Frieden aus, ihre weisheitsvollen Lehren sind voller Liebe, Humor und Leichtigkeit. Zusammenkünfte mit ihr berühren uns zutiefst im Herzen und sind immer inspirierend und verbindend!

Jasmuheen lebt in Australien, ist Gründerin der Peace Academy, internationale Dozentin und Online-Kursleiterin. Sie ist Malerin und leitet Retreats für Sakrale Kunst, ist Filmemacherin und Musikerin. Als Autorin und metaphysische Forscherin schrieb sie 42 Bücher, die in 19 Sprachen übersetzt wurden. Zahlreiche Videos auf YouTube ergänzen ihre Arbeit. Sie leitet seit vielen Jahren Darkroom-Retreats (9 Tage in völliger Dunkelheit und ohne äussere Nahrung) und wurde im europäischen Raum bekannt durch den «Lichtnahrungsprozess».

Website: www.jasmuheen.com
YouTube Kanal: www.youtube.com/user/jasmuheen

Love Support Circle
Dieses Video lässt eintauchen in das Feld der Liebe, das uns alle nährt und das uns die Kraft gibt, die göttliche Liebe weiter zu schenken an alle Wesen der Erde (in Englischer Sprache).
Video 2020
22:22 Minuten

QR Code scannen oder Link in Browser eingeben.

www.licht-herz.media/jasmuheenv2

HEILUNG AUS DEM GEIST – DIE GESCHENKE DES LICHTZEITALTERS

Dr. Ilse-Maria Fahrnow

HEILUNG AUS DEM GEIST –
DIE GESCHENKE DES LICHTZEITALTERS

1. ALLES SCHWINGT

Still und stetig wandelt sich unsere Welt. Alles ist in Bewegung – ohne Unterlass. Jeder Moment ist einzigartig. Jeder Augenblick gebiert Neues. Alles existiert ewig; ausgedehnt und entfaltet in der Unendlichkeit. Und nun stehen wir hier, und sprechen von einem Neuen Zeitalter. Gab es so etwas bereits, oder geschieht es wirklich zum ersten Mal? Unser Herz kennt die Antwort, und der Verstand zieht sich zurück. Oder will er noch einmal kämpfen, und sich durchsetzen? Seine linear kausalen Programme winden sich... unfähig, das Abenteuer dieser Zeit zu begreifen. Still und stetig breitet sich stattdessen die Herzkraft aus, um frei werdende Räume mit ihrem Liebeslicht zu erfüllen.

Die Originalmatrix und ihre Varianten
Schon sehr lange programmieren wir unser Menschheits-Bewusstsein mit verschobenen Weltbildern. Wir verankern Lebens störende Vorstellungen in uns, und verbergen die Wahrheit unserer Herzen vor uns selbst. Und genau diese Situation verändert sich jetzt. Unzählige Paradigmenwechsel erwarten uns. Das Schöpfungslicht der Liebe durchspült unser Bewusstsein, und schafft Platz für neue, Lebens fördernde Einsichten. Alles beginnt zu schwingen; alles bewegt sich. Oder öffnen wir uns dieser Tatsache nur gerade? Im erweiterten Bewusstsein besinnen wir uns auf neue, gleichzeitig uralte Werte. Wir wenden uns dem Leben zu, und schenken ihm Vorrang. Wir erforschen unsere innerste Natur und übernehmen Verantwortung. Einige aufs Neue fokussierte Grundgedanken begleiten uns dabei:

♥ Alles schwingt. Die gesamte Schöpfung besteht aus Vibrationen, beschreibbar u.a. als Klänge, Farben oder Energiemuster.

♥ Alles existiert unendlich, im Bewusstseinsfeld des EINEN. Menschen beobachten und bezeugen das Geschehen, und sind gleichzeitig Teil davon.

- Alles ist miteinander verbunden (verschränkt). Alles bewegt, beeinflusst und stimuliert sich gegenseitig.

- Menschen existieren als Geist im Fleisch – als ein vielschichtiges Frequenzband unterschiedlicher Dichtestufen.

- Geist steuert die Materie! Das Höhere dient dem Niederen. Hohe Frequenzen sind von grösserer Wirkkraft und Nachhaltigkeit als niedrige.

Geist steuert Materie

Besonders diese letzte Erkenntnis öffnet Türen ins Reich der Wunder. Was bedeuten diese Aussagen? Um genauer zu verstehen, unternehmen wir einen kleinen Ausflug in die Bewusstseinsforschung. Vor mehr als hundert Jahren widmeten sich erste Wissenschaftler den vermeintlich «unsichtbaren» Anteilen des Menschseins: Tiefenpsychologie; Neuropsychologie; Verhaltensforschung. Die Zusammenhänge zwischen wahrnehmen, denken, verarbeiten und verstehen. Seit etwa 40 Jahren – beginnend mit den aufkommenden Lichtwellen des Wassermann-Zeitalters – untersuchen Forscher nun auch das Bewusstsein als solches. Menschliches Bewusstsein erkennt sich selbst.

> Menschen erkunden und entdecken die Essenz ihres Seins. Und darin liegt tatsächlich ein bestaunenswerter Neubeginn.

Schon immer geschieht Heilung aus dem Geist; alle wirklich weisen Heilkundigen bestätigen das. Nur die Kräfte des Egos möchten für sich in Anspruch nehmen, was ihnen nicht gebührt. «Ich habe dieses Kind geheilt» – ein amüsanter Satz aus begrenztem Bewusstsein. «Diese Pflanze heilt den Menschen» – etwas weniger Ego-ambitioniert, und doch missverständlich. Unsere ureigenste Essenz heilt uns – von allen Übeln dieses Lebens und der Welt. Alles andere – Menschen, Pflanzen, Minerale, Geometrien, Essenzen, usw. helfen und dienen ihr dabei. Der Geist in uns, das wahre, «höhere» SELBST erschafft Alles, was ist – im Einklang mit einem grossen, grenzenlosen Gewahr-Sein. Er erschafft bzw. erlaubt auch Krankheit und Krise – aus einer ihm inne wohnenden, geheimnisvollen Schöpfungsdynamik. So könnte unser Weg einfach sein. Untersuchen und entdecken wir unser SELBST, und überlassen diesem

alles Weitere; ja – genau auf diese Weise geschieht Heilung im Lichtzeitalter. Vielleicht war es auch schon immer so, und wir werden uns nur jetzt gerade darüber bewusst?

Wir stehen also am Beginn eines sehr grundlegenden Bewusstseinswandels. Unser Weltbild erweitert sich, und wir akzeptieren endlich die Erkenntnisse der Quantenphysik, die schon vor hundert Jahren errechnete und bewies, worum es hier geht. Jetzt widmen wir uns der Umsetzung ihrer Grundannahmen, und erschaffen uns eine in jeder Hinsicht neue Welt. Was ändert sich, wenn wir unser grosses geistiges Potenzial nun wiederentdecken und anerkennen? Unsere Sternenfreunde vom Sirius berichten schon seit Jahren aus immer wieder neuen Blickwinkeln, wie wir ins Goldene Zeitalter hineinwachsen könnten (siehe spätere Anmerkungen). Sie kennen den Prozess, und vollzogen ihn vor sehr langer Zeit auf ähnliche Weise wie wir heute. Und das sagen sie zu unserer aktuellen Zeitsignatur:

Heilung geschieht im Bewusst-Sein

«Liebe Sternenfreunde, die Schleier früherer Zeitepochen werden nun durchlässig, und euer Bewusstsein dehnt sich aus. Einprogrammierte Krusten lockern sich im Licht der Liebe, bis sie sich eines Tages ganz auflösen. Ihr erkennt die Illusionen eurer Geschichte, und entfaltet euch im Licht. Verbunden mit eurem Gottesfunken, lebt ihr einig im Göttlichen Bewusst-Sein. Bis es soweit ist, erreichen euch allerdings hier und da auch verstörende Energieformen. Während die Schleier aufreissen, reinigt sich euer Energiefeld von niedrigen Frequenzen. Versteht sie als Teil von euch, und badet sie im Liebeslicht eurer Seele. Die Frequenz eurer dichten Strukturen erreicht dann ein neues, rascher vibrierendes Niveau. Wie kleine Erdbeben wirkt ihre Beschleunigung. Sie rüttelt an euren Gedanken und Gefühlen, und bringt alles Erstarrte ins Wanken. Erkennt die Chance, die darin liegt, ihr Lieben! Was sich nicht beschleunigen lassen will, verlässt euer Bewusstsein. Alles andere verbindet sich im Geist der Liebe.»

Heilung geschieht also im Bewusstsein (im bewussten Da-Sein), und die kontinuierliche Erforschung des sie leise steuernden inneren SELBST lohnt sich.

Materie entsteht aus der Verdichtung Göttlicher Energie. Bewegte Wellen formen sich zu Lichtmustern. Heilende, Heilige Geometrien durchwandern Raum und Zeit. An ihren Linien versammeln sich Photonen, die schliesslich alle sichtbare Materie als Kristallisation ihrer ursprünglich Göttlichen Essenz manifestieren.

Wie in einem grossen Orchester beteiligen sich unzählige Instrumente (Schöpfungswesen) an der Symphonie des Lebens. Jeder Mensch transformiert die hoch schwingenden Energiemuster des SELBST in den Filtern seines mehr oder weniger entfalteten Bewusstseins.

Weit Gereiste, Gereifte verwirklichen zahlreiche unterschiedliche Frequenzmuster. Eingeschränktere Naturen verfolgen eindimensionale Pfade. Und alles lebt in Vollkommenheit. Unterscheidungen in «besser oder schlechter» gehören zum Paradigma der nun ausklingenden Kulturepoche. «Alles ist wie es ist», flüstert uns das Universum stattdessen zu. Was wir hier beschreiben, lässt sich mit Hilfe kinesiologischer Tests sogar messen! Wahrheit und Unwahrheit sind im kollektiven Bewusstseinsfeld gespeichert; zu jedem Thema und zu jeder Frage, jenseits der Raumzeit, immer und überall! Der Körper kennt die Wahrheit, und gibt sie unbestechlich preis. Alle seine Muskeln zeigen Stärke, wenn man ihm wahre Informationen anbietet. Unwahre Inhalte schwächen ihn. Seine Muskeln geben nach, weil der lebendige Energiefluss blockiert ist. Unsere stoffliche Manifestation zeigt, wer wir sind, und wieviel Bewusstsein wir bereits erkunden wollten. Jede einzelne Zelle speichert lichterfüllte Wahrhaftigkeit mit allen Informationen aus Raum und Zeit. Woooow...

Bewusstseins-Räume
Im gering entfalteten Bewusstsein dominieren Überlebensinstinkte und biologische Triebhaftigkeit. Im mittleren Bereich der Bewusstseinsentfaltung entdecken wir unseren Verstand, und entwickeln denkend neue Welten. In den höheren Frequenzen entscheiden wir uns zur Hingabe an etwas Grösseres. Nun erfüllen uns Liebe und Mitgefühl, und unser Sein gewinnt neue Dynamik. Auch die eher Instinkt betonten Energieformen leben noch in uns. Aber wir entscheiden uns Kraft unseres freien Willens neu.

> Wir wählen die Liebe, und folgen ihr. Wo wir früher tun wollten und tun zu müssen glaubten, tauchen wir ins hingebungsvolle Sein. Entspannung breitet sich aus – und Heilung geschieht aus dem Urquell.

Ganz von SELBST füllen sich unsere Ausdrucksformen, das Denken und Fühlen, sowie der physische Körper, mit der bedingungslosen Liebe paradiesischen Seins. Dann wird Heilung heilig – so wie es die schweizerische Mundart in tiefer Weisheit anerkennt.

Bewusstseinsforscher erfassen und messen unterschiedliche Bewusstseinsebenen auf einer logarithmischen Skala. *1) In Wahrheit aber verschmelzen alle möglichen Töne und Frequenzräume der Schöpfung zu einem gemeinsamen Ganzen. Quantenverschränkt sind sie EINS. Nur der Strom menschlicher Aufmerksamkeit entscheidet darüber, welcher Bereich, welches Thema, zu einem gegebenen Moment mit Energie versorgt werden soll. Mehr sogar: der Fokus menschlicher Aufmerksamkeit erschafft alle sichtbaren und (derzeit noch) unsichtbaren Welten (siehe die Konzepte der Quantenmechanik, oder die Überlieferung vedisch spiritueller Weisheit). Kosmische Möglichkeitswellen kollabieren in die Wirklichkeit, und erstarren zur Form – sowie ein Mensch (ein Beobachter, ein Gewahr-Sein) ihnen Aufmerksamkeit schenkt.

Der Schritt ins Lichtzeitalter

Dieses Prinzip gilt sowohl für unsere bewussten als auch für die noch unbewussten Schöpfungen. Und genau hier liegt eine Herausforderung. An dieser Stelle findet sich die winzige Klippe, die uns scheinbar noch vom Lichtzeitalter trennt. In Wahrheit existiert alles in Verbundenheit, und wir leben bereits im Lichtzeitalter – hier, jetzt! Aber unser Verstand operiert mit Schubladen, Ebenen, Dimensionen, Einteilungen, Bewertungen und Überzeugungen. Jahrhunderte und Jahrtausende. Verschiedene Zeitalter und Dimensionen. Paralleluniversen und -wirklichkeiten. So ist unser Denken trainiert, und erst unser jetzt beginnendes Zeitalter lässt uns über-denken, was wir da tun; Bewusstsein wird sich seiner selbst bewusst! Oft mischt sich auch das bedürftige Ego ein; im Irrtum verfangen, alles zu wissen, und richtig beurteilen zu können.

Etwa 98% unserer Schöpfungen brachten wir deshalb bisher unbewusst in die Welt. Still schweigend, und ohne es selbst zu bemerken, verwirklichten wir unsere seit Jahrhunderten gespeicherten Überzeugungen. Gibt es überhaupt so etwas wie Krankheit und Gesundheit? Oder sollten wir auch diesen Grundgedanken noch einmal revidieren? Mit Automatismen, Glaubenssätzen und Gewohnheitsmustern filtern und verzerren wir unsere reine, Göttliche Schöpfungskraft. Was aber wäre, wenn wir dieser Reinheit in uns nun mehr Raum gäben? Wenn wir unser Bewusstsein ausdehnten, und unsere Aufmerksamkeit den Lebens fördernden Energien widmeten? Wenn wir Konzepte des Gesund-Seins entwickelten, anstatt uns mit unzähligen Krankheitsbildern auseinanderzusetzen? Wenn wir die ursprünglich gesunde Liebesmatrix unseres Seins erforschten, anstelle immer neuer Symptome und Norm-Abweichungen? Dieser Schritt überschriebe die irrtümlich erschaffene «Fehlermatrix» mit ihrem reinen, lichtvollen Original. Und genau damit betreten wir eine wirklich neue Welt!

«Es ist ein kleiner Schritt für einen Menschen, und ein grosser Sprung für die Menschheit», sagte der amerikanische Astronaut Neil Armstrong (1930 bis 2012), als er am 20. Juli 1969 den Mond betrat. Damals erweiterte die Menschheit ihr Bewusstsein um kosmische Dimensionen. Nun steht ein ähnlich kleiner Sprung an, der Grosses bewirken wird.

> Indem wir unsere Herzkraft, unser SELBST, anerkennen und erforschen, verändern sich alle unsere Kulturen; individuell, ebenso wie kollektiv. Während wir den Geist in uns anerkennen, füllt er uns mit Weisheit und Liebe. Indem wir uns dazu entscheiden, aus diesem Geist zu handeln und zu sein, betreten wir den Pfad ins Lichtzeitalter. Unter unseren Füssen entsteht der Weg. Während wir den Fokus unserer Aufmerksamkeit verschieben, entfaltet sich ein neues, heilsam erlöstes Leben – in uns.

2. Spannung und Entspannung

Krankheit, Heilung, Gesundheit sind Konzepte, die unser Denken entwickelt. Vorstellungen, Überzeugungen und Metaphern füllen unser Bewusstsein.

Wie wäre es, wenn wir das alles jetzt für einen Moment der Stille beiseite liessen? Können wir uns so tief entspannen, dass alles Vermutete, Gedachte und vermeintlich Gewusste in sich zusammenfällt? Wir können! Und die gute Nachricht lautet – es ist viel einfacher, als wir bisher dachten! Und vielleicht noch besser (falls es eine solche Steigerung gäbe…): in diesen Jahren der Vorbereitung auf eine neue Menschheitskultur erhalten wir jede nur vorstellbare kosmische Hilfe. Vielleicht erproben wir es jetzt gleich einmal? Unser Atem verbindet sichtbare und unsichtbare Seins-Räume. Im bewussten Atem surfen wir zwischen den Dimensionen.

Nimm einige bewusste Atemzüge, und verbinde sie mit dem Denken: *Liebeslicht ein, Stress und Stau aus. Schöpfungslicht ein, Widerstand aus. Liebeslicht ein, Anspannung aus.* – Wie fühlt sich das an, liebe Leserin, lieber Leser?

Eine neue Menschheitsepoche wird geboren
«Alles eilt jetzt ins Geburtszimmer der Erden-Menschheit, um ihre Neuwerdung zu unterstützen und zu feiern», sagen unsere Sirius-Geschwister.
Wie gute Hebammen helfen uns Engel, Geistwesen und die Sternenvölker entwickelter Kulturen ans Licht einer grösseren Welt (aus der in unserer Wahrnehmung bisher dunkel verschobenen, eingeengten heraus…) – mit unserer Erlaubnis, und zum höchsten Wohle der Schöpfung. Was mag ein Neugeborenes empfinden, wenn es in diese aktuelle Welt eintaucht? Was empfinden wir, wenn wir uns nun täglich mehr dem «Wind des Wandels» überlassen? Unsere Verwirrung mag ähnlich sein, wie die des Neugeborenen; aber unsere Abenteuerfreude bringt uns voran. Voller Enthusiasmus und Zuversicht dürfen wir uns entspannen… und wo das noch schwerfällt, atmen wir bewusst:

Zuversicht ein, Angst und Stress aus. Liebeslicht ein, aller Zweifel aus. Zuversicht ein, Anspannung aus.

Diese winzige Übung – regelmässig praktiziert – verändert unseren Alltag. Wann immer ein Unbehagen auftaucht, atmen wir es aus…

Der Stress und seine Folgen

Anspannung erzeugt Stress. Stress, ein eigentlich psychischer Faktor, wirkt sich auch körperlich aus. Gelegentlicher Stress kann den Menschen beflügeln, Dauerstress macht ihn hingegen krank, weiss die WHO. Und: Stress ist die tiefere Ursache aller derzeit bekannten Krankheiten. Interessant! Die WHO bezieht sich hier auf den physiologischen Stress, im Sinne des Biologen und Mediziners Hans Selye (1907 bis 1982). Stress lässt sich als Störung oder gar Unterbrechung des lebendigen Energieflusses beschreiben. Unser gesamtes vegetativ hormonelles System verschiebt sich während grosser Anspannungen. Alle Organe und Gewebe folgen der Veränderung.

Aber auch darin liegt Bewegung. Sie verdreht sich nur in den Lebens störenden Mustern der Involution. Evolution stützt und entwickelt das Leben – Involution löst seine Manifestationen auf, um neue Ausdrucksformen zu erproben; und beide Bewegungen bringen das Leben voran. Anspannung schwächt unseren Körper. Entspannung stärkt ihn – auch wenn das paradox erscheinen mag. Im Moment von Hingabe und Entspannung öffnen wir uns dem reinen Liebeslicht, das unsere Strukturen heilt und erneuert. Also lasst uns lächeln (in dieser Mimik schüttet das Gehirn nach spätestens 30 Sekunden Glückshormone aus!) und entspannt ausatmen.

Liebeslicht ein, Stress und Stau aus...

Spirituell Interessierte würden zu diesem Thema vielleicht von einer verdunkelten oder reduzierten Chakrenaktivität sprechen. Jedes Körperchakra manifestiert seine Energien in einem grossen Hormonsystem. Hier moduliert es die Frequenzen geistiger Impulse, um physisch stoffliche Ausdrucksformen zu erschaffen. Etwas verkürzt ausgedrückt: die Chakren ziehen universelle und individuelle Energiefelder in ihren Bereich, und gestalten daraus den sich ununterbrochen erneuernden Menschenkörper. Und genau das bestätigt die aktuelle Wissenschaft inzwischen mit ihren eigenen Worten. Jede Festlegung ist Illusion! Alles ist vorläufig und verändert sich laufend – in jedem Augenblick. In der Konsequenz dieser Erkenntnis werden wir bald alle Diagnosen und Krank-

heitsbilder relativieren, um sie schliesslich ganz aufzulösen, im Liebeslicht des Seins. Wir könnten uns auch einfach als bereits heil und gesund definieren, und abwarten, wie die universelle Energie auf diese neue Haltung reagiert...

Wir selbst erschaffen, was ist...

Was wir in diesem Zusammenhang tatsächlich oft vergessen: wir selbst sind die Meisterinnen und Meister unseres Schicksals. Unser Stress ist selbst-er-schaffen. Müssen wir denn unbedingt erschreckende Gefühle und herunter ziehende (welch anschaulicher Begriff im Zusammenhang mit den Frequen-zen!) Gedanken pflegen? Wenn ich all das Elend und die grossen Ungerech-tigkeiten auf dieser Welt sehe, kann ich nicht anders, sagen manche. Das klingt verständlich, und doch irrt sich, wer so denkt. Wir können sehr wohl an-ders! Im Lichtzeitalter werden wir uns genau an dieser Stelle neue Gewohn-heitsmuster erarbeiten. Wir werden den Gedankenraum der Opfer-Täter-Szenarien verlassen, und uns an unsere wahre Schöpfungsmacht erinnern. Können wir freundlich mitfühlende Gedanken und Gefühle entwickeln, im Anblick dieser Welt? Können wir lernen, das Vollkommene im noch Unvoll-kommenen zu entdecken? Wir können, und wir werden es tun! Unsere Licht-Seele zieht uns nun zu sich, und badet unser Bewusstsein im Geist der Liebe. Ganz plötzlich entdecken wir dann die Schönheiten dieser Welt – überall, und in jedem Augenblick!

Zurück zum Zustand der Anspannung. In ihm stagnieren die natürlichen Funktionen, und über längere Zeiträume leben wir vielleicht sogar in einer Gesamtstagnation. Aber die Schöpfungsenergie in uns möchte fliessen. Al-les schwingt! Nun wird deutlich, warum jede Anspannung krankheitserzeu-gend wirkt. Der natürliche Energiefluss ist unterbrochen, und die Leben-digkeit des Geistes reagiert verstört. Jede Anspannung wurzelt in Gefühlen und Gedanken, sagt die WHO. Von dort aus greift sie den Körper an. Ist den Wissenschaftlern der Welt-Gesundheitsorganisation eigentlich klar, was sie da sagen? Geist steuert die Materie! Anspannung und Stress entstehen im geistigen Raum. Dort erzeugen sie (erzeugen wir uns) Behinderungen und Blockaden, die das natürliche Schöpfungsbedürfnis nach beweglicher Schwingung einschränken. Still, unauffällig und vielleicht sogar unbemerkt anerkennt die Wissenschaft im Zusammenhang mit Stress bereits die Domi-nanz des Geistes. Der grosse Bewusstseinswandel hat begonnen!

Die Falle öffnet sich

Können wir lernen, ungesunde Anspannungen (den Distress) zu vermeiden? Aber sicher! Im anbrechenden Lichtzeitalter erinnern wir uns an diese Fähigkeit, um sie schliesslich SELBST-verständlich (absichtsvoll und bewusst verbunden mit dem SELBST) zu nutzen. Dann bekennen wir uns zu einem neuen Paradigma und erschaffen Heilung aus dem Geist.

> Wir verwirklichen, was die Quantenphysik seit über hundert Jahren postuliert: die unauflösliche Verbundenheit aller Schöpfungsebenen, und die Dominanz geistiger Energieformen über alles stofflich Manifestierte.

Ganze Industriezweige (z.B. die Pharmaindustrie und die Apparatemedizin) könnten in der Folge davon zusammenbrechen. Vielleicht richten sie ihre Aufmerksamkeit aber auch einfach nur auf den Schutz des Lebens. Da gibt es ja noch so Vieles zu entwickeln...

Wir atmen inzwischen aus, und entspannen uns.

Heilungslicht ein, Anspannung aus. Zuversicht ein, Angst und Wut aus. Liebeslicht ein, Schuld und Scham aus...

Dieser letzte Aspekt scheint besonders wichtig zu sein. Die Bewusstseinsforschung hat es entdeckt: solange wir uns noch mit den niedrigen Frequenzen von Scham und Schuld identifizieren, spannt sich unser gesamter Organismus an. Denken, Fühlen und Tun sind blockiert. Unsere unteren Chakren und ihre biologische Schöpfungskraft schwingen disharmonisch. Die Illusion von Schuld und Scham trübt das Liebeslicht und fesselt uns in dualistischen Paradigmen. Da lohnt es sich, neue Blickwinkel einzunehmen...

Vergebung heilt

Ganz egal, welche «Fehler» wir uns geleistet haben – die Schöpfungsquelle liebt uns bedingungslos! Glauben wir das? Oder fesseln wir unser Bewusstsein noch in den Konzepten von Kritik und Urteil? Wie sehr verstricken wir uns in den Paradigmen des dualistischen Zeitalters? Wenn wir uns daraus befreien wollen, beschenkt uns das Universum gleich mit einer weiteren Aufgabe: mit der Erkenntnis, dass uns jedes Urteilen in den Keller niedriger

Schwingungen führt; das Verurteilen und Kritisieren anderer ebenso, wie die Selbst-Verurteilung.

Die Hawaiianische Tradition überliefert uns kostbare Hilfen. Vergeben und Verzeihen öffnen die Falle. Auch die Weisen anderer Kulturen erinnern uns daran. Richtet nicht, damit ihr nicht gerichtet werdet, sagte der Meister Jesus (Matthäus 7,1). Eine verkürzte, sehr einfache Heilungsformel des hawaiianischen Ho'oponopono balanciert Gehirn und Vegetativum in wenigen Augenblicken (wir haben es gemessen!): Ich vergebe alles zu diesem Thema vollständig. Als «Thema» können wir alles einsetzen: eine Diagnose, einen Streit mit jemandem, Kummer und Sorgen um die Welt... Oder wir drücken uns gleich noch grundsätzlicher aus: Ich vergebe alles, was war und ist vollständig. Wie fühlt sich das an? Wer regelmässig übt, taucht ins Liebeslicht, und entdeckt einen Quantensprung... *2)

Ablehnen oder zustimmen? Wir haben die Wahl!
Was bedeutet denn eigentlich Dualität? Ganz knapp könnte man es so ausdrücken: ablehnen oder zustimmen – wie wähle ich? Das ist unser Gewohnheitsmuster; so sind wir trainiert. Mag ich das, oder mag ich das nicht? Finde ich es gut oder schlecht? Und es kommt noch überraschender: was wir dann schliesslich entscheiden, ist gar keine bewusst getroffene Wahl. Tatsächlich haben wir einem unbewusst eintrainierten Programm erlaubt, für uns zu entscheiden. Die Neurologen haben es bewiesen: das Gehirn richtet sich aus, bevor (!) ein Wahrnehmungsimpuls verarbeitet wurde. Wir bilden uns nur ein, frei gewählt zu haben...

Mit anderen Worten: das Gehirn (der Verstand) wählt, bevor wir wählen. Seine Entscheidungs-Kriterien entstammen individuellen und kollektiven Überzeugungen und Gewohnheiten – aus einem Archiv der Jahrhunderte. Und sowie sich das Gehirn für Ablehnung oder Zustimmung entscheidet, reagiert der gesamte Körper im Bruchteil einer Sekunde synchron. Ablehnung: alle Muskeln sind angespannt, und damit schwach; ihnen fehlt der lebendige Energiefluss. Zustimmung: alle Muskeln sind entspannt und stark, denn im Zustand des JA fliesst die Schöpfungsenergie störungsfrei. Warum sagen wir dann nicht einfach immer JA? Gottes Schöpfung ist EINS, und wir dürfen ihr zustimmen!

Ja aber... da gibt es doch noch so Vieles, was uns nicht gefällt... und schon sind wir im Zustand des Nein, und blockieren unsere Lebensenergie. Spürst du, welch riesige Chance in dieser Entdeckung liegt? Ja? Dann lasst uns jetzt neue Muster erarbeiten!

Wir brauchen die Synthese; das Sowohl-als-auch. Genau das, was die Wassermann-Energie uns jetzt zuspielt. Wie wäre es damit: wir stimmen der Schöpfung zu, so wie sie jetzt gerade ist. Wir schenken ihr Anerkennung, als Teil des Göttlichen Plans in Raum und Zeit. Aus dieser JA-Haltung schauen wir genau hin, was noch verändert werden möchte. Wir bleiben in der Zustimmung, und entwickeln eine noch angenehmere Welt. So öffnet sich die Zwickmühle! Im Sowohl (Ja! Die Welt ist wundervoll und kostbar) wie im Als-auch (und JA – wir können es uns hier noch viel schöner machen...) atmen wir durch, und richten uns auf, in Freiheit. Wollen wir unserem Gehirn mitteilen, dass eine neue Zeit angebrochen ist? Wollen wir die Muster der Geschichte durch ein doppeltes JA zur Schöpfung ersetzen? Dann lasst uns stark sein, und die Energie dieses neuen Zeitalters jetzt nutzen!

Gott in mir...
Unsere Essenz besteht aus Geist und Energie. Aus ihr formen wir unseren SELBST-Ausdruck. Und das tun wir in unterschiedlicher Dichte (s.o., die unterschiedlichen Töne und Frequenzen der einen Schöpfungsmatrix), und unterschiedlicher Dynamik (aufbauend, vereinigend, evolutiv – oder abbauend, trennend, involutiv). Und nun stehen wir vor einem kostbaren, aufregenden Moment der Neu-Werdung. Jetzt sind wir eingeladen, zu wählen. Unser innerstes, weises SELBST hat sogar bereits gewählt! Wir brauchen seine Absicht nur noch bewusst zu bestätigen.

Liebeslicht ein, Anspannung aus. Heilungslicht ein, Scham und Schuld aus. Meine liebe Seele, nimm Platz in mir. Forme mich, lenke mich, inspiriere und behüte mich. Du weisst am besten, was mir gut tut. Zeig es mir, und ich folge dir! Oder ganz einfach: Gott in mir – ich folge Dir!

Altes aufgeben, loslassen und uns hingeben. Damit öffnen sich die Wege ins Lichtzeitalter. Aus der Anspannung in die Entspannung. Aus der Verstandes-Enge ins befreite Herz; in den Fluss des Lebens. Aus vermeint-

licher Sicherheit ins Ungewisse. Alles ist vorbereitet, und reine, bedingungslose Liebe erwartet uns – schon immer.

Aber dennoch lässt uns diese neue Bewegung jetzt oft ängstlich zögern. Wer so empfindet, ist vielleicht gerade mit seinen Ego-Strukturen in Kontakt. Dieser mächtige, besser-wissende und oft verurteilende Aspekt will uns beschützen. In ihm leben alle Erinnerungen des Menschheitskollektivs. Er schwingt in tieferen Tonlagen, und erinnert sich an die vergangenen Zeiten grossen Elends. Wem oder was hast du dich schon hingegeben?, fragt er. Weisst du noch, wie es dir dabei erging? Sei vorsichtig – vertraue niemandem!

Das auf den spirituellen Pfaden unbeliebte Ego handelt aus guter Absicht. Aber ihm fehlt der Weitblick, und so mischt es sich manchmal in Dinge ein, die es nicht versteht. Es liegt an uns, eine freundliche Einladung auszusprechen, und dem Ego Wertschätzung zu zeigen: Danke, dass du mich immer so gut beschützt hast. Weisst du – jetzt beginnt eine Zeit mit neuen Regeln. Wir kennen sie beide noch nicht, und brauchen viel Zeit, um sie zu erkunden. Magst du mein Bündnispartner sein? Möchtest du zusammen mit mir herausfinden, wie sich Hingabe und Entspannung in dieser neuen Energie anfühlen? Vertrau mir – wir haben auch unsere innerste Göttlichkeit mit im Boot... Sie beschützt uns – immer und überall!

Unterwegs, in eine entspannte Welt
Ausatmen und entspannen. Zuversicht schöpfen. Der Liebe Raum geben. Auftauchende Ängste ausvibrieren lassen und Neues willkommen heissen. Wie wäre es, wenn wir diese Haltung zur täglichen Gewohnheit machen? Die kosmischen Lichtfelder reagieren sofort darauf. Energie folgt der Aufmerksamkeit. Und nun melden sich unsere Sternengeschwister: *«Entwickelt jetzt mit der Kreativität eurer inneren Göttlichkeit ein neues persönliches Bewusstsein»*, sagen sie. *«Heilt damit euer kollektives Bewusstsein von den Irrtümern und Schrecken der Vergangenheit. Akzeptiert eure dauernde Veränderung als Eigenschaft des Lebens selbst. Und erkennt die Schönheit eurer ununterbrochenen Neuwerdung!».* *3)

Und sie erinnern uns auch gleich noch an eine Übung aus dem letzten Utting-Seminar vom September 2019: *«Stellt euch vor, dass ihr lebendig, wie ein*

Fisch im Wasser die Räume des Bewusstseins durchschwimmt. Stellt euch vor und fühlt, welche Schönheit darin liegt, grenzenlos frei zu sein, und gleichzeitig geborgen, geliebt und lebendig. Versorgt, getragen und verbunden. Geht tief in diese Vision, wenn ihr mögt. Lasst euren Körper fühlen, dass er beschützt ist. Geniesst die grosse Beweglichkeit und Freiheit. Haltet alles für möglich, und entdeckt die SELBST-verständliche Wahrheit darin. Mit diesem Schritt holt ihr die neuen Welten zu euch. In den Potenzialen eures Geistes habt ihr sie bereits erschaffen. Sie erwarten euch, um euch mit eurer wahren Identität zu berühren.»

Entspannen wir uns:
Liebeslicht ein, Stress und Stau aus. Zuversicht ein, Grübelei aus.

Wenn sogar die WHO das grösste Gesundheits-Potenzial in der Entspannung sieht, haben wir ja einen sehr einfachen Weg zu unserer Heilung gefunden...

3. Heilung aus dem Selbst

Mit der harmonischen Konvergenz, der gemeinsamen Ausrichtung aller inneren Planeten unseres Sonnensystems (Merkur, Venus, Erde, Mars), vollzogen wir als menschliches Kollektiv 1987 einen wesentlichen Bewusstseinssprung. Gemeinsam verliessen wir die überwiegend vom Stammhirn gesteuerten, triebhaften Bewusstseinsfelder, und widmeten uns den Ebenen von Vernunft und Mitgefühl. Das Fische-Zeitalter klang aus. Mehr als zweieinhalb tausend Jahre hatten wir seine widersprüchlichen Energien erkundet und erfahren. In der Hingabe an grosse Ideale durchwanderten wir die Illusionstäler von Trennung, Verurteilung und Krieg. Unzählige Opfer-Täter Szenarien verdunkelten unsere innere Liebeskraft. Nun hatten wir neu entschieden, und unzählige kosmische Lichtwesen freuten sich mit uns. Aus den widersprüchlichen Energien des Fische-Zeitalters kommend, tauchten wir unseren Geist in die gemeinsam strömenden Wellen des Wassermann-Zeitalters (siehe dazu die Symbole der astrologischen Zeichen Fische und Wassermann). Alles scheinbar Getrennte und dualistisch Beurteilte begann, zusammen zu wachsen. Wir erarbeiteten uns neue Betrachtungsebenen, be-

endeten manch einen kalten oder heissen Krieg, und machten uns auf die Suche nach neuen Möglichkeiten des Zusammenlebens.

Bewusstseinswandel im Wassermann-Zeitalter

Seit dieser Zeit gewinnen psychologische, ökologische und spirituelle Bewegungen an Kraft. Wer genau hinschaut, erkennt das wachsende Erwachen in Wissenschaft, Forschung, Geschäftswelt, gesellschaftlichem Leben und alltäglichen Gewohnheiten.

Eine kostbare Lichtspur verbindet die Menschheit: wir erinnern uns an die Leuchtkraft unserer innersten Natur, und übernehmen Verantwortung. Vieles gibt es noch zu tun, aber den wichtigsten Umbruch haben wir bereits gemeistert. Unterwegs zu unserer SELBST-Ermächtigung, dehnen wir uns täglich weiter aus, in die Bewusstseinsräume unseres Ursprungs. Wie könnte diese Welt einige Generationen später aussehen? Was ändert sich, wenn wir uns unserem innersten Licht anvertrauen, und unserem SELBST die Regie überlassen? Wenn wir die Göttlichkeit in uns zum Kompass unserer Aktionen machen, und jede Entscheidung im Einklang mit ihr treffen?

Vielleicht nehmen wir uns einen Moment der Stille, um diese Vision tiefer zu verankern und auszukosten... Erinnern wir uns an den vorigen Abschnitt, und entspannen wir uns.

Atmen wir bewusst: *Liebeslicht ein, Stress und Stau aus!*

Sowie wir uns entspannen, öffnet sich eine Standleitung zu unseren Sirius-Freunden. In Wahrheit ist sie natürlich ununterbrochen offen. Wir sind es, die durch den Fokus unserer Aufmerksamkeit entscheiden, wann wir uns ihnen

zuwenden. Mit unserer Erlaubnis vertiefen die Sternengeschwister unsere stille Einkehr. Dann schenken sie uns ihre erweiterte, gereifte Perspektive im Anblick des Lebens. Was wir Erdenmenschen im aktuellen Abschnitt unserer Evolution erfahren, meisterten sie nach eigener Aussage bereits vor einigen Jahrhunderttausenden – es ist also zu schaffen! Und wir haben Vorbilder. Als «ältere» Geschwister helfen uns diese weisen Wesen liebevoll auf unserer eigenen Entdeckungsreise. Lasst uns lauschen:

«In euch lebt die reinste Form Göttlicher Energie. Lernt, sie zu nutzen! Verzichtet auf Lebens störende Substanzen, und übt euch in Zentrierung, Fokussierung und achtsamer Versammlung. Anerkennt den Göttlichen Funken in Allen und Allem! Beendet Kritik und Urteile als Ausdrucksformen einer zu Ende gehenden Zeit. Erlöst eure destruktiven Gefühle. Lasst sie einfach vorbei ziehen, wie Wolken am Himmel. Erlöst auch die bezwingende Sehn-Sucht, alles verstehen zu wollen. In Wahrheit versteht ihr schon längst. Übt euch darin, eure kostbare Lebensenergie so Frucht bringend wie möglich zu nutzen, und entdeckt, dass euer Leben täglich an Harmonie und Schönheit gewinnt.»

Heilung aus der Originalmatrix
Unsere Freunde erinnern uns auch an eine hilfreiche Übung aus ihren Durchgaben zur Universellen Heilung *4):

«Wenn du einen bestimmten Bereich deines Körpers heilen willst, verbinde dich mit dem Bewusstsein der zugehörigen Organe. Sprich das Organbewusstsein direkt an: Liebes Organbewusstsein meiner Harnwege. Ich bitte dich, sorge jetzt für die rasche und makellose Wiederherstellung aller meiner Harnorgane nach der Norm des Schöpfers. Sorge dafür, dass meine Nieren und das ganze Harnsystem ihre Arbeit optimal leisten. Danke, dass du diesen Dienst für mich übernimmst.»

Diese Übung lässt sich natürlich variieren; anstelle der Harnorgane können wir jedes Organsystem einsetzen. Indem wir uns dem Körper liebevoll zuwenden, verbinden wir uns mit dem Devareich; mit den in der Anthroposophie

als Bildekräfte bezeichneten Evolutionslinien. Sie beteiligen sich am Aufbau unseres Körpers, und steuern auch alle darin notwendigen Heilungsprozesse. Im unverbundenen Zustand geschieht das nach den eingespeicherten Mustern unserer kollektiven Evolution. Aber sowie wir uns bewusst mit ihnen verbinden, erlauben wir dem SELBST und seinen reinen Energieformen, die Regie zu übernehmen. Dann geschehen Wunder-volle Dinge. Spontanheilungen entstehen, und scheinbar Unmögliches geschieht.

Alles ist EINS!

Alle spirituell gereiften Wesenheiten leben im Einheitsbewusstsein. Was wir uns auf dieser Erde jetzt gerade erarbeiten, ist ihnen selbstverständlich; sie haben die Illusion der Trennung erlöst. Daher verstehen sie auch Körper, Psyche und Denken lediglich als verschiedene Ausdrucksformen eines einzigen Schöpfungslichts; als Erscheinungen, die der Kostümierung der «Schauspieler» (das sind wir!) dienen. Gereifte Wesen identifizieren sich ausschliesslich mit der Quelle selbst. Alles Weitere verstehen sie als «Garnierung»; als durchaus charmante Vielfalt einer ursprünglichen, einheitlichen Essenz, jedoch nicht als das WESEN-tliche. In ihrer Betrachtung erwartet auch uns ein Weisheitskorn. Alles ändert sich heilsam, und findet in seine natürliche Ordnung zurück, wenn wir uns mit unserem lichtvollen SELBST vereinen. Es ist ganz einfach, und inzwischen kennen unsere geschätzten Leserinnen und Leser auch einen Weg dahin: *Liebeslicht ein, Illusion aus...*

Die namenlose Göttliche Quelle bringt das Licht in die Manifestation. Das füllt sich dann mit Informationen, Mustern, Signaturen und Programmen, gemäss der Evolution seiner Wesenheiten. *«Heilung aber,»* so sagen die Sirius-Freunde, *«geschieht immer aus der Einheit. Sie führt zusammen, was getrennt erschien. Sie korrigiert die verzerrten, verschobenen Muster aus Illusion und Verstrickung. Jede Heilung schenkt euch auch einen Wachstums- und Bewusstwerdungsprozess. Manchmal erscheint der Weckruf in Form einer Krankheit. Kann man dann überhaupt von Krankheit sprechen? Vielleicht ist es gerade die vollkommene und unveränderliche Gesundheit eures SELBST, eurer Göttlichkeit, die euch eine Erfahrung zum Höchsten Wohl schenkt...»*

Und dann werden unsere Freunde beinahe ein bisschen streng:

«Was geschieht, wenn ihr euch als «krank» beschreibt? Ihr erschafft ein Bild eures kranken Seins im ätherischen Schöpfungsfeld. Das könnte sich eines

Tages tatsächlich in eurem Leben manifestieren. Erkennt ihr die Falle dieses Konzepts? Wir ermutigen euch nachhaltig, das Denkmodell von Krankheit und Gesundheit vollständig zu verlassen. Erinnert euch zunächst daran, dass alle lebendigen Prozesse einer permanenten Wandlung unterliegen. Akzeptiert eure Beschwerden und Unpässlichkeiten als vorübergehende Zustände, und identifiziert euch mit dem Licht in euch. Die Medizin erschafft Diagnosen, um die verwirrende Vielfalt der Erscheinungen zu ordnen. Ihre Arbeitsprozesse gehören zur dritten Dimension. Diagnosen entwickeln ihre eigene Dynamik, hinter der der Mensch oft genug zu verschwinden droht. Damit eure Gesellschaftsstrukturen dem Leben dienen, werdet ihr sie vollständig erneuern müssen. Eure Worte und Gedanken sind wie Samenkörner im Ätherleib der Erde. Indem ihr euch neu ausrichtet und Lebens fördernde Gedanken in euch tragt, erblühen diese Samen zu ihrer vollen Schönheit in eurer neuen Welt.»

Lichtpfade ins neue Zeitalter
Lasst uns das bisher Betrachtete noch einmal zusammenfassen:

1. Krankheit entsteht immer auf dem Boden von Stress, berichtet die WHO. Stressvermeidung und Entspannung sind also unsere wichtigsten Heilmittel.
2. Solange wir unseren Körper noch nicht bewusst steuern, regeln die Devakräfte seine Prozesse mit den eingespeicherten Gewohnheitsmustern. Es lohnt sich, diese grossen Diener kennenzulernen, und mit ihnen zusammen zu arbeiten.
3. Heilung geschieht immer aus dem SELBST. Diese bedingungslose Liebesessenz erschafft und bewegt uns. Wenn es ihr sinnvoll erscheint, schickt sie uns einen Weckruf, den wir dann als Krankheit oder Krise in unserem Leben finden.
4. Der Körper kennt die Wahrheit. Er zeigt sie in Form von Muskelstärke (Muskeltest). Zu Gesundheitsfragen könnte er unser wichtigstes Messinstrument sein; zumindest, bis wir einen dauerhaften Kontakt zum SELBST aufbauen können.
5. Alles schwingt. Je höher die Frequenz, desto heiterer und be-SEEL-ter leben wir. Der Körper spiegelt unseren Bewusstseinszustand. Nehmen wir ihn ins Liebeslicht unserer SEELE mit, erfahren wir Heilung in ihrer Präsenz.

Im nun anbrechenden Lichtzeitalter werden Wunder und Spontanheilungen bald alltäglich sein. Wahrscheinlich werden wir sie nicht einmal mehr als Wunder empfinden oder so bezeichnen. Wir wissen, wie wir uns mit Hilfe unserer innersten Essenz heilen.

Neue Lichttechnologien unterstützen uns dabei. Vieles wird dazu bereits jetzt entwickelt – wer Genaueres wissen will, möge den Begriff mal in die Suchmaschinen geben... Wir werden lernen, Frequenzen zu erkennen, und sie zu Lebens fördernden Zwecken zu modulieren. Manche von uns können das schon, und viele sind auf der Spur von «Versuch und Irrtum» unterwegs.

Vor sehr langer Zeit besassen wir diese Fähigkeiten schon einmal. Allerdings waren wir damals als Kollektiv noch zu wenig in der Liebe verwurzelt. So konnte es geschehen, dass wir unser Schöpfungstalent gegen das Leben richteten. Unser Bewusstsein war noch nicht reif genug, um ein wichtiges kosmisches Gesetz zu verstehen: **erst die scheinbare Schwäche vollkommener Demut und Hingabe ans Licht macht uns stark. Nur wenn wir uns dem Göttlichen in uns sehr grundsätzlich überlassen, erfahren wir, wer wir wirklich sind.** Unzählige Weise und Avatare berichten uns davon, aber Erfahrung will selbst erlebt sein; so verlangt es das Gesetz der Evolution. Während wir einerseits in ewiger Einigkeit mit dem Licht verweilen, durchlaufen wir andererseits und gleichzeitig die Zyklen des Werdens und Vergehens. Jeder neue Zyklus be-Reich-ert die Lichtfelder der Schöpfung. Und genau da treffen wir auf weitere Geheimnisse...

Was wir für unsere Heilung brauchen, ist in uns – jederzeit. Sowie wir den Strahl unserer Aufmerksamkeit darauf richten, sind wir EINS damit. Einzelne fanden den Pfad schon immer. Jetzt aber sind wir alle eingeladen. Eine ganze Gattung erhöht ihre Schwingung, und findet sich ein, im Liebeslicht ihres Ursprungs. Dieses Abenteuer ist neu. Unsere Sirius-Freunde erzählen uns, dass wir dem Universum damit eine weitere Signatur hinzufügen. Vielleicht werden wir eines Tages anderen, jüngeren Kulturen davon berichten, und sie so liebevoll begleiten, wie es unsere Geschwister momentan tun. Aber zunächst dürfen wir uns auf die aktuelle Übergangszeit konzentrieren. Jetzt stehen wir im Geburtszimmer unserer neuen Zivilisationen. Wieder finden wir uns in einer scheinbar paradoxen Gleichsinnigkeit: wir werden geboren, und helfen uns dabei SELBST in die Welt.

Im Licht-Ozean

Machen wir's uns noch einmal gemütlich, und geniessen wir eine Entspannungsübung, die alles bisher Gesagte verankert:

Stell dir einen riesigen, unendlichen Ozean aus Licht vor. Erfreue dich an seinem Leuchten und Schimmern. Spüre seine sanfte Bewegung. Spüre sie in dir. Betrachte deinen Körper und fühle, wie er mehr und mehr vibriert. Sieh, wie er gleichzeitig heller wird; durchsichtig beinahe. Sanft leuchtend in wunderschönen Farben. Während du deinen leuchtenden, vibrierenden Körper geniesst, erkennst du, dass er sich in den Ozean hinein ausdehnt. Dein Bewusstsein dehnt sich aus. Deine Gefühle dehnen sich aus. Deine Gedankenräume erweitern sich. Wie eine wunderschöne grosse Katze reckst und streckst du dich in die Unendlichkeit hinein. Bis du fühlst, dass du eins bist mit diesem sanften leuchtenden Vibrieren. Alle Grenzen sind aufgelöst. Du bist eins mit dem Licht der Unendlichkeit.

Schliesslich richtest du deine Aufmerksamkeit wieder auf dein eigenes Bewegungsmuster. Deine unverfälschte, zutiefst persönliche Bewegung. Leise und kontinuierlich bewegt sie den Lichtozean. Du erschaffst diese Bewegung. Du bist es! Wenn du fein spürst, erkennst du jetzt auch andere Bewegungsmuster. Deine Menschengeschwister erschaffen sie – ein jedes auf seine ganz persönliche Art. Eure verschiedenen Bewegungen erzeugen ein grösseres Geschehen. Gemeinsam erschafft ihr die Welle eures Lebens. Du bist geborgen in dieser grossen Lebenswelle. Und du erschaffst sie gemeinsam mit anderen. Dein Muster ist ein Beitrag zum Ganzen. Und das Ganze bildet den Rahmen für dein Sein. Komm nun behutsam und ruhig in dein Tagesbewusstsein zurück, und nimm das Leuchten mit, das du bist! *5)

Im Licht-Ozean
Meditation
Video 2020
4:57 Minuten

QR Code scannen oder
Link in Browser eingeben.

www.licht-herz.media/fahrnowv1

4. Praxis

Viele zauberhafte Visionen wohnen in unserem Herzen, und immer öfter träumen Menschen nun gemeinsam von einer neuen Kultur. Jetzt widmen wir uns aber erst einmal dem aktuellen Wandel; der dürfte unsere Aufmerksamkeit noch etwa 15 bis 20 Jahre beschäftigen. Das Geburtszimmer ist angewärmt, alles liegt bereit, und unser Bewusstsein durchlebt die Presswehen. Spürt ihr den Druck, der dadurch entsteht? Dann lassen wir den doch gleich mal wieder los, und atmen gemütlich aus! Eine Geburt kostet Arbeit. Nicht zufällig heissen die Geburtswehen im Englischen labour oder auf Französisch travail... also lasst uns arbeiten! Krempeln wir die Ärmel hoch, tun wir uns zusammen, und erschaffen wir uns eine neue Zivilisation! Die Sirius-Geschwister sagten uns übrigens mal, dass sie unsere Lebensform noch nicht als Zivilisation bezeichnen. Diesen Namen verdienen aus ihrer Sicht jene Kollektive, die sich im Geist der Liebe einfinden, um die Schöpfung zu behüten und zu fördern. Schauen wir mal über unsere Erde – da gibt's noch so Einiges zu tun...

Die Evolution des Bewusstseins

> Unser Bewusstsein wächst jetzt täglich. Etwa zwei Prozent der Menschheit arbeiten schon absichtsvoll daran, und ihre Zahl nimmt zu.

Wahrscheinlich gehört auch ihr, liebe Leserinnen und Leser, dazu. Wer sich für die Themen dieses Buches interessiert, findet den spirituellen Pfad interessant, oder wandelt bereits darauf. Unter unseren Füssen entsteht der Weg. Indem wir uns der Wandlung widmen, geschieht sie. Indem ihr, liebe Leserinnen und Leser, die hier beschriebenen Inhalte aufnehmt und verdaut, erweitert sich auch das kollektive Bewusstsein. Wie eine Lichtblase lagern unsere gemeinsamen Aktivitäten dann im grossen Menschheits-Bewusstsein. Dort erzeugen sie Aufmerksamkeit. Manch eine/r untersucht die Lichtblase genauer. So entfaltet sich Evolution im lebendigen Energiefluss. Wir alle haben Teil daran; wir sind die Geburtshelfer, die Gebärenden und das Neugeborene – gleichzeitig! Wieder entspannen wir uns:

Liebeslicht ein, Stress und Stau aus. Zuversicht ein, Nörgelei aus.

Wir erinnern uns auch an unser doppeltes JA: JA zu Allem, was ist, und JA zur fröhlichen Veränderung; zum Aufbau einer friedlichen neuen Kultur. Das fühlt sich schon mal gut an. Jetzt haben wir ein Fundament für alles Weitere. Als nächstes lösen wir uns liebevoll von unseren alten Irrtümern und Überzeugungen:

♥ Wir beenden unser Opfer-Täter Bewusstsein, und übernehmen Verantwortung als Mitschöpferinnen und Mitschöpfer.
♥ Wir verlassen den Ozean der Zweifel, und halten wie die kleinen Kinder ALLES für möglich – ob wir es nun verstehen oder nicht.
♥ Wir verbünden uns mit dem SELBST, und füllen uns dankbar mit bedingungsloser Liebe. Sie ist die stärkste Kraft im Universum! Als leuchtende Energie folgt sie unserer Aufmerksamkeit – einfach aus sich heraus.

Neue Paradigmen
Und dann sind wir reif für einen neuen Glaubenssatz:
Wir wissen uns bedingungslos versorgt, geliebt und anerkannt!

Das verankern wir gleich wieder mit dem Atem: *Zuversicht ein, Zweifel aus.* Sicherheitshalber praktizieren wir auch noch ein wenig Vergebung: *ich vergebe alles, was war und ist, vollständig.*

Und dann speichern wir gleich noch weitere kraftvolle Überzeugungen ein:

♥ Alles, was wir brauchen, ist jederzeit zu unserer Verfügung
♥ Alles ist veränderlich, alles ist vorläufig. Heraklit (540-480 v.Chr.) nannte es Panta Rhei: alles fliesst, alles ist im Werden und in unaufhörlicher Bewegung. Wir selbst sind flexibel, und fliessen mit.
♥ Alles ist erlaubt. Damit wir uns immer tiefer mit der Liebe verbinden, erfahren wir Reaktionen auf unser Handeln; unser SELBST schenkt uns Hinweise (Karma). Gleichzeitig bleiben wir ganz frei von Verurteilung oder Schuld.

Was wir hier gerade praktizieren, ist eine kleine Bewegung von grosser Eleganz. Sie ist auch sehr nützlich. Spürt ihr, wie sie das Blatt der Geschichte wendet? Fühlt ihr, wie uns Allen jetzt neue Kraft zuwächst? Lasst sie uns nut-

zen! Was wir hier vollziehen, gehört im Lichtzeitalter zum SELBST-Verständ-lichen! Kommenden Generationen steht es zur Verfügung, weil wir es jetzt gerade tun! Welch eine Freude... spürt ihr, wie sie unsere Heilung initiiert?

Das Fehlerprogramm Krankheit korrigieren
Krankheiten entstehen aus den Endlosschleifen alter Informationsmuster im astralen und mentalen Feld. Das bestätigt sogar die WHO. Aber wie können wir diese unproduktiven Inhalte löschen? Das ist einfacher, als man meinen könnte – vorausgesetzt, wir üben regelmässig. Je öfter und je konsequenter wir uns mit dem Liebeslicht unseres SELBST verbinden, umso dünner und kraftloser werden die alten Muster. Einst lebten sie von unserer Aufmerksam-keit. Sowie wir uns neuen Inhalten widmen (Frieden und Liebe!), verdorren sie. Sie mutieren zu Staub, und neues Licht wächst aus ihrer Hinterlassen-schaft. Ganz praktisch: wann immer ein störender Gedanke auftaucht, ver-binden wir uns mit dem SELBST. Wann immer ein quälendes, beunruhigen-des Gefühl erscheint, heben wir unser Bewusstsein ins Liebeslicht.

Die Neurologen haben es erforscht: unser Gehirn braucht etwa 40 Tage, um neue Programm-Updates zu installieren. Je konsequenter wir üben, umso ra-scher spüren wir Erleichterung. Lassen wir uns überraschen – die Arbeit lohnt sich! Unsere Neu-Programmierung funktioniert ähnlich wie die Aufräum-arbeiten in einem verwilderten Garten. In den ersten Tagen schlägt einem das Gestrüpp aus Gedanken und Emotionen ins Gesicht. Nimmt man eine Schicht raus, zeigt sich dahinter schon die nächste; ein dicker, verwucherter Filz. Bitte seid sehr liebevoll mit euch selbst; besonders in dieser Phase. Es kann ermüden, wenn immer neue Themen ins Bewusstsein treten. Aber blei-ben wir dran – es lohnt sich! Wir sprechen aus Erfahrung... Ist der Boden im Garten erst einmal hergerichtet, reicht das kleine, aufmerksame Unkrautjä-ten von Zeit zu Zeit. Alles wird übersichtlich, und die Schönheit des Lebens er-blüht. Vorsicht allerdings – wir wissen ja, was mit dem Garten passiert, wenn man ihm einige Wochen lang die Aufmerksamkeit entzieht...

Lasst uns einfach dranbleiben – ruhig und stetig, wie der grosse Fluss, der im-mer weiter strömt. Dann verschiebt sich unser Bewusstseins-Fokus nach und nach dauerhaft. Wir arbeiten mit unserem Göttlichen SELBST zusammen, und das vertieft unsere innere Glückseligkeit. Unser Körper folgt mühelos. Er

reagiert instinkthaft, und wie ein treuer Hund sehnt er sich nach liebevoller Führung. Das Seelenlicht unseres SELBST hält den Körper in bester Obhut. Es arbeitet auch mit den Bildekräften (den Devas) zusammen, und folgt der gesunden Schöpfungsmatrix. Alle Angst endet. In der Gewissheit, unendlich zu existieren, erschaffen wir aus grenzenloser Liebe, schwimmen wir wie glitzernde Schaumkronen auf einem Ozean aus Licht. Die Tiefe kosmischer Energieräume birgt unsere Essenz. Wir sind Tiefenströmung und Oberflächenglitzern gleichzeitig! Nehmt dieses Bild in das Herz, wenn ihr mögt. Es enthält bereits den Ebenenwechsel, den wir für ein gesundes Leben brauchen.

Das Aufmerksamkeits-Pendel
Und jetzt folgt eine kraftvolle Übung aus der Hawaiianischen Tradition: Piko Piko (Zentrum-Zentrum). Sie ist ebenso einfach wie wirkungsvoll. Mit ihrer Hilfe reinigen und stärken wir uns durch und durch. Dabei verschieben wir einfach nur den Fokus unserer Aufmerksamkeit beim Ein- und Ausatmen. Wer mag, kann diese Übung auch mit unserer Liebeslicht-Übung verbinden (Liebeslicht ein, Stress und Stau aus). Aber zunächst einmal die Fokusverschiebung. Verlagere einfach nur die Aufmerksamkeit – deine Energie folgt SELBSTständig. Mische dich nicht ein. Entspanne dich, und bleibe bei der Aufmerksamkeit. Stell dir vielleicht vor, dass du ein Kamera-Objektiv verschiebst. Und los gehts:

Einatmen – fokussiere den Scheitel. Ausatmen – fokussiere die Nabelregion.
Einatmen – fokussiere den Herzraum. Ausatmen – fokussiere eine Hilfe bedürftige Körperregion.
Einatmen – fokussiere unsere Sonne. Ausatmen – fokussiere den Erdmittelpunkt.
Einatmen – fokussiere einen Punkt oberhalb des Kopfes. Ausatmen – fokussiere das Ende der Wirbelsäule.
Einatmen – fokussiere den Herzraum. Ausatmen – fokussiere die Fusssohlen.
Einatmen – fokussiere das Herzchakra. Ausatmen – fokussiere das Kehlchakra.
Einatmen – fokussiere die aktuelle Menschheit. Ausatmen – fokussiere eine friedliche Menschheit der Zukunft.

Du siehst – der Fantasie sind keine Grenzen gesetzt. Übe dich im Pendeln der Aufmerksamkeit, und verbinde dadurch im Bewusstsein Alles-was-ist. Lege vielleicht beim Üben deine Hände auf die fokussierte Region (und sei erfinderisch, wenn du mit Sonne, Erdmittelpunkt und der ganzen Menschheit übst). Wichtig ist nur, dass du nichts aktiv «verschiebst». Du pendelst einfach mit deiner Aufmerksamkeit, von Ort zu Ort. Diese Übung ist sowohl heilsam als auch Bewusstseins erweiternd. Sie steckt voller Überraschungen, und vergoldet den spirituellen Pfad... Wer Geschmack an ihr findet, bemerkt eines Tages, wie sie ins Leben hineinwächst. Dann begleitet sie uns wie ein leuchtendes Werkzeug der Liebe.

Alles bis hierhin Betrachtete bildet den Nährboden für Heilung und Gesundheit. Halten wir wieder einen Moment inne. Wie entfaltet sich unser tägliches Leben, wenn wir es aus diesem Geist heraus erfüllen? Was ändert sich? Womit könnten wir jetzt sofort beginnen? Was wir jetzt praktizieren, beeinflusst alles Kommende. Wir sind es, die das neue Zeitalter einläuten. Hast du bemerkt, dass die Geburtswehen an Kraft gewinnen? Schon zeigen sich erste Lichtspuren im erwachenden Menschheits-Bewusstsein...

Dann überreichen wir nun noch einige praktische Anregungen unserer Sirius-Geschwister:

Lichtübung: Erlöse die verschobene Matrix der alten Energie

Tauche deinen Kopf ins Lichtfeld der Liebe und lass deine Gedanken ruhig werden. Segne und beleuchte die Welt; segne alle und alles! Lass deine Füsse Eins werden mit dem Planeten Erde. Konzentriere dich auf dein Basis-Chakra zwischen Anus und Geschlecht, und tauche diese wirbelnde Kraftquelle ins Purpurlicht der Christusenergie. So erlöst du die verschobene Matrix der alten Energie. Erlaube auch den Schattenkräften, bei dir zu sein. Anerkenne sie als Teil von dir. Lass dich nun ganz von den Liebesströmungen des Lichtfeldes erfassen. Erlaube dem Licht, dich zu durchströmen und zu erneuern. Entlasse dann die gereinigte Essenz deines Seins ins kosmische Lichtfeld, zur Freude von Allem, was ist. *5)

Gebündeltes Licht erschafft Form

Entspanne dich und visualisiere den Licht-Ozean. Tauche ganz darin ein und spüre, dass du Eins bist mit dem Licht. Es ist in dir und du bist darin. Du bist das Licht! Konzentriere dich, und gib nun deine Absicht zur Formwerdung hinein. Was möchtest du erschaffen? Was soll Form annehmen? Entsende deine Absicht wie einen Laserstrahl des Bewusstseins ins Lichtfeld. Beobachte dann, wie von überall her Fragmente erscheinen, die in magnetischer Resonanz zueinander finden. Schliesslich erkennst du das Bild im Puzzle. Deine Absicht wird zur Form. Deine Gedanken erschaffen Wirklichkeit. Tauche nun in das Bild deiner Schöpfung ein. Werde eins mit ihr. Beobachte noch einmal seine Entstehung aus dieser Perspektive. Sieh dich selbst als die Schöpferin oder den Schöpfer, der alles bewegt. Danke dir für deine Achtsamkeit. Und vereinige dann in dir deine Schöpfung und die Schöpfungskraft!

Verbünde dich mit der Weisheit deiner Göttlichen Seele

Jenseits des Erfassbaren ruht Gott. Lächelnd wohnt eure Seele im Liebesfluss dieser Macht. Da sie selbst ein Teil dieser grossen Schöpfungskraft ist, braucht sie auch keine Erklärungen. Sie ist einfach. Verbünde dich mit der Weisheit deiner Seele. Alle Fragen verstummen im Anblick ihrer Liebe. Alle Unruhe löst sich in ihrem Kraftfeld. Alle Heilungsmethoden, alle Philosophien, alle Praktiken werden nur dann wirksam, wenn du mit deiner innersten Seele in Kontakt stehst. Rein und klar ist deine Seele, wie ein frischer Bergbach. Kinder Gottes werdet ihr genannt. Erinnert euch an eure Geburtsrechte und erkennt, welche Macht in euch ruht. In eurem innersten Wesen seid ihr vollkommen, und im Einklang mit der gesamten Schöpfung. *4)

Abschliessend das kraftvolle Mantra, das uns die Sternengeschwister 2013 anlässlich eines Seminars in Würzburg schenkten. Viele von euch kennen es. Wer es regelmässig nutzt, findet Zuversicht und Kraft darin:

Ein Geschenk der geistigen Welt
Ich bin reinstes, Göttliches Liebeslicht, unendlich, ewig und gesund. Das Ganze Universum ist ein Ozean aus Liebesenergie. Ein Ozean aus Heilungslicht. Alle meine Körperzellen nehmen dieses Licht auf und speichern es. Sie geben es gleichmässig ab und füllen sich dann erneut mit dieser Kraft. Das Göttliche Licht erneuert mein gesamtes Sein ununterbrochen. Ich bin reinstes, Göttliches Liebeslicht, unendlich, ewig und gesund.

Erlöse die verschobene Matrix der alten Energie
Meditation
Video 2020
6:45 Minuten

QR Code scannen oder Link in Browser eingeben.

www.licht-herz.media/fahrnowv2

5. Von der Möglichkeit zur Wirklichkeit

Alles schwingt. Die ganze Schöpfung besteht aus Energiewellen unterschiedlicher Frequenz. Welle und Teilchen... sowie wir unsere Aufmerksamkeit ins unendliche Lichtmeer richten, formt sich die Wirklichkeit. Energiewellen kollabieren, und sichtbare Materie entsteht. Und nun, ihr lieben Leserinnen und Leser, richten wir unsere Aufmerksamkeit schon über viele Seiten dieses Buches auf ein kommendes Zeitalter. Wir befassen uns mit Liebe, Frieden und Wahrhaftigkeit. Wir verbinden uns mit unserem Göttlichen SELBST. Wir überlassen uns dem Strom der Schöpfungskraft. Wir bewegen Visionen in uns, und kreieren neue Welten. Was, glaubt ihr, entsteht währenddessen im menschlichen Bewusstseinsfeld?

Im Energiefeld der Aufmerksamkeit entsteht unsere Welt

Während wir uns den hier beschriebenen Inhalten widmen, kollabieren universelle Möglichkeitswellen in die Sichtbarkeit. Form entsteht! Aus der Aufmerksamkeit unseres Geistes fliesst in die sichtbare, äussere Welt, was wir innerlich betrachten. Innen und aussen vereinigen sich. Unsere bewusste Aufmerksamkeit verbindet sie. Ja, wenn das so ist, wollen wir dann nicht einfach weitermachen? Wollen wir gemeinsam dranbleiben, und die Vision einer friedlich gesunden Welt täglich mit Energie versorgen? Wollen wir uns selbst als gesunde, jugendlich be-Geist-erte Menschen betrachten? JA! Flüstert unser innerstes SELBST voller Freude. Und sofort schickt es uns grosse Mengen an Lichtenergie für ein dauerhaftes Verbunden-Sein. In dieser Verbindung ist uns Alles möglich! Aus dem ununterbrochenen Fluss der Schöpfungsenergie erschaffen wir die Welt.

Genau so entsteht unser ersehntes neues Lichtzeitalter – Hier, Jetzt! Welch ein Glück, dass schon so viele unterschiedliche Menschen überall auf dem Planeten mithelfen! Und nicht nur das. Auch die Bewohner anderer Sonnensysteme und Planeten unterstützen uns. Unzählige Geistwesen und Engel sind mit ihnen. Alle schenken uns ihre Aufmerksamkeit und Liebe. Immer heller wird es im Geburtszimmer... Jetzt melden sich unsere Sirius-Freunde zu Wort, und überreichen uns ihre Gedanken zum Thema:

«Materie folgt dem Geist. Sowie ihr dieses für euch noch neue Paradigma verinnerlicht, ändert sich euer Blick auf Krankheit und Gesundheit grundsätzlich. Bisher betrachtet ihr Krankheit als schicksalhaft; gelegentlich sogar als die Folge einer selbst verursachten Schuld. Aber wie fühlt es sich an, sich selbst als Schöpfer bzw. Schöpferin des Prozesses zu erkennen? Bitte vermischt diesen Gedanken nicht mit urteilenden Konzepten. Stellt euch einfach vor, dass ihr die Freiheit besitzt, über euren Gesundheitszustand zu bestimmen. Stellt euch vor, dass ihr euch eurem Göttlichen SELBST so vollständig überlasst, dass es sein reines Licht in alle eure Strukturen entsenden kann. Ihr wisst, wovon wir hier sprechen, liebe Freunde, denn in glücklichen Momenten eurer Existenz erfahrt ihr schon immer genau das.

Eure kommenden Kulturen verstehen Krankheiten und Unfälle als Botschaften der Seele. Sie nutzen sie, um ihre geistige Kommunikation zu vertiefen.

Auch dazu findet ihr schon längst erste Vorläufer. Informiert euch über moderne Ansätze der psychosomatischen Forschung, und erkennt, dass eure kollektive Seele bereits mehr weiss, als ihr dachtet. So wie euch die Krankheit als Botschaft eurer Göttlichen Seele erreicht, kommt von dort auch die ersehnte Heilung für alles, was euch betrifft. Euer höheres SELBST setzt den Magnetismus in Bewegung, der die Korrektur von Bewusstseins-Verschiebungen ermöglicht. Euer Körper folgt dem veränderten (erneuerten) Bewusstsein, und richtet seine materiellen Strukturen danach aus. Lest den Körper, um eure verschobenen Denkstrukturen zu untersuchen. Und gebt dem Körper dann, was euch der Geist der Liebe schenkt.»

Hilfestellungen für die Zeit des Wandels: Botschaften vom Sirius
«Liebe Freunde, wir berichten euch jetzt, wie ihr eure Wandlungszeit so angenehm wie möglich erfahren könnt. Hier sind einige Betrachtungen zu eurem aktuellen Medizinsystem. So wie alle eure Strukturen, wird es sich verändern. Kommende Generationen erarbeiten sich ein vollständig neues Verständnis der Heilkunde. Das ermöglicht die Entwicklung höchst innovativer, wirksamer Technologien. Mit dem Stand eures Bewusstseins entscheidet ihr darüber, welche Möglichkeiten ihr entwickelt und nutzt. Erweitert es, und öffnet euch die Türen zu vollständig neuen Räumen. Wir versprachen euch die Technologie des Lichts, und sie wird euer Gesundheits-Verständnis bald von Grund auf erneuern. Aus Licht seid ihr geformt. Licht prägt, nährt und verändert euch. Ihr werdet es zu nutzen lernen, und eure gesunde Veränderung bewusst erschaffen. Informiert euch über die modernste Forschung zur medizinischen Laser-Technologie. Dort findet ihr erste Ansätze für eure Medizin der Zukunft.

Eure neue Medizin nutzt die SELBST-Ermächtigung, und beendet gegenseitige Ausbeutung und Unterdrückung. Ihr versteht sie als natürlichen Dienst aneinander, und niemand bereichert sich am Leid anderer. Gemeinsam erarbeitet ihr Lösungen für alle entstehenden Herausforderungen und Probleme. Die Gemeinschaft aller stellt nötige Ressourcen zur Verfügung, und die Dienerinnen und Diener des Systems folgen ihrem Seelenauftrag aus glücklichem Herzen. Ihr alle werdet den Berufen eurer Wahl und Freude folgen. Schaut hinaus in eure Welt: diese Entwicklung beginnt bereits. Immer öfter verlassen Menschen ihre teilweise hoch bezahlten Arbeitsplätze, um sich tiefere Verwirklichung zu erschaffen.

Wer sich zur Heilkunst berufen fühlt, erfüllt sein Leben mit Freude. Heile-rinnen und Heiler verbinden sich mit dem höheren SELBST ihrer Schützlin-ge, und leiten diese darin an, es auch selbst zu tun. Sie werden eure spiri-tuellen Lehrer sein. Nach und nach (über die Jahrhunderte) erarbeitet ihr euch dann die vollständige Freiheit von Gesundheitssystemen. Ihr wisst, wer ihr seid, und füllt eure Existenz mit eurem reinen, Licht-vollen Geist. Wie immer, wenn wir euch zukünftige Szenarien schildern, bitten wir euch um etwas: lasst diese Gedanken Wurzeln schlagen in euch. Falls sie euch sinn-voll erscheinen, identifiziert euch mit ihnen. Erschafft ein Geistiges Feld der Vorbereitung auf Kommendes, und nutzt jede Gelegenheit zur praktischen Realisation seiner Inhalte. Eure neuen Kulturen entströmen eurem Sein im Tun! *6)

Je eher und je klarer sich jemand von euch entscheidet, all dies zur Über-zeugung werden zu lassen, umso rascher klärt und lichtet sich das noch im-mer verzweifelte (im Zweifel verstrickte) Informationsfeld der Menschheit. Bleibt eurer eigenen Überzeugung verbunden. Wisst euch Eins mit Allem was ist; zuverlässig behütet, unterstützt und genährt. Damit beschenkt ihr euch selbst und die Menschheit in dieser Zeit eurer Evolution heilsam. Ver-wurzelt im Christusgeist reinster Liebe, die Obhut und Schutz vermittelt für euer ganzes Sonnensystem und andere Regionen, dürft ihr euch eingebun-den wissen. Beendet ist dann jede Illusion von Trennung und Einsamkeit. Wir heissen euch willkommen im grossen WIR!» (aus einem Seminar in Utting am 14.09.2019)

Das Projekt Heilungstempel
«Vor einigen Jahren erzählten wir euch von unserem Projekt Heilungstem-pel. *7) Jetzt nähern wir uns seiner Verwirklichung auf dem äusseren Plan. So vieles gibt es, was ihr aktuell bearbeitet. Wir spüren eure Ermüdung, und lauschen eurem Stöhnen liebevoll. Für eure Erholung und Neu-Ausrichtung werdet ihr gemeinsam mit uns und den Geschwistern eures eigenen Son-nensystems Heilungstempel erschaffen. In ihnen arbeitet ihr mit dem Ur-material der Schöpfung. Aus dem Ätherfeld gewinnt ihr die für eine Heilung notwendige Energie. Über Klang- und Farbfrequenzen moduliert ihr das Informationsfeld der Heilungsbedürftigen. Reine Herzens-Liebe leitet euch dabei an; unentwegt genährt aus der Essenz eures Höheren SELBST.

Derzeit existieren die Heilungstempel noch als besondere Kammern (Energiefrequenzen) eures Herzraums. In ihnen fügt ihr widersprüchliche Energieformen zusammen, während ihr euch der einen Göttlichen Quelle bewusst werdet. Sowie dies geschehen ist, erschafft ihr sichtbare Heilungstempel in eurer Welt. So vollzieht sich der Schöpfungsprozess: wie innen, so auch aussen. Immer stehen die Vision und eure eigene Ausrichtung am Beginn. Das äusserlich Sichtbare spiegelt euer Inneres. Gemeinsam mit euch (mit eurem Höheren SELBST) erschufen wir die Vision der Heilungstempel. Ihr seid freie Schöpferwesen, und Erfahrung ist der Kern eures Spiels. Eure Motivation ist die Liebe; eure Verbundenheit mit der Essenz allen Seins. Eine sinnvolle Ausstattung der Heilungstempel wurde bereits erarbeitet. Kristallheilung, Magnetheilung, Licht- und Farbtherapie, Klangheilung – alles steht zu eurer Verfügung. Jetzt ist die Zeit gekommen, in der ihr all das nutzen werdet – zum Höchsten Wohle aller Schöpfungen, und zur grenzenlosen Freude eures Herzens.»

Heilungswerkzeuge und die lebendige Schöpfungsmacht
«Heil sein bedeutet, den freien Energiefluss der Göttlichen Quelle in sich zu verwirklichen. Krank sein bedeutet, ihn zu blockieren oder umzuleiten. Heilungsmethoden der Zukunft stellen den freien Energiefluss aus einem mentalen Impuls des All-Bewusstseins heraus wieder her. Ihr kennt die Berichte über den Meister Jesus, der mit einer einzigen Bewegung seines Bewusstseins Heilung erschuf. Diese Möglichkeit werdet auch ihr eines Tages nutzen. Das Talent dazu besitzt ihr bereits; es wartet auf eure Entdeckung, im Kern eures SELBST. Durch die vielfältigen Aktionen eures Verstandes seid ihr bisher allerdings noch wenig damit verbunden. Um euch in den Phänomenen der Schöpfung zu trainieren und euer Wissen zu entfalten, empfehlen wir euch für die Arbeit im Heilungstempel den Umgang mit erfahrbaren Frequenzen. Licht, Magnetismus, Klänge und Farben erkennt ihr körperlich. So erforscht ihr die Zusammenhänge der Schöpfung, während ihr gleichzeitig Heilung ermöglicht.

Je mehr ihr dann im reinen Bewusstsein verweilt, umso öfter verzichtet ihr auf äussere Hilfsmittel. Für eure Erkenntnis seid ihr hier. Krankheiten schenken euch neue Einsichten, die ihr für eure geistige Reifung nutzt. Mit ihrer Hilfe verweilt ihr immer öfter im Göttlichen Bewusstsein. Krankheiten und die

dafür nötigen Heilungswerkzeuge lehren euch die Gesetze der Schöpfung. Damit erweitert ihr euer Weltbild und reift im Geiste. Dieser Weg von Erfahrung und Selbsterkenntnis gehört euch. In den Irrtümern und Illusionen eurer Geschichte entdeckt ihr die Liebe. Wer Spontanheilung erfährt, hat seine Entdeckungen bereits eingesammelt, und erntet die «reife Frucht». Andere folgen den Pfaden der Evolution, und nutzen die nicht existente, unendliche Schöpfungszeit für ihre Reise zu den Gesundheits-Dimensionen im Liebeslicht. Jeder Weg ist gleichermassen geehrt. In Wahrheit entfaltet sich euer Sein von Augenblick zu Augenblick, Hier, Jetzt. Taucht tief ein, in diesen Moment, und entdeckt seine immer wieder neue Köstlichkeit.»

Mein Heilungstempel
Meditation
Video 2020
20:17 Minuten

QR Code scannen oder
Link in Browser eingeben.

www.licht-herz.media/fahrnowv3

6. Ausblick und Zusammenfassung

Danke, liebe Leserinnen und Leser, dass ihr uns bis hier begleitet habt. Im universellen Bewusstseinsfeld existieren dadurch nun schon einige wertvolle, neue Energieformen. Während ihr euch weiteren Artikeln, Büchern und Seminaren zu diesem Thema widmet (besucht die wundervolle Buchhandlung im Licht!), wächst die Lichtwelle, die uns ins neue Zeitalter trägt. Erst durch uns Menschen wird diese Welle wirksam! Aus dem Universum erreicht uns das Liebeslicht jetzt und in den kommenden Jahren reichlich. Mit Herz und Hand formen wir es zu neuen Schöpfungen. Liegt darin nicht eine bestaunenswerte Aufgabe für uns? Dann lasst uns das Thema Heilung noch einmal genau betrachten.

Unsere aktuelle Medizin ist zerrissen. Einzelne Dienerinnen und Diener des Systems mögen ihr Bestes geben; aber die politische und wirtschaftliche Situation bremst sie aus. Wo das Geld regiert, verliert das Leben an Kraft. Folge-

richtig sollten wir uns dazu entscheiden, das Medizinsystem in den Dienst des Lebens zu stellen. Mit Hilfe entsprechender Gesetze sollten wir jedes Gewinnstreben davon lösen. Gut ausgeglichene Bilanzen reichen völlig aus, um alles zu organisieren. Wer sich an Krankheiten bereichert, denkt in kranken Mustern. Ein gesundes Gesundheitssystem verlangt nach neuen Prioritäten. Erst dann werden der Menschheit die Heilungschancen dieser Zeit wirksam zuteil.

Diese System-Erneuerung verlangt unser aller Umdenken. Wir fassen das Wesentliche hier noch einmal zusammen:

- ♥ Wir verlassen die Opfer-Täter Illusion, und verstehen uns als Mitschöpferinnen und Mitschöpfer der Evolution. Wir entdecken und trainieren unsere bisher verborgene Heilungskraft bewusst.
- ♥ Wir erklären Symptome und Krankheiten zum Weckruf unseres SELBST, das uns liebevoll zu neuen Entdeckungen führt. Wir werden SELBST-bewusst. Unsere Heilung ist SELBST-verständlich!
- ♥ Wir akzeptieren die spirituelle Aufgabe, uns so oft und so dauerhaft wie möglich mit dem SELBST zu verbinden. Dadurch wächst unsere Intuition, und wir entdecken den Pfad zur jeweils individuellen Heilung mühelos.
- ♥ Wir verbünden uns mit der Evolutionslinie der Bildekräfte (Devas), und arbeiten in liebevoller Gemeinschaft zum Wohle aller Biologie.
- ♥ Wir erklären Gesundheit und Heilung zum Menschenrecht, das gemeinschaftlich organisiert und finanziert wird. Das System arbeitet als Non-Profit Organisation (NPO), das ohne wirtschaftliche Gewinne zurecht kommt.

Viele der hier geschilderten Gedanken entstanden und entstehen noch in enger Zusammenarbeit mit den weisen Wesenheiten des Sirius und der Galaktischen Föderation. «Gibt es so etwas wirklich?» werden wir manchmal gefragt. «Wer spricht da? Sind das tatsächlich Ausserirdische? Oder mischen sich irgendwelche Kräfte aus dem Astralfeld ein? Ist es vielleicht das höhere SELBST?» Natürlich stellen auch wir uns diese Fragen. Wir stehen im Dienst der Liebe, und möchten Liebe-volle Informationen in die Welt bringen. Doch nach mehr als zwanzig Jahren dieser Arbeit wachsen die Bewusstseinsfelder nun immer deutlicher zusammen. Oft können wir gar nicht mehr unterscheiden, was woher kommt. Einen Kompass besitzen wir allerdings. Sein Zeiger führt uns zur bedingungslosen Liebe für Alles-was-ist. Ihr vertrauen wir uns

an. Sie bitten wir täglich immer wieder um Obhut und Führung. **Göttliche Quelle, fülle, forme und führe mich!**

Inzwischen vermuten wir, dass die Wahrheit grösser und unbeschreiblicher ist (im Sinne des Wortes; nicht im wertenden!), als wir dachten. Könnte es sein, dass die Antwort auf die Frage nach dem Woher dieser Botschaften im «Auge des Betrachters» liegt? Hängt es womöglich von unserem eigenen Bewusstseinsstand ab, was wir da erfahren? Alles ist Eins, Hier, Jetzt! Wieder und wieder hörten wir diesen Satz in den vergangenen Jahren von unseren Geistigen Freunden. Könnte das die Antwort sein? Ist es denkbar, dass ES durch uns wirkt? Dass die eine, unaussprechlich kostbare Schöpfungsliebe sich so vieler Kleider und Ausdrucksformen bedient, wie wir es hier erfahren? *«Aber sicher!»*, sagen unsere Sternenfreunde gerade kichernd – *«was denkt ihr denn? Glaubt ihr wirklich immer noch an Trennung?»* Ja – da haben sie uns wohl wieder mal erwischt. Wir danken für jeden Hinweis, den sie uns überreichen, und tauchen voller Freude ein, ins grosse WIR. Fühlt euch herzlich willkommen in dieser Gemeinschaft, ihr Lieben! Genau so darf sich unser neues Lichtzeitalter anfühlen.

Ilse-Maria Fahrnow, Januar 2020

Literaturhinweise:
*1) David R. Hawkins: Die Ebenen des Bewusstseins; VAK Verlag 1997
*2) Serge Kahili King: Instant Healing Jetzt!, Lüchow Verlag 2001
*3) I.-M. und J. Fahrnow: Lichtspuren auf dem Weg; Dr. Fahrnow Verlag 2016
*4) I.-M. und J. Fahrnow: Universelle Heilung; Dr. Fahrnow Verlag 2014
*5) I.-M. und J. Fahrnow: Liebes-Lichtfeldheilung; Dr. Fahrnow Verlag 2017
*6) Ilse-Maria und Jürgen Fahrnow: Wenn die Seele erblüht – Menschliche Evolution im Lichtzeitalter; Dr. Fahrnow Verlag 2020
*7) Ilse-Maria und Jürgen Fahrnow: Rocco, der Sternenwanderer, Dr. Fahrnow Verlag, als e-book
Klaus Volkamer: Die feinstoffliche Erweiterung unseres Weltbildes; Brosowski Publishing 2016
...und natürlich alles, was ihr in der so sorgfältig und liebevoll geführten IM LICHT Buchhandlung in Zürich findet...

DR. ILSE-MARIA FAHRNOW

Dr. Ilse-Maria Fahrnow ist Ärztin, Psychologin und studierte zudem Pädagogik, Philosophie und Musik. Sie ist approbierte Ärztin für Homöopathie, Naturheilverfahren und Traditionelle Chinesische Medizin.

Zahlreiche weitere Ausbildungen, so zum Beispiel als Geist- und Energieheilerin, Lehrtrainerin in Neuro-Linguistischem Programmieren (NLP), systemischer Familienaufstellung, Musiktherapie, Gesang und Obertongesang ergänzen ihr tiefgründiges Fachwissen.

Dr. Ilse-Maria Fahrnow ist ein seit der Kindheit hellsichtiges und hellfühlendes Medium. Ihren beruflichen Weg als Ärztin und Psychotherapeutin wählte sie bewusst als Grundlage zur Erfüllung ihres Seelenauftrages.

«Es ist mein Seelenauftrag, Menschen bei der Entfaltung ihrer innersten Weisheit zu unterstützen.»

Als Kind nutzte sie ihre aussersinnlichen Fähigkeiten spontan und selbstverständlich. Verwandte und Freunde bedienten sich ihrer («was kommt morgen in der Prüfung dran?» «Wie wird das Wetter im Sommer?» Kannst du mir mal schnell die Hände auflegen, mir tut der Nacken so weh»…). Während einer seelischen Krise als Jugendliche erkannte sie die Notwendigkeit, mehr über sich und ihre ungewöhnlichen Fähigkeiten zu lernen, um diese angemessen zu nutzen. So entfaltete sich ein langer Weg des Lernens und Studierens. Neben ihren offiziellen Ausbildungen begegnete sie weisen Meistern der unterschiedlichen Kulturen, um von ihnen zu lernen. Einige Jahre bei einem Sufimeister, Einkehrzeiten in christlichen Klöstern mit der Praxis des Herzensgebetes, Einweihungen bei tibetischen Lamas wie dem früheren Kalu Rinpoche, Meditationsübungen der Theosophie.

«Die Göttliche Quelle findet sich mit ihrer Liebe und Weisheit in allen Kulturen, und ich verehre sie zutiefst.»

1986 durchlebte Dr. Fahrnow eine grosse Vision, die ihr die Medizin des neuen Jahrtausends zeigte: Die medizinische Praxis wird sich grundlegend verändern. Die Menschen werden ihre Selbstheilungskraft entdecken, und neue Verantwortung für ihr Leben übernehmen. In speziellen Zentren wird man mit Hilfe von Klängen, Farben, Kristallen und Magnetismus heilen. Ein verändertes Bewusstsein wird die Prozesse um Krankheit und Gesundheit vollständig neu verstehen. Bewusst-Sein wird als Medizin dienen (Dr. Fahrnow, 1986).

Diese Vision erschien damals noch unglaublich. Inzwischen bestätigen sogar Wissenschaftler die Notwendigkeit eines Paradigmenwechsels in der Medizin. Immer mehr Menschen erkennen den Wert spiritueller Praxis für Gesundheit und Heilung.

Seit Beginn des neuen Jahrtausends bringt Dr. Ilse-Maria Fahrnow ihre «besonderen» Gaben mehr und mehr in die Öffentlichkeit: gechannelte Bücher, Seminare mit spiritueller Schulung, öffentliche Veranstaltungen mit der Übertragung von Heilenergien und der Durchgabe von Botschaften aus der Geistigen Welt.

«Früher war ich Undercover Agent», sagt sie lachend. «In jeder meiner Vorlesungen und Seminare streute ich ein Samenkorn aus meinem spirituellen Privatinteresse ein. Nun kann ich mich endlich als die zeigen, die ich wirklich bin. Die Zeit ist reif, und ich erfülle meinen tieferen Auftrag mit grosser Freude.»

Zusammen mit ihrem ebenso ungewöhnlich begabten Mann Jürgen Fahrnow leitet Dr. Ilse-Maria Fahrnow verschiedene Projekte, um das allgemeine Verständnis von Krankheit, Gesundheit, Heilung und Spiritualität zu fördern.

Website: http://liebeslicht.net/

Der Sirius Blog mit Botschaften und aktuellen Updates:
https://albrechtsiriusblog.home.blog/

IHR SEID DAS LICHT DER WELT

Michael J Tamura

IHR SEID DAS LICHT DER WELT!

An der Verzweigung brachte ich meinen Mietwagen zum Stehen. Ich befand mich auf der langen, kurvenreichen Napo'opo'o Road, auf dem Weg zu einem meiner liebsten Plätze auf der Hauptinsel von Hawaii. Pu'uhonua O Hōnaunau, das letzte verbleibende historische Pu'uhonua («Erdhügel»), wurde vor Jahrhunderten von den Ali'i, Häuptlingen und Königen, die als direkte Abkömmlinge der Götter gelten, als heiliger Zufluchtsort erbaut. Alle, die zu einem solchen Pu'uhonua kamen, fanden dort einen sicheren Ort − seien es Krieger auf der Suche nach Heilung und einer Kampfpause, Frauen, Kinder, ältere Menschen, die einen kriegsgeschützten Zufluchtsort benötigten, oder auch Verbrecher, die ein Kapu gebrochen hatten und nun dafür Vergebung suchten.

Als ich mich anschickte, nach links in die einspurige Strasse voller Schlaglöcher einzubiegen, die zum Heiligtum führt, spürte und hörte ich den Ruf der Nai'a, der vor Hawaii lebenden ostpazifischen Delfine. Noch nie hatte ich sie so deutlich gehört, dabei war ich nicht einmal mit ihnen im Meer. «Komm in die Bucht und schwimm mit uns!» sangen sie.

Bis zu diesem Moment hatte meine Fahrt den Zweck gehabt, mir den Weg zum Heiligtum zu vergegenwärtigen, damit ich unseren Retreat-Teilnehmern, Heilern und Hellsichtigen, die darum gebeten hatten, heilige Stätten auf der Insel besichtigen zu dürfen, eine Anfahrtsbeschreibung geben konnte. Als ich aber den Ruf der Nai'a hörte, nahm ich statt der linken die rechte Abzweigung, die an die Kealakekua Bucht zu den Delfinen führte.

Selbst wenn uns das im Moment nicht bewusst ist, ist doch jede Entscheidung, die wir an einer Wegkreuzung treffen, bestimmend für unser künftiges Sein.

Nach kurzer Fahrt zur Bucht hielt ich an. In diesem Moment spürte ich, wie ein erster, starker Windstoss den Wagen seitlich mit solcher Wucht traf, dass ich mich mit der

Schulter gegen die Tür stemmen musste, um aussteigen zu können. Obwohl ich schon oft in der Bucht gewesen war, erinnerte ich mich nicht, je einen solchen Sturm erlebt zu haben. Trotzdem schnappte ich mir Maske, Flossen und Schnorchel aus dem Kofferraum und machte mich auf den Weg zum breiten, gemauerten Uferdamm, der den Felsvorsprung befestigte, welcher steil zur mit Lavablöcken übersäten Küste abfiel. Unrat und Blätter flogen wie Geschosse an mir vorbei, während ich den Abstieg zum Meeresufer in Angriff nahm.

Unterwegs lächelte ich einem sanften hawaiianischen Stammesältesten zu, der sich dort um den kleinen Park kümmerte. Als er meine Ausrüstung erblickte, rief er: «Das Meer ist zu aufgewühlt heute! Das sind die höchsten Wellen, die ich seit langem gesehen habe. Ich würde nicht hinausschwimmen; es ist zu gefährlich, selbst für geübte Schwimmer. Ausserdem sind heute früh keine Delfine in die Bucht gekommen – sie sind wahrscheinlich gegen Norden gezogen.»
«Mahalo nui für Ihre Warnung» rief ich zurück. «Keine Sorge. Ich gehe bei diesem Sturm nicht ins Wasser. Ich werde mich weiter oben auf die Felsen setzen.»
«Dann ist es ja gut», lächelte er zurück. «Seien Sie vorsichtig, ja?»

Als ich in die Nähe des Uferdamms kam, donnerte eine gewaltige Welle gegen die Mauer und überflutete das gesamte Gelände, auf dem sich normalerweise Menschen vor dem atemberaubenden Hintergrund der Kealakekua Bucht selbst fotografieren. Der alte Mann hatte recht gehabt. Noch nie hatte ich das Wasser in dieser Bucht so laut tosen gehört; noch nie hatte ich Wellen gesehen, die mit solcher Gewalt an die Küste und gegen die Stützmauer donnerten. Um mich gefahrlos hinsetzen zu können, musste ich auf die scharfkantigen A'a- und Pahoehoe-Lavablöcke klettern. Es wäre mir nicht im Traum eingefallen, ins Wasser zu steigen. Stattdessen wollte ich mich hoch oben an die Felsküste setzen und in der Meditation mit meinen Delfin-Freunden Zwiesprache halten.

Als ich auf einem Brocken Pahoehoe, also glatter, in seilförmigen Strukturen erstarrter Lava ein sicheres Plätzchen gefunden hatte, schloss ich die Augen,

um zu meditieren. Die tosende Brandung übertönte alle anderen Geräusche. Am liebsten wäre ich den ganzen Tag in diesem tiefen inneren Frieden verharrt, während um mich herum Mutter Natur mit Wasserfäusten auf das Land einprügelte.

Plötzlich, mitten in der Meditation, hörte ich die Nai'a. «Wir sind hier und warten auf dich. Komm und spiel mit uns!» Es war eine fröhliche, sehr verlockende Einladung.

«Danke für die Einladung, aber das Meer ist heute zu wild für mich zum Schwimmen», antwortete ich innerlich. «So gerne ich jetzt mit euch im Wasser wäre – ich muss mich damit begnügen, in der Meditation innerlich bei euch zu sein.»

Aber sie gaben nicht nach. «Nein, du musst kommen und mit uns spielen!» Sie waren weder fordernd noch aggressiv, sondern strahlten einfach eine unerschütterliche Gewissheit aus. Und sie lachten! Ich hatte das Gefühl, ein Schwarm fröhlich lachender Kinder zupften mich am Ärmel und versuchten, mich dazu zu bringen, meinen Ernst beiseite zu legen und eine Weile mit ihnen zu spielen. Das Leben ist so kurz! Entspann dich mal ein bisschen. Ich war hin- und hergerissen. Ich hatte ja grosse Lust dazu. Aber an diesem Tag waren nicht einmal die geübtesten Schwimmer draussen. Niemand war in der Bucht; ja, ich war der einzige Mensch an der ganzen Küste! Der unwiderstehlichen Einladung zum Trotz war mir klar, dass das Meer in diesem Zustand meine Schwimmfähigkeit weit überfordern würde.

Mit geschlossenen Augen atmete ich die feuchte, salzige Luft ein. Wie wunderbar müsste es sein, einfach hineinzuspringen und mit den Nai'a in den heiligen Wassern der Kealakekua Bucht zu schwimmen. Ke ala ke kua bedeutet schliesslich «der Weg zu Gott.»

Wieder hörte ich die Nai'a innerlich zu mir sprechen: «Jetzt kannst du kommen und mit uns spielen!»

Als ich meine infolge des Dilemmas wild hin und her schiessenden Gedanken abschüttelte, fiel mir plötzlich auf, dass sich etwas grundlegend verändert hatte. Was war anders?

Alles war still! Schnell öffnete ich die Augen und sah eine vollkommen ruhige Bucht vor mir liegen. Wo gerade noch ein wütendes Meer getobt hatte, lag jetzt eine spiegelglatte Wasserfläche. Wie war das möglich?

In diesem Moment erblickte ich sie. Ein halbes Dutzend Delfine streckten einen Steinwurf von mir entfernt die Köpfe aus dem Wasser und lächelten mich an! «Los jetzt!», lachten sie im Chor. Nun gab es keine Ausflüchte mehr. Wer bin ich, ein Wunder von mir zu weisen, das sich direkt vor meinen Augen ereignet? Ich sprang die Felsen hinunter ans Wasser, zog meine Ausrüstung an und tauchte in die stillen, blauen Wasser des «Weges zu Gott» ein.

Da warteten sie nun schon alle auf mich, eine Schule von zweiundsiebzig Nai'a. Wir schwammen und spielten und lachten fast drei Stunden lang zusammen, bis mir plötzlich klar wurde, dass ich es nur noch ganz knapp rechtzeitig zum nächsten Retreat-Seminar ins Hotel schaffen würde! So entbot ich meinen lieben Freunden ein «aloha» und bat sie, am nächsten Vormittag etwas weiter im Norden an die Küste zu kommen, um mit unserer ganzen Gruppe zu spielen, die dort einen Bootsausflug machen würde. Sie versprachen es.

Und sie hielten ihr Versprechen. Am nächsten Vormittag begrüssten sie die ganze Gruppe schon beim Auslaufen aus dem Hafen. Die Nai'a haben mich jedes Mal, wenn ich das Glück hatte, mit ihnen zusammen zu sein, viele wunderbare Dinge über das Leben und über mich selbst gelehrt. Jedes Erlebnis mit ihnen war einzigartig. Sie leben ganz und gar in der Gegenwart, und so ist alles immer neu für sie. Das ist ein Geheimnis, das sie jedes Mal, wenn wir zusammen sind, mit mir teilen: Sei voll und ganz da – genau hier, gerade jetzt.

Ich habe festgestellt, dass genau darin das Geheimnis eines Lebens voller Wunder liegt. Wie könnten wir etwas anderes als Freude empfinden, da das Leben doch ein einziges Wunder ist? Jeder von uns kann lernen, wie die Nai'a ein Leben voller Freude zu leben, indem wir voll und ganz im Jetzt sind. Es gilt, sich allem rückhaltlos zu stellen und hinzugeben, was das Leben für uns bereithält. Das erfordert die Bereitschaft, aus tiefstem Herzen ganz und gar sich selbst zu sein und dem zu folgen, was für unser innerstes Selbst wahr ist – egal, was andere denken. Diese unglaublichen Heiler, Lehrer und Freunde haben mir viele Male dabei geholfen, den inneren Raum zu betreten, aus dem heraus sich ganz selbstverständlich Wunder ereignen. "K-k-k-k-k-kkkk-kkk! Eeeeee-ieu-u-u-u!", sagen die Nai'a gerne. Wunder ereignen sich tatsächlich, wenn wir uns dem Leben nur rückhaltlos öffnen.

Wenn wir diese bedingungslose Offenheit und Präsenz immer wieder an den Tag legen, werden sich unweigerlich Wunder einstellen.

Es reicht allerdings nicht, das nur ein einziges Mal zu tun. Wir dürfen auch keine Bedingungen daran knüpfen. Wir können uns nicht wie Primadonnen aufführen, die sich nur dann auf etwas einlassen, wenn ihnen die Umstände genehm sind. Nein – wir sind da, ganz und gar, bei Regen und bei Sonnenschein. Wir bleiben in der Hingabe, unabhängig davon, was in unserem persönlichen Leben oder draussen in der Welt geschieht.

> Sich dem Leben zu stellen bedeutet, zu sein, wer wir wirklich sind, ohne uns zu verstecken. Wir sind wahrhaft das Licht der Welt, und wir müssen dieses Licht unablässig leuchten lassen.

Es erlöschen zu lassen ist keine Hingabe. Finster, wütend oder unzufrieden zu sein ist keine Hingabe. Wenn wir schmollen, verstecken wir uns. Wenn wir aus der Fassung geraten, verblasst unser Licht. Wir müssen es strahlen lassen, damit es den Weg erleuchten kann. Freudig. Lachend. Gütig. Begeistert. Inspiriert. Immer wenn wir voller Glück und Freude sind, können wir gar nicht anders, als zu lachen und genauso im Leben zu stehen, wie wir sind. Was hindert uns also daran, glücklich zu sein und jeden einzelnen Tag voller Freude zu leben?

Viele Menschen scheinen sich längst mit der Eintönigkeit des Alltags abgefunden zu haben, vorausgesetzt, es gibt von Zeit zu Zeit Ablenkungen und einzelne Glücksmomente. Viele halten Glück im Alltag für einen Luxus, statt für eine Notwendigkeit. Andere sind dankbar dafür, dass ihr Leiden nicht so entsetzlich ist wie dasjenige anderer Menschen. Ich selbst bin wahrhaft dankbar dafür, mit einem so wunderbaren Leben gesegnet zu sein. Doch bedeutet die Tatsache, dass sich ein grosser Teil der Erdbevölkerung mit Ach und Krach gerade so durchschlägt, dass wir uns mit Eintönigkeit und Belanglosigkeit als Normalzustand abzufinden haben? Ist es nicht vielmehr unser Geburtsrecht, dauerhaftes Glück zu suchen? Ist es verrückt, sich zu fragen, was Jesus wirklich meinte, als er sagte, «Ihr seid das Licht der Welt»? Wenn aber unsere Aufgabe darin besteht, unser Licht vor anderen leuchten zu lassen, damit sie unsere guten Taten sehen, und Gottes ewige Wahrheit, bedingungslose Liebe und grenzenlose Schöpferkraft zu verkünden – müssen wir dann nicht ein Leben voller Liebe und Freude leben? Schliesslich können wir die Welt um uns herum erst dann mit Licht erfüllen, wenn wir selbst von wahrer Freude durchdrungen sind.

Es ist Zeit, uns zu fragen: «Was brauchen wir, um ein freudvolles Leben führen zu können?»

Ja! Auf diese Frage müssen wir dringendst eine Antwort finden. Können wir uns auch nur einen Moment lang vorstellen, dass eine Gruppe zorniger, verängstigter, unzufriedener Menschen voller Schuldgefühle, egal wie klug oder qualifiziert sie ansonsten sein mögen, globale Probleme wie die Klimaveränderung, die Zunahme nuklearer Waffen, Menschenhandel, Hungersnöte, Obdachlosigkeit und wirtschaftliche Ungleichheit – alles Probleme, die sich immer mehr verselbständigen – zu lösen vermöchte? Nein. Unglückliche Menschen können kein Glück erschaffen. Nachhaltige Lösungen haben ihre Wurzeln in unseren glücklichen, freudigen Erlebnissen und in unserer Dankbarkeit dafür. Ein unglücklicher Mensch vermag einem Fest kein Leben einzuhauchen. Erst wenn wir fähig sind, das Leben zu feiern, können wir ihm wirklich dienen. Und erst wenn wir dem Leben wahrhaft dienen, dürfen wir hoffen, eine nachhaltige Gesellschaft hervorzubringen, welche die Welt zu heilen vermag.

Wie stellt man es an, das Leben zu feiern? Die meisten Menschen sind dazu nur dann bereit, wenn ihnen die Umstände zusagen. Wir feiern, wenn wir gewonnen haben. Wir feiern, wenn etwas gut herausgekommen ist. Was aber, wenn wir nicht gewonnen haben? Wenn es nicht so gut herausgekommen ist, wie wir gehofft hatten? Das Leben an sich ist ja nicht eingeteilt in gut und schlecht, richtig und falsch. Wir sind es, die das Leben nach solchen Kriterien beurteilen, bedingt durch unsere Glaubenssätze. Leben ist Leben. Das Leben geht weiter, ganz gleich, was um uns geschieht.

Menschen scheinen zu sterben und aus der Welt zu scheiden. Dinge haben einen Anfang und ein Ende. Das Leben aber geht weiter; kein Gesetz verbietet es uns, es ungeachtet unserer jeweiligen Verfassung zu feiern. Die aktuellen Gegebenheiten bestimmen die Dinge nur oberflächlich; unser wahres Leben empfangen wir von der uns zugrundeliegenden Kraft. Feiern wir nur, wenn uns diese äusseren, veränderlichen Umstände gerade in den Kram passen? Gilt es nicht vielmehr, die Wahrheit, die Schönheit und die Güte des Lebens an sich zu feiern, unabhängig von vorübergehenden Erscheinungen und Ereignissen?

Warum weigern wir uns so oft, das Leben zu feiern, nur weil die Umstände nicht unseren Erwartungen entsprechen? Wie können wir hoffen, das zu verändern, was uns nicht gefällt, wenn wir das Leben nicht bedingungslos feiern und unterstützen?

Das Leben zu feiern und zu unterstützen bedeutet, dem Leben etwas zu geben.

Wenn wir uns auf das nackte Überleben konzentrieren, nehmen wir vom Leben, können ihm aber nichts geben. Wir können nicht feiern, wenn wir uns darauf beschränken, irgendwie über die Runden zu kommen. Sogar ein Bettler, der wenig zu essen und kaum Geld hat, kann sein Dasein geniessen, wenn er nicht nur ans Überleben denkt. Wenn er so gut lebt, wie er es vermag, in der Gewissheit, dass er die Herausforderungen irgendwie meistern wird, dann feiert und unterstützt er dadurch das Leben. Auf der anderen Seite gibt es Reiche, die ihrem Erfolg und dem entsprechenden glamourösen Lebensstil so verfallen sind, dass sie an nichts anderes mehr denken können als an den Erhalt ihres Reichtums, anstatt dem Leben etwas zu geben und es zu feiern.

Wir sind nicht berechtigt, ständig alles vom Leben zu nehmen, was wir brauchen, nur weil das Leben unablässig gibt. Wir dürfen uns nicht wie Kinder verhalten, die das Glück hatten, liebevolle, grosszügige Eltern zu haben, und die nie gelernt haben, selber etwas zu geben und für andere zu sorgen. Wenn wir nicht fähig sind, dem Leben etwas zu geben und es zu unterstützen, genauso, wie das Leben uns etwas gibt und uns unterstützt, dann schneiden wir uns von der Quelle aller Lebendigkeit ab.

Meine Delfin-Freunde haben mir immer wieder gezeigt, dass das Geheimnis der Hingabe darin besteht, das Leben ungeachtet der momentanen Gegebenheiten voller Freude zu leben, es zu feiern und zu unterstützen. Wenn all unsere Bemühungen auf das Überleben gerichtet sind, wenn wir passiv auf eine Verbesserung unserer Lebensumstände hoffen, dann werden wir weiterhin vom Leben zu nehmen versuchen und dadurch unwissentlich genau die Lebensfreude von uns weisen, die uns geschenkt ist.

> Die Freude liegt im Leben selbst, nicht in den ständig wechselnden äusseren Umständen.

Schuldzuweisungen an andere Menschen, an die Umstände oder auch an uns selbst fesseln uns an ein hilfloses, auf blosses Durchhalten ausgerichtetes Dasein. Sobald wir uns aber als die wahrhaft schöpferischen Wesen erkennen, die wir sind, können wir alle Lösungen erschaffen, die wir zur Erfüllung unserer Bestimmung benötigen. Erst dann beginnen wir das Leben wirklich zu schätzen, es zu feiern und es rückhaltlos zu unterstützen.

Was hält uns in der Illusion gefangen, wir müssten danach streben, um jeden Preis zu überleben? Es ist die Angst. Und wovor fürchten wir uns? Den vielen Ängsten, die wir in unseren Erinnerungen tragen, liegt die eine Urangst zugrunde, dass es uns vielleicht gar nicht gibt. Wie Hamlet, Shakespeares berühmteste Figur es ausdrückte: «Sein oder nicht sein? Das ist hier die Frage.»

In vielen Fällen richtet sich die Grundangst darauf, den Körper zu verlieren. So stellen sich ja die meisten Menschen das Sterben vor: nicht mehr individueller, stofflicher Körper zu sein. Andere mögen den Verlust ihrer intellektuellen Fähigkeiten oder ihres Gedächtnisses mehr fürchten als den Tod. Vielleicht ist es auch der drohende Verlust der eigenen Identität als Spitzensportler, preisgekrönte Schauspielerin, erfolgreicher Grossunternehmer oder gute Mutter, der schlimmer erscheint als der Tod. Es gibt Menschen, die lieber sterben würden, als einen solchen Verlust zu erleiden.

Die Seele aber, die grenzenlos, ewig und unermüdlich schöpferisch ist, kann nichts verlieren, und sie kann niemals sterben. Für die Seele geht es nie um das Überleben. Das könnte ja höchstens dann ein Thema sein, wenn ein Ding oder eine Person sterben oder auf andere Weise aufhören könnte zu sein. Nur ein getrennt existierender Körper, der einen Anfang und ein Ende hat, kennt den Drang, zu überleben. Die Seele, die keinen Anfang hat, wird auch nie enden.

> Die Seele ist Licht. Wenn wir uns als dieses Licht voll und ganz ins Leben stellen, dann erleuchten wir dadurch die Welt und feiern und unterstützen freudig das Leben, denn das Seelenlicht ist immer voller Freude. Es gibt nichts, was wir nicht sein, tun oder haben könnten, wenn es darum geht, unsere Lebensbestimmung zu erfüllen.

An jeder Wegkreuzung müssen wir uns entscheiden. Diese Entscheidung bestimmt die Richtung, die unser Leben fortan nehmen wird.

Ein Scheideweg ist ein Ort der Entscheidung.

Die Menschheit als Ganzes befindet sich heute an einem bedeutenden evolutionären Scheideweg. Die Entscheidung, die wir als Spezies hier fällen werden, wird unseren weiteren Weg bestimmen. Das Ziel steht bereits fest; den Weg aber, auf dem wir an unseren Bestimmungsort gelangen werden, wählen wir selbst. Wir können uns für den langen, steilen Weg entscheiden – wir können aber auch den direkten Weg nehmen.

Auf dem langen, steilen Weg wird die Menschheit weiter an ihrem bisherigen Weltbild festhalten und versuchen, sich die Welt durch Zwang, Gewalt und Kriege untertan zu machen, um sie weiter zu zerteilen, zu erobern und ihrem angstgesteuerten Willen zu unterwerfen. Wenn wir diesen Weg wählen, werden wir weiterhin alles Schöne und Gute zerstören – solange, bis das Grauen und die Überlebensangst so gross geworden sind, dass wir endlich den Kampf aufgeben und uns dem Erbarmen einer höheren Macht anheimgeben.

Wozu also das Unausweichliche aufschieben?

> Der direkte Weg erfordert nur eine einzige Entscheidung, zu der wir uns aber bedingungslos bekennen müssen: Es ist die Entscheidung, uns immer, überall und unter allen Umständen auf das Göttliche auszurichten.

Die Welt wird von unserem kollektiven Bewusstsein erzeugt.

Einstein hat mathematisch bewiesen, dass alle Materie Energie ist. $E=MC^2$. Und es ist Bewusstsein, das diese Energie zu Materie formt. Deshalb verkünden Mystiker und Erleuchtete seit jeher, die Welt sei nur ein Traum oder eine Illusion. Dieser Traum entspringt, ähnlich wie unsere nächtlichen Träume, aus unserem inneren Bewusstseinszustand, dessen wir uns im sogenannten Wachzustand in der Regel nicht bewusst sind. Sobald wir unseren Bewusstseinszustand und unsere Sicht auf uns selbst, auf andere Menschen und auf die äussere Welt verändern, passt sich die Welt dieser neuen Wahrnehmung an. Schon Mahatma Gandhi sagte: «Wenn wir uns selbst verändern könnten, würde sich auch die Welt in eine neue Richtung bewegen. Sowie ein Mensch sein Wesen verändert, so verändert sich auch die Haltung der Welt ihm gegenüber.» Arleen Lorrance, Lehrerin, Schriftstellerin und Initiatorin des «Love Project», sagt es noch klarer: «Möchtest du eine Veränderung herbeiführen, sei DU die Veränderung, die du sehen möchtest.»

Durch unsere Entscheidungen legen wir selbst den Verlauf unseres Lebens fest und erschaffen die Welt, in der wir leben. Je mehr Trennung in unserem Bewusstsein herrscht, desto mehr verschlimmern sich auch die Zustände um uns herum. Je mehr Ganzheit und Einheit aber in uns ist, desto besser wird auch die Verfassung der Welt. Jedes Mal, wenn wir uns im Sinne der geisti-

gen Wahrheit und Wirklichkeit entscheiden, verbessern sich unsere Lebens-
bedingungen in Richtung Heilung des Ganzen.

Wenn wir unsere innere Einstellung ändern, wird die entsprechende Reaktion von aussen nicht ausbleiben.

Vor Jahren standen meine Frau Raphaelle und ich einmal an derselben Kealakekua Bucht, an der ich später das Wetterwunder mit den Delfinen erleben
sollte. Wir schauten auf das glitzernde Wasser hinaus. Ich hatte Raphaelle
gerade über den felsigen, mit Lavabrocken übersäten Küstenstreifen zum
Strand geführt, wo sich knapp dreissig Zentimeter hohe Wellen am Ufer bra-
chen und unsere Flossen umspülten.

«Bist du bereit, mit den Delfinen zu schwimmen?» fragte ich sie.
«Noch nicht ganz», gab sie zur Antwort. «Ich weiss zwar, dass man das kaum
Wellen nennen kann, aber ich traue mich trotzdem nicht, durch die Brandung
zu gehen, vor allem wegen der scharfen Lavafelsen darunter. Ich brauche
noch etwas Zeit.» Dann schloss sie die Augen, und die Brandung wurde mit
jeder Sekunde stärker. In kurzer Zeit hatte sich der Wellengang verdreifacht.
Raphaelle öffnete erschrocken die Augen.
«Hör auf!», tadelte ich lachend. «Du weisst schon, dass du die Wellen mit deiner Angst grösser machst, nicht wahr?»
«Ja!», lachte sie, «In Ordnung – ich lasse meine Angst jetzt los.» Ebenso rasch,
wie das Wasser vorher angeschwollen war, beruhigte es sich nun, bis es sich
nur noch leicht kräuselte. Glücklich schwamm Raphaelle ins Meer hinaus,
und wir trafen auf eine wunderbare Nai'a-Familie.

Während Raphaelle mit ihrer Angst kämpfte, wurde genau das, wovor sie sich
fürchtete, immer grösser und wilder. Sobald sie beschloss, sich dem Sein hinzugeben und sich nicht von der Angst beherrschen zu lassen, wurde das Meer
zu einem ruhigen Schwimmbecken. So passte sich die Welt augenblicklich
und drastisch ihrem Sinneswandel an.

Ich habe das unzählige Male selbst erlebt. Einmal sass ich
auf einem Flug von San Francisco an die Ostküste zwi-

schen einer gediegenen, weisshaarigen Dame und einem jungen, wie ein Berufsringer gebauten Afro-Amerikaner. Kurz nachdem wir unsere Flughöhe erreicht hatten, kamen unvermittelt Turbulenzen auf. Seit meinem ersten Flug, bei dem ich vier Jahre alt gewesen war, hatte ich mir angewöhnt, bei Turbulenzen die Flugbegleiter zu beobachten. Da sie in der Regel auch unter wenig idealen Flugbedingungen professionell, kühl und gefasst bleiben, kam ich zum Schluss, dass das Flugzeug und die Piloten wohl mit den Turbulenzen fertig werden würden, solange das Kabinenpersonal seine Fassung behielt.

Dieses Mal jedoch wurde die für unseren Teil der Kabine zuständige Flugbegleiterin leichenblass und stürzte zu ihrem Sitz. Oh je – da war wohl etwas ganz und gar nicht in Ordnung! Sie setzte sich auf ihren an der Kabinendecke festgeschraubten Sitz, befestigte ihre Sitzgurte und liess die doppelte, überkreuz verlaufende Schultergurte einrasten. Dann kniff sie die Augen zu. Alles, was nicht niet- und nagelfest war, begann herumzufliegen. Die Leute kreischten. In diesem Moment spürte ich einen beinharten Griff um mein Handgelenk. Es war die Dame zu meiner Linken.

«Werden wir sterben?» schrie sie, um das plötzlich entstandene Chaos zu übertönen. Ich sah das Entsetzen in ihren Augen und überlegte mir, wie ich ihre Angst lindern könnte.
«Sind sie schon oft geflogen?», fragte ich sie.
«Ich sitze zum ersten Mal in einem Flugzeug!» gab sie zur Antwort.
«Es gibt keinen Grund zur Sorge», erklärte ich (sich Sorgen zu machen würde ja sowieso nichts bringen). «Es ist immer so beim Fliegen» (eine kleine Lüge; aber das konnte sie ja nicht wissen, da sie zum ersten Mal im Flugzeug sass!), «Flugzeuge halten eine ganze Menge aus, und die Piloten sind Experten, die wissen, was sie tun». Letzteres traf zu, wie ich von meinem Physiklehrer aus der Mittelschule wusste, der Flugzeuge entwarf. Meine Worte halfen der Frau dabei, ihre Fassung wiederzugewinnen. Wenn es doch ans Sterben gehen sollte, war es schliesslich wichtig, in guter Stimmung zu sein und sich nicht von der Angst beherrschen zu lassen.

«Gott sei Dank», sagte sie. Dann griff sie in ihre Handtasche, zog zwei kleine Fläschchen Beef-

eaters Gin heraus und stürzte beide nacheinander schnell hinunter. «Wohin geht denn der Jungfernflug?» fragte ich sie. Es stellte sich heraus, dass die Dame als wissenschaftliche Bibliothekarin arbeitete und sich auf dem Weg nach Washington D.C. befand, um an einem nationalen Bibliothekars-Kongress in der Library of Congress teilzunehmen. Um mit ihr im Gespräch zu bleiben und sie vom furchterregenden Flug und den immer noch schreienden Menschen in der Kabine abzulenken, kramte ich in meinen Erinnerungen nach etwas, was ich sie zur Tätigkeit einer wissenschaftlichen Bibliothekarin fragen konnte. Das einzige, woran ich mich aus der Schulzeit erinnerte war, dass es in amerikanischen Bibliotheken zwei führende Systeme zur Katalogisierung von Büchern gibt – das Dewey Dezimalsystem und das System der Library of Congress. So fragte ich sie nach den Unterschieden zwischen den beiden Systemen. Sofort stürzte sie sich voller Begeisterung in einen hochschulreifen Vortrag über dieses Thema. Die beiden Portionen Gin und ihre Sicherheit und Begeisterung in Bezug auf ihr Spezialgebiet sorgten dafür, dass sie über der Freude, mir etwas erklären zu können, ihre Angst vollkommen vergass.

In der Zwischenzeit gingen die Turbulenzen weiter, und ein ungnädiger Himmel schüttelte uns ordentlich durch. Verstohlen warf ich einen Blick auf meinen muskelbepackten Sitznachbarn zur Rechten. Er sah aus, als ob er jeden Moment die Armlehne abreissen würde. Spielerisch stiess ich ihn mit dem Ellbogen an und scherzte, «Lustige Achterbahnfahrt, nicht wahr?» Er schaute auf, lächelte etwas verschämt und liess sich von meiner guten Stimmung anstecken. Ich bemerkte, ich hätte schon genügend turbulente Flüge miterlebt, um zu wissen, dass Flugzeuge dafür gebaut seien, mit erheblichen Belastungen fertig zu werden. Ausserdem versicherte ich ihm, Linienpiloten hätten früher oft als Militärpiloten gearbeitet und wüssten daher mit noch viel schlimmeren Bedingungen umzugehen. Das half ihm dabei, sich weiter zu entspannen.

Nachdem wir in unserer Dreierreihe zu lachen und uns zu unterhalten begonnen hatten, hörte ich die beiden kleinen Mädchen, die direkt hinter uns sassen, fröhlich rufen, «Mami, Mami, das ist ja noch toller als die Achterbahn im Great America Vergnügungspark!» Das wiederum brachte ihre Mutter zum Lachen und sie liess sich von der angstfreien lustigen Stimmung ihrer Kinder anstecken. Nachdem sich nun zwei ganze Reihen von ihrer Angst befreit hatten, begannen sich auch die anderen Passagiere nach und nach zu beruhigen. Immer mehr Menschen unterhielten sich. Kommunikation ist die Grundlage jeder Heilung, und so begann sich das ganze Flugzeug voller Menschen wieder der Ganzheit zuzuwenden.

Nachdem genügend Passagiere sich dafür entschieden hatten, das Leben zu feiern und zu unterstützen, indem sie miteinander kommunizierten, anstatt hilflos in der Angst zu verharren, beruhigten sich die Turbulenzen ganz und gar. Der Rest des transkontinentalen Fluges verlief so glatt und friedlich wie eine Limousinenfahrt. Wenn wir unsere innere Haltung ändern, verändert sich auch die Welt. Und jede Veränderung beruht auf einer bewussten Entscheidung.

Globale Veränderung beginnt damit, dass ein einzelner eine neue Entscheidung trifft.

Im Jahre 1955 bestieg Rosa Parks in Montgomery, Alabama, einen rassenge-trennten Bus und beschloss, gegen ein ungerechtes Gesetz zu protestieren, indem sie sich weigerte, ihren Sitzplatz einem Weissen zu überlassen. Dieser Vorfall trug zur Entstehung der amerikanischen Bürgerrechtsbewegung bei. Ein nicht namentlich bekannter junger Chinese beschloss 1989, der chinesischen Armee Widerstand zu leisten, die am Tiananmen-Platz Studentenproteste blutig niederschlug, indem er sich unbewaffnet vor eine Panzerkolonne stellte. Damit veränderte er nicht nur die Ereignisse jenes Tages; sein Bild, wie er vor den Panzern steht, wurde in allen grossen Zeitungen abgedruckt und von allen wichtigen Fernsehsendern gezeigt. Es inspirierte Millionen von Menschen auf der ganzen Welt dazu, ihre Selbstbestimmung in die eigenen Hände zu nehmen und lenkte die internationale Aufmerksamkeit auf die grausamen Ungerechtigkeiten der chinesischen Regierung. Solche radikalen, aber simplen Entscheidungen einzelner Menschen an wichtigen Scheidewegen haben immer wieder revolutionäre Veränderungen angestossen, die zu Wandlung und Heilung führten.

Im Laufe der Geschichte gab es immer wieder Momente, in denen eine massgebliche Anzahl von Menschen beschloss, das Leben in einem helleren Licht zu betrachten. Als Reaktion auf die in der Gesellschaft vorherrschende Machtlosigkeit und Trägheit entstanden verschiedene kulturelle Gegenströmungen. Wenn eine solche Subkultur einen bedeutenden Teil der Bevölkerung erfasst, entstehen revolutionäre – und evolutionäre – Bewegungen. Sie erzeugen gewissermassen Verschiebungen in den tektonischen Platten, welche die Konturen der Welt und unseres Lebens, wie wir sie kennen, grundlegend verändern.

In den 60er Jahren des vergangenen Jahrhunderts entstand eine solche Bewegung, als junge Menschen auf der Suche nach einer natürlicheren, friedlicheren Lebensart, nach mehr Liebe und freieren Ausdrucksmöglichkeiten nach San Francisco strömten. Diese sogenannte «Hippie-Kultur» verbreitete sich schnell im ganzen Land und über den ganzen Erdball. Schon mehr als ein Jahrhundert zuvor war der Begriff «Bohème» entstanden. Er bezeichnete eine in vielen Grossstädten Europas heranwachsende Subkultur künstlerischer Randgruppen, die auf unkonventionelle Weise zusammenlebten und sich von den politischen, sozialen und spirituellen Ansichten des Bürgertums abgrenzten. Auch sie suchten ein einfacheres, freieres, liebevolleres, kreativeres Leben.

«.... dann herrscht Frieden unter den Planeten,
lenkt Liebe der Sterne Bahn.
Das ist der Anbruch des Wassermann-Zeitalters.»

So hiess es bei dem im Jahr 1969 zum Welthit gewordenen Rock-Song «Aquarius – Let The Sunshine In» aus dem Musical «Hair». Diesem Rock-Musical, das mit den herrschenden kulturellen Vorstellungen brach, entstammen mehrere Stücke, die untrennbar mit den damaligen Hippie-Aktivisten und Wegbereitern des Neuen Zeitalters verbunden sind.

Überall auf der Welt haben Astrologen seit dem 15. Jahrhundert den Anbruch des Wassermann-Zeitalters angekündigt. Einige meinten, wir würden erst in einigen hundert Jahren in dieses neue Zeitalter eintreten. Die meisten jedoch erkennen Anzeichen und Hinweise darauf, dass wir uns schon heute in den frühen Stadien des etwa 2160 Jahre andauernden Wassermann-Zeitalters befinden. Viele Astrologen sind der Meinung, das Wassermann-Zeitalter bringe Energien, die uns durch Veränderungen und Entwicklungen unserer Infrastrukturen dazu verhelfen werden, einen neuen Bewusstseinszustand zu erreichen und die nächsten evolutionären Schritte zu gehen. Es heisst, diese Zeit werde rasche technologische Fortschritte und eine Bewegung in Richtung kollektives Bewusstsein und harmonisches Zusammenleben hervorbringen.

Im letzten Wassermann-Zeitalter machte die Menschheit den Evolutionssprung vom Neandertaler zum Cro-Magnon-Menschen. Heute stehen wir kollektiv an einer Schwelle und bereiten uns auf einen noch grösseren evolutionären Sprung vor: Jenen von einer körperzentrierten, intellektuellen zu einer seelenzentrierten, intuitiven Spezies. Das ist ein riesiger Bewusstseins-Schritt: Wir erwachen.

Diesen Sprung von einem körperzentrierten, intellektuellen zu einem gänzlich seelenzentrierten, intuitiven Leben können wir weder mit dem Verstand herbeiführen, noch kann ihn die Technik für uns leisten. Er erfolgt auch nicht dadurch, dass wir bloss daran glauben. Nur völlige Gewissheit kann uns gefahrlos über den Abgrund des Unwissens tragen: Wir müssen die Zweifel des Verstandes loslassen, um intuitive seelische Gewissheit erlangen und feiern zu können. Wir müssen unsere angeborene Fähigkeit der Seele zurückfordern, einfach still zu sein und innerlich zu wissen.

Sei einfach still – und wisse.

Am Anfang mag das schwerfallen. Vielleicht kämpfen wir regelmässig mit Zweifeln, wenn grundlegende, lebensverändernde Entscheidungen anstehen. Dazu kommt, dass die ständige Verfügbarkeit von unendlich vielen Informationen, Möglichkeiten und widerstreitenden Gesichtspunkten im heutigen Informationszeitalter, wo das wirtschaftliche und gesellschaftliche Wachstum davon abhängt, dass Informationen unverzüglich über digitale Medien verbreitet werden, eine gute Entscheidungsfindung zusätzlich erschwert. Dies gilt aber nur dann, wenn wir versuchen, Lösungen durch Nachdenken und Analysieren zu finden.

Sind wir hingegen bereit, einen Sprung in die innere Gewissheit zu tun, dann werden wir lernen, einfach still zu sein. In dieser Stille wird uns aus der unvergänglichen Wahrheit unseres eigenen inneren Seins heraus alles Wissen zufliessen, das wir in Bezug auf die anstehende Entscheidung benötigen.

Heutzutage befinden sich mehr Menschen als je zuvor in einem Zustand ständiger Überforderung. Täglich werden sie mit Katastrophen-Berichten konfrontiert: Wirtschaftskollaps, politische Instabilität, gesellschaftliche Schikanen, Obdachlosigkeit, Arbeitslosigkeit, Hunger, Mangel an Trinkwasser, Terrorismus, Krieg, Umweltkatastrophen und vieles mehr. Schon seit Jahrzehnten ist klar, dass die lebenserhaltenden Systeme auf unserem Planeten ernsthaft gefährdet sind. Die Erde hält alles bereit, was unsere Körper für ein gesundes Leben benötigen. Im Gegenzug haben wir als Menschheit die kollektive spirituelle Aufgabe, die Erde gesund und lebendig zu erhalten.

Wir können es uns nicht leisten, der Politik und den Regierungen die Entscheidung darüber zu überlassen, ob und wann der Planet klinisch tot ist und wann die lebenserhaltenden Massnahmen einzustellen sind. Würden wir so etwas tun, wenn die Erde unser Kind wäre, das im Koma liegt und lebenserhaltende Massnahmen benötigt?

Die Technik ist durch ihre beispiellosen Fortschritte zur Hauptstütze unseres Alltags geworden. Wo wären wir ohne unsere Computer und Smart-Geräte? Wenn sie nicht mehr funktionieren würden, käme bald vieles zum Erliegen, was uns selbstverständlich geworden ist. Wenn ein Kind im Koma läge, dann nähmen wir an, es liege auf einer Intensivpflegestation und sei dort an eine Batterie hochentwickelter Maschinen angeschlossen, die es am Leben erhalten. Aber ist es denn wirklich die Technik, die das Leben erhält?

Es ist zwar erwiesen, dass technische Geräte die Atmung und den Herzschlag eines Menschen übernehmen können. So bleibt der Körper am Leben, bis er sich selbst zu heilen vermag. Wer oder was erhält aber in Wirklichkeit das Leben, sei es das Leben eines Planeten, einer Pflanze, eines Tieres oder eines Menschen?

Wohl gibt uns die Technologie hervorragende Werkzeuge an die Hand, die unser Leben bequemer und produktiver machen. Wenn wir sie aber in den Mittelpunkt unseres Daseins stellen, entstehen uns daraus Leiden und eine Einbusse an Lebensfreude. Warum? Die Technologie spendet kein Leben. Wenn unsere Abhängigkeit von ihr unser persönliches und kollektives Bewusstsein in den Hintergrund drängt und unseren Sinn für das Göttliche und für unser wahres Wesen überschattet, dann erscheint uns das Leben dunkel und kalt.

Die Technik ist gleichsam zum neuen Opium für das Volk geworden. Wer in sich selbst keine Liebe spürt, sucht diese vielleicht zunächst bei anderen Menschen. Wenn der empfundene Mangel und die Isolation unerträglich werden, folgt die Suche nach einem Betäubungsmittel für den seelischen Schmerz. Beachtung und Anerkennung von anderen dienen als Balsam und Verband für die Wunde des eigenen Mangels. Heute aber werden immer mehr Menschen in irgendeiner Form von Technologien abhängig, um sich vor dem seelischen Schmerz der Isolation und der mangelnden Liebe zu schützen. Sie versuchen, das Gefühl des Mangels mit Smart-Geräten, mit Freunden und Followern auf sozialen Medien und mit einer Menge unterhaltsamer Zerstreuungen zu betäuben.

Selbstverständlich sind technische Geräte an sich nichts Schlechtes. Es ist auch ganz in Ordnung, sie vorübergehend als Schmerzmittel einzusetzen – ähnlich, wie man für eine begrenzte Zeit schmerzlindernde Medikamente einnehmen kann. Die meisten von uns würden ohne Narkose nicht den kleinsten chirurgischen Eingriff überleben. Doch obwohl uns die Narkose das volle Bewusstsein des Schmerzes erspart, müssen wir anschliessend die Möglichkeit finden, uns zu heilen. Mit fortschreitender Heilung können wir unsere Abhängigkeit von den Medikamenten reduzieren. Dasselbe gilt für die technischen Hilfsmittel, die uns vorübergehend Erleichterung von den zahlreichen Herausforderungen des Alltags verschafft haben. Wenn wir von ihnen abhängig bleiben, halten wir uns selbst vom Erwachen ab, und der wahre Sinn unseres Lebens bleibt uns verborgen.

Was, wenn die Erde unser Kind wäre, das im Koma liegt? Würden wir uns einzig und allein auf die Fachkenntnisse des Gesundheitspersonals und auf die verfügbaren technischen Mittel verlassen, um sein Leben zu retten? Natürlich nicht: Bei aller Dankbarkeit für das, was fürsorgliche Ärzte zur Heilung des Kindes tun, wären wir doch zur Stelle, um ihm die eigentliche lebenserhaltende Massnahme zu spenden: Liebe, die weder weltlichen noch technischen Einschränkungen unterworfen ist.

Wenn unser Kind in Not ist, verfallen wir vielleicht zunächst in Panik, werden hysterisch und setzen Himmel und Erde in Bewegung, damit alles Mögliche zu seiner Rettung getan wird. Doch werden wir früher oder später feststellen, dass unsere Reaktion hauptsächlich von der Angst herrührt, einen über alles geliebten Menschen zu verlieren. Dann wird mitten im Strudel der Zweifel klar, dass die Liebe zum Kind alles andere überwiegt. Mit dieser Erkenntnis wächst die Gewissheit, dass unsere Rolle im Leben des Kindes darin besteht, es in der Erfüllung seiner irdischen Bestimmung zu unterstützen, ohne ihm unsere eigenen Urteile, Ansprüche und Bedingungen aufzuzwingen. Um diese Unterstützung geben zu können, müssen wir die Seele kennenlernen, die das wahre Wesen des Kindes ausmacht.

Während des Komas liegt der Leib des Kindes in einem Spitalbett, einige Organfunktionen werden von Maschinen übernommen, und sein Überleben hängt vom Geschick des medizinischen Fachpersonals ab. Wo befindet sich in diesem Moment die Seele des Kindes? Womit beschäftigt sie sich? Welche Aufgaben erfüllt sie? Welche Hilfe benötigt sie? Welchen nächsten Schritt wird sie sich für ihr Leben vornehmen?

Das sind entscheidende Fragen, die keiner von uns weder durch Körperwahrnehmungen noch durch den Verstand beantworten kann, der einzige Weg ist eine Wendung nach innen zum intuitiven Wissen und zur Kommunikation mit der ewigen Seele, die das wahre Wesen des Kindes ausmacht. Sei still und wisse!

Was würden wir entdecken, wenn wir unsere Gedanken und Gefühle zur Ruhe kommen liessen, um uns dem grenzenlosen, ewigen göttlichen Ganzen zuzuwenden?

Selbst wenn wir als Eltern zunächst alles daransetzen, das Kind um jeden Preis körperlich am Leben zu erhalten – sobald wir das Bewusstsein nach innen richten, stellt sich früher oder später im eigenen Denken und Fühlen die bedingungslose göttliche All-Liebe ein. Wir werden daran erinnert, dass Liebe weder urteilt noch verurteilt, sondern jeder Seele den freien Willen zugesteht, ihren eigenen Lebensweg zu wählen. Früher oder später werden wir erkennen, dass die Liebe die höchste Macht ist.

Die Liebe zu unserem Kind wird uns den Mut geben, herauszufinden, wofür sich seine Seele entscheiden möchte. Dann lautet die Frage nicht mehr, ob das Kind auf irgend eine Weise körperlich am Leben erhalten werden kann, sondern, wofür sich seine Seele entschieden hat, um den nächsten Schritt auf ihrem unsterblichen Weg gehen zu können: Wird sie zurückkehren ins Leben im Körper, oder wird sie diese Welt in Würde verlassen? Die Liebe lehrt uns, dass es im Leben nicht darum geht, was wir uns von anderen Menschen wünschen, sondern vielmehr darum, was wir zu geben haben. Wenn wir lebenserhaltende Massnahmen spenden, so müssen wir bereit sein, die Lebensentscheidungen des betreffenden Menschen zu feiern – auch dann, wenn sie nicht dem entsprechen, was wir uns für ihn gewünscht hätten.

Unser Planet liegt nicht im Koma – noch nicht. Er benötigt jedoch dringendst lebenserhaltende Massnahmen. Dies bedeutet nicht nur, das Wohlergehen des Planeten zu fördern, sondern auch, alles Leben auf ihm zu erhalten. Jeder einzelne von uns ist aufgerufen, sein eigenes Leben voller Freude zu leben und alles Lebendige auf diesem Planeten zu nähren. Wir können das Leben nicht feiern, wenn wir allein und unglücklich sind. Anstatt uns in Schuldzuweisungen zu isolieren, dürfen wir unsere Freude teilen und gemeinsam feiern.

Die von einem einzigen Industrieriesen durch illegale Entsorgung giftiger Abfälle im Meer oder in der Atmosphäre angerichtete Umweltzerstörung ist unermesslich. Die verheerenden Auswirkungen geheimer militärischer Experimente überall auf der Welt werden vielleicht nie gänzlich ans Licht kommen. Wenn jemand Abfall achtlos auf die Strasse wirft, mag das zwar in keinem Verhältnis zu solchen riesigen Schäden stehen – und doch ist aller Schaden letztlich auf unsere kollektive Ignoranz und egoistische Rücksichtslosigkeit gegenüber dem Leben zurückzuführen; auf Schuldgefühle, Angst, Gier und Wettbewerbsdenken. Rufen wir uns in Erinnerung, dass mittlerweile fast acht Milliarden Menschen auf der Erde leben. Ohne diese Menschen gäbe es weder riesige Unternehmen noch Regierungen.

Die so dringend benötigte weltweite Heilung beginnt damit, dass sich jeder von uns darauf einlässt, den Sprung über den Abgrund der Unbewusstheit und des Unwissens in die Gewissheit der unteilbaren Ganzheit des Göttlichen zu wagen.

Dieser Sprung gelingt nur, wenn wir bereit sind, unsere Annahme aufzugeben, wir seien vom Verstand gelenkte, körperliche Wesen, und stattdessen unser göttliches Erbe als ganz und gar intuitive und grenzenlos schöpferische geistige Wesen antreten. Jedes Mal, wenn sich ein Mensch für das Wunder des Lebens entscheidet, indem er die spirituelle Einheit, in der wir alle verbunden sind, in immer wieder neuer Schönheit zum Ausdruck bringt, schafft er dadurch einen Raum, in dem das Leben erblühen kann.

Mit jedem Tag werden die für das Wassermann-Zeitalter vorausgesagten grossen technologischen Fortschritte sichtbarer. Mit diesem Sprung in das uns zugedachte Leben als neue, geistig-seelisch zentrierte, intuitive Spezies werden wir auch den Rest der Voraussage erfüllen und auf dieser Erde eine harmonische, alle einschliessende Seelengemeinschaft errichten.

Wir wissen ja, dass die Dunkelheit kurz vor Anbruch der Morgendämmerung am tiefsten ist. Auch wenn es manchmal scheinen mag, als lebten wir in äusserst dunklen Zeiten, zieht nun ungeachtet aller Herausforderungen ein neues Zeitalter herauf. Dieser neue Abschnitt menschlicher Evolution verlangt von uns, über das Technologie- und Informationszeitalter hinauszugehen in ein Zeitalter des Lichts – das Licht der Wahrheit und des Bewusstseins, das Licht des Göttlichen. Und: du bist das Licht der Welt!

In diesem Lichtzeitalter müssen wir alle beweisen, dass wir wahrhaft das Licht der Welt sind. Wir sind unsterbliche Seelen, nicht bloss sterbliche Körper. Wir sind grenzenlos schöpferische Wesen und nicht hier, um von der Welt abhängige Geiseln zu sein, sondern um miteinander zu kommunizieren und um das Leben als inkarnierte Seelen meistern zu lernen. Unsere Fähigkeit, in Freiheit Entscheidungen zu treffen, wird unser Vorgehen in diesem Abschnitt der menschlichen Evolution bestimmen.

In primitiven Zeiten erschraken die Menschen, wenn sie zum ersten Mal eine totale Sonnenfinsternis erlebten. Mitten an einem gewöhnlichen Tag hüllte plötzlich Dunkelheit die Erde ein. Heute fürchten wir uns natürlich nicht mehr vor einem solchen Ereignis, sondern freuen uns vielleicht sogar darauf, ausgerüstet mit Schutzbrillen, Kameras oder Teleskopen. Wir wissen ja, dass die Sonne nur vorübergehend vom Mond verdeckt wird und dass ihr Licht und ihre lebensspendende Wärme wiederkommen werden.

Analog dazu fürchtet sich niemand, der die Unvergänglichkeit des Geistes, des Lichts unserer göttlichen Quelle, selber erfahren hat, vor der kurzzeitigen Dunkelheit in der heutigen Welt. Wir wissen ja, dass die weitverbreitete Angst, Gier und Unbewusstheit das geistige Herz der Menschheit nur vorübergehend verdunkeln können. Es ist wie bei einem Stromunterbruch; wenn genügend Menschen ihre Taschenlampen anknipsen, um einander den Weg zu erleuchten, dann werden wir alle diese vorübergehende Dunkelheit hinter uns lassen und danach friedvoller und weiser sein.

Aus der Geschichte wissen wir, dass es immer Menschen gegeben hat, die leichter als andere Zugang zu den Quellen des Lichts hatten. Sie waren fähig, in die geistige Welt zu schauen und mit ihr zu kommunizieren. Jene, die mit dem Geist Verstorbener sprechen konnten, nannte man Medien. Andere, die fähig waren, ihren Körper zu verlassen, die geistigen Reiche zu betreten und von dort Visionen, Botschaften und Anweisungen zurückzubringen, nannte man Propheten, Seher oder Schamanen. Mystiker und Heilige versenkten sich zu allen Zeiten tief in Meditation oder Gebet und wurden dadurch fähig, andere mitfühlend und weise zu leiten. Menschen, die ein unauffälliges Leben führten, waren vielleicht hellsichtig und hatten mittels übersinnlicher Fähigkeiten Einblick in für andere unzugängliche geistige Reiche.

Heute noch werden solche Menschen, die mit einem Fuss im Himmel und mit dem anderen auf der Erde leben, von vielen Bewohnern der industrialisierten, akademisch gebildeten Länder als Verrückte, Verblendete, Verfluchte, Betrüger oder gar Verbrecher betrachtet. Andere halten sie vielleicht für besonders begabt. Auf jeden Fall leben wir nun im Zeitalter des Lichts. Es ist das Licht des Bewusstseins, der Wahrheit und des Göttlichen. Die Mystiker und Medien, Heiligen und Propheten, Schamanen und Hellsichtigen, die ausserhalb der Norm ihrer Zeit zu stehen scheinen, haben der Welt immer wieder Einblicke in das Bewusstsein gewährt, in das sich die Menschheit als Ganzes nun hineinentwickeln muss.

In den sechsundsechzig Jahren, die ich bisher auf dieser Welt verbracht habe, war ich bestrebt, das Wunder des Geistes zu leben. Wunder waren selbstverständlicher Teil meines Alltags. Unzählige Male befand ich mich in Situationen, die sich jeder Logik und allen hergebrachten Lösungswegen entzogen. So überquerte ich vor Jahren einmal einen Hügel, stolperte plötzlich über einen Stein und begann zu fallen. Instinktiv griff ich nach einem neben dem Weg verlaufenden Leitungsrohr, ohne zu wissen, dass dieses siedend heisses Wasser aus einem Boiler führte. Als ich es mit der rechten Hand packte, spürte ich im ersten Moment gar nichts, so heiss war es. Dann sah ich, wie meine Hand dampfte. Als ich losliess, war die ganze Haut weiss und löste sich vor meinen Augen in Blasen ab. Dann kam der Schmerz. In diesem Moment beschloss ich, mich nicht von einer schweren Verbrennung an der Hand ausser Gefecht setzen zu lassen. Ich wandte mein Bewusstsein dem Göttlichen zu und bat darum, dass mir das Bild gezeigt würde, das ich im Moment des Unfalles unbewusst vor meinem inneren Auge gehabt hatte. Als ich das Bild sah, liess ich es platzen und entliess es aus meinem Inneren. Sofort begann die fortschreitende Verbrennung an meiner Hand zu schwinden, und die Haut wurde so weich und gesund wie die eines Kleinkindes. Die Hand sah schliesslich sogar besser aus als vor dem Unfall. Auch die unerträglichen Schmerzen verschwanden. Nichts liess mehr darauf schliessen, dass diese Hand gerade eine vollständige Verbrennung zweiten bis dritten Grades erlitten hatte.

In den Jahren zwischen 1994 und 2012 bin ich bei fünf zeitlich auseinanderliegenden Gelegenheiten gestorben. Beim ersten Mal empfingen mich fünf herrliche Lichtwesen. Sie erklärten, ich habe meinen Auftrag auf der Erde mehr als erfüllt und habe nun die Wahl, bei ihnen zu bleiben, um meine Arbeit in der geistigen Welt fortzusetzen, oder aber in meine Inkarnation zurückzukehren. Ich fragte sie um ihre Weisheit und Einsicht, welche Entscheidung gewinnbringender sei, nicht nur für mich selbst, sondern für all diejenigen, die im Leben mit mir verbunden waren. Ohne zu zögern erklärten alle fünf einträchtig, ich könne, sollte ich mich für die Rückkehr in mein Erdenleben entscheiden, einer erheblich grösseren Anzahl Menschen unermesslich viel Gutes tun, als wenn ich in der geistigen Welt bliebe. So bat ich darum, hierher zurückkehren zu dürfen. Die nachfolgenden Sterbeerfahrungen boten Gelegenheit zu grossartigen Lern- und Heilerfahrungen, die mir dabei halfen, meine neue Aufgabe hier zu erfüllen und gleichzeitig meiner eigenen spirituellen Meisterschaft näher zu kommen.

Es braucht nicht speziell erwähnt zu werden, dass jedes Verlassen der Inkarnation und jede darauffolgende Rückkehr hierher einem Wunder gleichkam. Ich kann mich an alles erinnern, was ich jeweils nach dem Aussetzen des Herzschlages und der Atmung in der geistigen Welt erlebt habe. Ich weiss mit Sicherheit, dass das, was wir Gott oder Geist nennen, real ist. Das Göttliche ist unsere Liebeskraft und unsere Fähigkeit zu kommunizieren und unser wahres Wesen schöpferisch zum Ausdruck zu bringen, Das Göttliche ist unser Licht, unsere Wahrheit, unser Sein und unser Leben. Es lehrt uns, mit Gott in Beziehung zu treten und schenkt uns die für den Heimweg nötige Inspiration und Freude.

«... Wer an mich glaubt, der wird die Werke auch tun, die ich tue, und wird grössere als diese tun; denn ich gehe zum Vater.»
Jesus (Joh. 14,12)

Wir brauchen Wunder, um die persönlichen und globalen Probleme zu lösen, denen wir Tag für Tag gegenüberstehen. Wunder erblühen immer dort, wo wir das ewige geistige Leben leben, noch während wir hier auf der Erde inkarniert sind. Wir müssen einen evolutionären Sprung tun, indem wir uns für eine seelenzentrierte, intuitive Lebensführung entscheiden, anstatt als Geiseln unseres Überlebenstriebs weiterhin auf den Körper konzentriert zu bleiben und uns vom Verstand beherrschen zu lassen.

Als globale Gemeinschaft stehen wir heute an einem grossen Scheide-weg. Gleichzeitig steht jeder einzelne vor einer ganz persönlichen Entschei-dung, unabhängig von Rassen- oder Religionszugehörigkeit, Nationalität, Geschlecht, akademischen Titeln, gesellschaftlichem und wirtschaftlichem Status oder politischer Überzeugung. Alle sind wir aufgerufen, die Grund-satzentscheidung zu treffen, von der alle weiteren Entscheidungen in unse-rem Leben abhängen. Dabei geht es nicht um richtig oder falsch, gut oder schlecht, Lust oder Schmerz. Es geht nicht darum, zwischen den Polen der vielen Gegensatzpaare zu wählen, die uns in einer gespaltenen Welt begeg-nen. Es geht vielmehr um die Wahl zwischen der ungeteilten, grenzenlosen, unablässig Liebe verströmenden göttlichen Quelle und der Gespaltenheit, der Isolation, den Ansprüchen, Bedrohungen und Lockungen des Egos.

Wofür wirst du dich entscheiden? Für die Geiselhaft durch das Ego und seinen Überlebenstrieb? Oder für die Hingabe an die befreiende, liebende Umarmung des Göttlichen?

Der erste Weg führt zu Anstrengung, Mühe, Wettstreit und Leiden. Auf dem zweiten Weg werden wir mit allem beschenkt, was sanft, liebevoll, segensvoll und grenzenlos ist.
An jeder Wegkreuzung in deinem Leben gilt es, sich für das Göttliche zu ent-scheiden – so bereiten wir unseren Weg zur Erleuchtung. Diese Entschei-dung und unsere Bereitschaft, ihr bedingungslos treu zu bleiben, bilden die Grundlage für unsere seelische Heilung und Entwicklung. Jede einzelne sol-che Entscheidung bewirkt etwas.

Lebe voll und ganz als die Seele, die du bist, während du dich durch diese Welt bewegst. Sei jetzt das Licht der Welt, und die Welt wird dir entgegen-kommen, um deinem Licht Raum zu geben. Jeder Mensch, der sich für diesen Weg entscheidet, trägt zu einem Unterschied bei.

Dann werden Wunder an der Tagesordnung sein, und nicht mehr nur als seltene Ausnahmen geschehen. Sei also voller Freude und lebe das Wunder!

Ihr seid das Licht der Welt!

Michael Tamura, Februar 2020

Dieser Beitrag und die folgenden Audio- und Video-Beiträge wurden von Barbara Golan aus dem Englischen übersetzt.

Meditation: Reinigung von Fremdenergien, das eigene Energiesystem fliessen lassen
Ausschnitt aus Vortrag vom 22.5.2020
(Englisch mit Deutscher Übersetzung)
Video 2020
19:56 Minuten

QR Code scannen oder Link in Browser eingeben.

www.licht-herz.media/tamuraa1

Wie erfahre ich mein wahres Selbst?
Ausschnitt aus Seminar vom 24.5.2020
(Englisch mit Deutscher Übersetzung)
Video 2020
72:42 Minuten

QR Code scannen oder Link in Browser eingeben.

www.licht-herz.media/tamurav1

Literaturhinweis:
Michael Tamura: Wozu sind wir hier?,
KOHA Verlag 2018

MICHAEL J TAMURA

Michael Tamura ist ein spiritueller Lehrer, hellseherischer Visionär und weltbekannter Heiler.

Michael Tamura lebt das Wunder: Er ist seit seiner Kindheit spirituell bewusst und sieht jeden Menschen so, wie er in Wirklichkeit ist: als unsterbliche Seele. Er unterstützt tausende von Menschen auf ihrem Weg zu Heilung, Erwachen und wahrer Lebensbestimmung. Dabei stützt er sich auf lange Jahre intensiver Ausbildung, auf Erinnerungen an vergangene Leben und allnächtliche ausserkörperliche Reisen, auf über vier Jahrzehnte Erfahrung als Lehrer und hellsichtiger Berater und auf ein Leben voller ausserordentlicher Erlebnisse, darunter fünf Nahtoderfahrungen.

Michael ist in Japan geboren und aufgewachsen, besuchte aber amerikanische Schulen und lebt heute in den USA. Er hat sein Leben lang immer wieder Brücken geschlagen: Nicht nur zwischen Ost und West, Jung und Alt, Männern und Frauen, sondern vor allem zwischen dem Menschlichen und dem Göttlichen.

Zurzeit (2020) schreibt der preisgekrönte Autor des Buches «Wozu sind wir hier?» (englischer Originaltitel: «You are the Answer») an seinem neuen Buch «Drei Tode und kein Begräbnis: Das Wunder des Lebens» («Three Deaths and No Funeral: Lessons In Living The Miracle»). Seine Arbeit ist darauf ausgerichtet, den Menschen Hilfsmittel für die innere Arbeit und spirituelle Übungen an die Hand zu geben und so erwachenden Seelen den Weg nach Hause zu erleuchten. Michael tritt als Sachverständiger in einem Film des bekannten Regisseurs Bill Bennett auf: «PLS-Intuition als Persönliches Leit-System» («PGS - Your Intuition Is Your Personal Guidance System»). Michael und seine Frau Raphaelle haben eine eigene Radiosendung mit dem Titel «Das Wunder leben: Intuitive Werkzeuge für die erwachende Seele» («Living The Miracle: Intuitive Tools for the Awakening Soul»), die bei «VoiceAmerica» weltweit über das Internet ausgestrahlt wird. Michael bietet Ausbildungen für das eigene seelische Erwachen an, lehrt in Seminaren und online Kursen; über das geschriebene Wort, in Medienauftritten und Audio-Kursen. Für ihn bietet jeder Schritt im Leben eine goldene Gelegenheit für Heilung, Wunder und die Erfüllung unserer göttlichen Bestimmung.

Website: www.michaeltamura.com

Hello to the light of the World
Radio Show vom 23.10.2019 (in Englischer Sprache)
Audio 2019
43:40 Minuten

QR Code scannen oder Link in Browser eingeben.

www.licht-herz.media/tamuraa2

Hinweis:
Regelmässige Radiosendungen mit Michael und Raphaelle Tamura:
https://www.voiceamerica.com/show/2735/living-the-miracle

DIE
GEBURT DES
LICHTMENSCHEN
IN UNS

Nadine Reuter

DIE GEBURT DES LICHTMENSCHEN IN UNS

Vortrag vom 6. März 2020

In der jetzigen Zeit des Wandels erkennen wir uns immer mehr als Teil des grossen Ganzen. Wir erkennen, dass wir eine geistige Familie haben, sowohl hier auf Erden als auch in den geistigen Welten. Dieses Wiedererwachen der Erinnerung geschieht in Synchronizität mit den Zyklen der Erde und der Sonne. Wir spüren die Aufforderung in uns, die wahre geistige Herkunft in unserem Menschsein zu verankern und uns der Engelsgegenwart zu öffnen, um so die multidimensionalen Frequenzen aus unserer geistigen Heimat und von den lichtvollen Sternenwelten zu empfangen.

Mit dem heutigen Vortrag möchte ich ein lebendiges Gefühl der Verbundenheit mit unserer geistigen Familie und dem multidimensionalen Kosmos vermitteln und dadurch die Vision einer neuen Erde aufzeigen.

Wir leben in einer Zeit, in der sich immer mehr Menschen erinnern, dass wir multidimensionale Wesen in einem multidimensionalen Kosmos sind. Wir leben in einer Zeit, in der immer mehr Menschen erfahren, wie sie direkt mit der geistigen Welt zusammenarbeiten können. Und wir leben in einer Zeit, in der immer mehr Menschen den bewussten Kontakt zur geistigen Welt wahrnehmen und auch die geistigen Welten als Teil ihrer selbst spüren.

Wir leben aber auch in einer Gesellschaft, die uns nicht immer an unsere Grösse und an unsere Fülle erinnern möchte. Fünftausend Jahre haben wir im Kali-Yuga gelebt, im Zeitalter der Spaltung. Sehr oft wurde das Gute als das Böse und das Böse als das Gute hingestellt. Der Mayakalender beschreibt zyklische Zeitalter, und im Jahr 2012 ist ein fünftausend Jahre dauerndes «dunkles Zeitalter» zu Ende gegangen und in eine neue Phase des Lichtes übergegangen, in die Phase des Zurückfindens in die Ganzheit. Wir leben jetzt in einer Zeit, in der die alten Strukturen, die in den letzten fünftausend Jahren vorherrschend waren, sehr viel Kraft aufwenden, um dieses alte Bewusstsein hier auf der Erde aufrecht zu erhalten. Wir spüren überall, wie sich jetzt dieses alte Bewusstsein aufbäumt und alles tut, um zu verhindern, dass das lichtvolle Zeitalter eingeleitet werden kann. Deshalb sind wir umso mehr aufgefordert, uns an unsere wahre Essenz zu erinnern – dass wir Lichtwesen in einem menschlichen Körper sind und dass wir hier auf die Erde gekommen sind, um das Licht zu verankern.

Wenn wir heute in die Welt hinausschauen, fragen wir uns vielleicht manchmal: Wo sind denn die Lichtwesen? Im Kollektiv verhalten sich die Menschen nicht wie Lichtwesen. Ursprünglich wurde der Mensch im Abbild Gottes geschaffen. Wörtlich steht am Anfang der Bibel: im Abbild von Elohim! Elohim ist auch ein Begriff für die Lichtwesen. Die ersten Menschen, die auf die Erde gekommen sind, waren materialisierte Lichtwesen. Doch später inkarnierten Seelen, die sich von der Quelle getrennt haben und deshalb vergassen, woher sie gekommen sind. Aus dieser Spaltung und Getrenntheit heraus tun sie gewisse Dinge, die nicht mehr der Ganzheit entsprechen.

Der Mensch in seinem Ursprung ist ein gutes Wesen. Was ihn aber dazu bringt, negative Dinge zu tun, ist die Trennung vom Ursprung. Er hat sich in der Dualität verloren und neigt dazu, all die Ablenkungen, die ständig angeboten werden, anzunehmen und sich verführen zu lassen. Und so vergassen die Menschen immer mehr, wer sie wirklich sind.

Die Multidimensionalität unserer Existenz

Über die Normen der Gesellschaft und die Medien wird uns gesagt, wie wir sein oder nicht sein sollen. Ständig tun wir alles dafür, um nicht fühlen zu müssen, wer wir wirklich sind. Wenn wir nicht fühlen, wer wir wirklich sind, sind wir uns unserer Grösse und unseres inneren Lichts nicht bewusst, und so laufen wir Gefahr, manipuliert und instrumentalisiert zu werden. Deshalb ist es so wichtig, dass wir uns an unseren Ursprung erinnern – und dieses Erinnern kann trainiert werden!

Ich möchte euch heute auf eine Reise mitnehmen: eine Reise durch die verschiedenen Ebenen unseres Daseins, damit wir die Multidimensionalität unserer Existenz erkennen und erleben können. Dazu werde ich auch eine Übung beschreiben, die ich für dieses geistige Training entwickelt habe.

Denn nur wenn wir empfänglich sind und die «Leitung freischalten», kann die geistige Familie durch uns wirken und können wir mit ihr zusammenarbeiten.

Unsere multidimensionale Existenz umfasst sieben Körper:
1. der physische Körper
2. der Ätherkörper, auch Vitalkörper genannt: das untere morphogenetische Feld
3. der Emotionalkörper (die Ebene der mental projizierten Gefühle)
4. der Mentalkörper (die Ebene der projizierten Gedanken)
5. der Kausalkörper: (oder auch spiritueller Körper) das obere morphogenetische Feld (die Ebene des Denkens und Fühlens, das noch nicht mental projiziert wurde; die Kraft des Unterscheidens; das «Weichenstellen» der Bewusstseinsausrichtung, die «Drehbuch»-Ebene)
6. der Elohim-Körper (Lichtkörper, Lichtwesen-Identität, Sternenfamilie)
7. der ewige Körper (der Göttliche Körper, manchmal auch der spirituelle Körper): Monade, Atman, Seele. Das ist unser wahres Sein: das, was wir wirklich sind, in unserer Essenz, in unserem Ursprung, ewiglich und immer im Hier und Jetzt. Das ist unsere spirituelle, nicht-materielle Identität. Alle anderen sechs Ebenen sind Schöpfungsebenen und Ebenen der materiellen Verdichtung.

Die Zahl Sieben finden wir auf unterschiedlichen Ebenen der Physik und der Symbolik. Wenn wir zum Beispiel einen Kristall vor eine Fensterscheibe hängen und die Sonne in einem speziellen Winkel durch den Kristall scheint, bricht sich das Licht in die sieben Spektralfarben. Ebenso haben wir sieben Körper und sieben Haupt-Chakren: Wurzel-, Sakral-, Solarplexus-, Herz-, Hals-, Stirn- und Kronen-Chakra.

In unserer Gesellschaft, die sich weitgehend auf das materielle Denken beschränkt, werden Menschen dazu gebracht, sich über den physischen Körper zu definieren. Dies zeigt sich zum Beispiel in der Werbung, wo vorgegeben wird, wie man als Frau und als Mann auszusehen hat, welche Kleider und Produkte man verwenden soll, und wie man sich zu verhalten habe. Auch Gesundheit und Persönlichkeit werden über den Körper und körperbezogene Kriterien definiert, wie «Erfolg», «Schönheit», «Ausstrahlung» usw. Aber sogar ein gesunder Lebensstil, gesunde Ernährung und viel Bewegung reichen nicht aus, um unser System freizuschalten, damit genügend Licht einfliessen kann. Nur wenn alle sieben Köper berücksichtigt, aktiviert und integriert werden, können wir genügend Licht aufnehmen, um unserer wahren Lichtnatur gerecht zu werden. Und das ist nicht von einem «optimalen» physischen Körper abhängig. Das zeigen uns Menschen, die eine körperliche Behinderung oder Krankheiten haben und trotzdem in Lebensfreude und Zufriedenheit leben. Ihr physischer Körper mag mit Problemen behaftet sein, aber diese Menschen haben einen schönen Emotionalkörper. Dann wiederum gibt es Menschen, deren Körper «perfekt» aussieht, deren Emotionalkörper aber sehr unausgeglichen ist. Rein äusserlich betrachtet, wissen wir nicht, wie sehr ein Mensch in seiner Ganzheit lebt.

Ich möchte euch mitnehmen in ein Bewusstsein, in dem wir unsere Essenz als geistige Wesen wahrnehmen, wodurch es uns möglich wird, immer mehr aus unserer Ganzheit heraus zu leben. Ich möchte die verschiedenen Ebenen dieser Ganzheit beleuchten, damit ihr ein Gefühl dafür bekommt, wie wichtig dies ist. Diese Beschreibungen beruhen auf meinen subjektiven Wahrnehmungen.

Im physischen Bereich ist es klar: Wir sollten auf einen gesunden Lebensstil achten, der zu uns passt. Dazu gehören eine gesunde Ernährung und eine liebevolle Beziehung zum Körper, ebenso möglichst viel Bewegung in der frischen Luft. Wir sollten auf den Körper hören, wann er Aktivität und wann er Entspannung und Erholung braucht.

Der Ätherkörper ist der Vitalkörper, der den ganzen physischen Körper durchdringt und bis zu rund 20 cm über den physischen Körper hinausgeht. Bei einem gesunden Menschen ist der Ätherkörper silbrig-weiss und relativ gross. Wenn die Gesundheit angeschlagen ist, ist er leicht gräulich und etwas kleiner. Wenn ein Mensch sehr krank ist, fühlt sich dieser Körper wie verklebt an, er ist «geschrumpft» und hat Dellen. Wir können den Ätherkörper in Schwung halten, indem wir ihn über unseren Atem immer wieder vitalisieren, zum Beispiel fünf Mal pro Tag bewusst mit langen Atemzügen durch die Nase ein- und ausatmen. So massieren wir den Ätherkörper. Wir können den Ätherkörper auch stimulieren, indem wir uns während fünf Minuten mit dem Rücken an einen Baum lehnen. Wenn wir dies bewusst tun, können wir spüren, wie die Lebensenergie (Prana) die Wirbelsäule hinauffliesst und eine Zirkulation erzeugt.

Der Emotionalkörper ist – aus unterschiedlichen Gründen – die schwierigste Herausforderung für uns Menschen. Ursprünglich kommen wir, als geistige Wesen, aus Lichtwelten, also Welten ohne Spaltung und Trennung und damit auch ohne Projektionen. Jedes Wesen strahlt ganz natürlich aus sich selbst heraus. Deshalb ist es für uns eine sehr grosse Herausforderung, in einer Welt zu inkarnieren, die stark verdichtet ist und entsprechende Körper mit sich bringt.

Der Emotionalkörper und der Mentalkörper sind feinstoffliche Projektions-ebenen, vergleichbar mit der Leinwand in einem Kino, auf die unterschied-lichste Filme projiziert werden: Hier erleben wir Freude und Leid, Schmerz und Spannung, Tragödien und Komödien, usw. Diese projizierten Emotionen sind sehr intensiv und wirken direkt auf uns ein, weshalb die Gefahr besteht, dass wir diese Emotionen von den höheren Ebenen abtrennen. Dann ver-lieren wir uns in diesen Emotionen und bewerten sie, wir bauschen sie auf oder unterdrücken sie. Auf den projizierten Ebenen sind wir diesen Emotio-nen ausgeliefert, so wie wir im Kino den Film nicht ändern können. Die Ge-schichten unserer Filme werden nicht auf der «Leinwand», sondern auf der Kausalebene geschrieben, weshalb diese Ebene auch so heisst (abgeleitet vom lateinischen Wort causa, «Ursache»). Auf der Kausalebene bestimmen wir mit unseren Entscheidungen und mit der Ausrichtung unseres Bewusst-seins, was wir in unserem Mental- und Emotionalkörper erleben und damit auch in der äusseren Welt.

Weil wir in unserer Welt immer mit unseren Projektionen konfrontiert werden und wir durch sie Trennung, Schmerz, Ängste usw. erleben, kann es gesche-hen, dass wir diese Emotionen vermeiden wollen. Deshalb sehen wir in vielen Bereichen unserer Gesellschaft Gefühllosigkeit, mangelnde Rücksicht und Egoismus, was in verschiedene Extreme führt, wie grosse Gewalt und Eskala-tionen oder nur schon die vielen Gewaltdarstellungen in der «Unterhaltung».

Deswegen sagte ich vorhin, dass der Emotionalkörper die schwierigste Herausforderung für uns Menschen ist. Es ist nicht einfach, Gefühle zuzulassen und mit Emotionen umzugehen. Jeder Mensch, der Gefühle unterdrückt, hat unterschiedliche Gründe dafür. Uns wird beigebracht, dass Fühlen etwas Schwieriges oder sogar eine Schwäche sei. Es ist einfacher, sich unterhalten und ablenken zu lassen, als wirklich zu fühlen. Dann fällt es uns sogar schwer, positive Gefühle zu fühlen, wie zum Beispiel Liebe, da sofort der Gedanke der Angst da ist, verlassen oder verletzt zu werden.

Mut zu authentischem Sein

Gefühle sind Ausdruck des Fühlens, was in der Essenz immer eine reine Energie ist, selbst wenn sie in der Projektion eine Form annehmen, die wir als negativ bezeichnen würden, wie Wut, Hass, Eifersucht usw. Wenn wir Gefühle unterdrücken und einen Gedanken auf sie «kleben», das heisst, sie mit Gedanken, Vorstellungen, Ängsten usw. verbinden, werden sie zu problematischen Emotionen, die in uns gären. Gerade in esoterischen und religiösen Kreisen ist mir aufgefallen, dass solche Gefühle vielmals unterdrückt werden, weil sie als negativ und «unspirituell» bewertet werden. Man gibt sich nicht zu, dass man auch diese Gefühle in sich hat, und erst durch diese Selbsttäuschung werden Wut, Hass, Eifersucht usw. zu negativen Emotionen. Das ist sehr gefährlich, da wir dann im Geistigen diese unterdrückten Strukturen nicht sehen und dadurch manipuliert werden können oder uns selbst negativ programmieren, ohne es zu merken. Wer die Wut in sich annimmt, kann sie dadurch transformieren und in Stärke verwandeln. Wer sie unterdrückt, wird zum Spielball der Wut. Wenn wir unsere Gefühle fühlen und darin authentisch sind, bleiben wir immer in unserer Kraft.

Deshalb ist es wichtig, dass wir jedes Gefühl lernen zu fühlen. Dann können wir lernen, mit ihnen umzugehen und die positiven Potenziale zu entfalten.

Wir erkennen, dass jedes Gefühl, wenn wir es wirklich in der Ganzheit und Tiefe fühlen, in bedingungslose Liebe mündet und dass jedes Gefühl in seiner Essenz eine Kraftquelle ist.

Es gibt keine negativen Gefühle. Es gibt nur negative Emotionen!
Wenn in uns zum Beispiel Eifersucht hochkommt und wir dieses Gefühl in uns akzeptieren, um es dann aus unserer inneren Fülle heraus zu fühlen, dann wird dieses Gefühl mit Licht erfüllt und mündet in bedingungslose Liebe. Eifersucht verwandelt sich in Bewunderung. Wir erkennen die andere Person in ihrer Grösse und Besonderheit, sie wird zu einer Inspiration und zu einem positiven Spiegel für uns selbst.

Betrachten wir einmal in der Politik die Männer, die Macht besitzen und diese Macht brauchen, um sich selbst zu bestätigen. Dies sind oft Männer, die ihre Eifersucht und Wut unterdrückt haben. Sie hatten meistens keine positiven männlichen Vorbilder. Die Väter waren nicht da, waren schwach, haben viel gearbeitet, waren in Existenzkämpfen, oder sie waren dominant und spielten ihre Macht aus, indem sie zu spüren gaben, dass man von ihrem Geld abhängig ist. Eifersucht ist für mich eines der Grundgefühle, das nicht angenommen wird und dadurch zur Ursache wird, dass wir in uns selbst und in der Welt Krieg führen.

Ein anderes dieser scheinbar negativen Grundgefühle ist die Wut. Menschen, die Wut unterdrücken oder auf eine impulsive Weise ausleben, ersticken oder missbrauchen ihr inneres Feuer, was dazu führt, dass diese Energie destruktive Formen annimmt. Wenn wir jedoch Wut empfinden und sie dann aus unserer inneren Fülle heraus fühlen («heiliger Zorn»), spüren wir Feuer und Durchsetzungskraft, um etwas realisieren und «materialisieren» zu können.

«Freischaltung» des Lichts

Warum ist dies alles so wichtig? Wenn wir Gefühle unterdrücken, drücken wir auf den Ätherkörper, und der physische Bereich wird bis in die Zellen mit zu wenig Licht versorgt. Wenn wir unsere Gefühle zu stark leben, so dass es einen Überdruck gibt, bombardieren wir den Ätherkörper, der dadurch verformt wird, er bekommt Dellen. Beides führt zu einem gestörten Energiefluss im physischen Bereich. Eine gesunde Ernährung allein reicht nicht. Der Hauptbereich ist der Emotionalkörper, der eng mit dem Mentalkörper verwoben ist. Mentale Vorstellungen beeinflussen unsere Emotionen, und Emotionen erzeugen rückwirkend mentale Bilder. Das Fühlen in seiner Reinheit ist der Schlüssel zu unserer wahren Essenz. Wenn wir etwas wahrnehmen, entscheiden wir uns jedoch meistens für das Denken und nicht für das Fühlen. Das Denken ist die vorherrschende männliche Energie, die in jedem Menschen präsent ist. Wir nehmen etwas wahr, «kleben» einen Gedanken darauf und machen mit den Emotionen eine Geschichte daraus. Der Mentalbereich sucht sich immer eine Geschichte aus, die uns gerade am besten passt, und dementsprechend manipulieren und projizieren wir unsere Gefühle.

Wenn wir lernen zu fühlen, ohne einen Gedanken darauf zu kleben, also das Gefühl in seinem Ursprung und in seiner Essenz zu fühlen, stimulieren wir unseren Emotionalbereich und füllen ihn auf. Die Selbstliebe, die Selbstakzeptanz und die bedingungslose Liebe werden stärker. Mit jedem Gefühl, das wir in der Essenz fühlen und annehmen, potenzieren wir unsere Energie. Ein Beispiel: Du bist in einer Gesellschaft und fühlst, dass dich jemand ablehnt. Wenn wir hier nicht bewusst in der Wahrnehmung sind, klebt sich sogleich ein Gedanke auf das Gefühl, und wir machen eine Geschichte daraus: «Diese Person lehnt mich jetzt aus diesem und jenem Grund ab.» Wir machen gedanklich Verknüpfungen, wir identifizieren uns mit diesem Gedanken und sind sofort in einer karmischer Struktur oder in einem emotionalen Muster drin. Es geht darum, dass wir uns von jeder Art mentaler Verbindung lösen und lernen, das Gefühl in seiner reinen Urkraft zu spüren.

Was macht eine Zelle? Eine Körperzelle ist reine Information, und sie reagiert auf das, was ihr von aussen eingegeben wird. Wird ihr Angst eingegeben, reagiert sie auf die Angst und macht das, was die Angst vorgibt. Geben wir Liebe, Selbstliebe und Vertrauen ein, entwickelt sie sich entsprechend dieser Energie.

Je mehr wir uns annehmen mit all unseren Gefühlen, desto mehr steigt die Selbstliebe, steigt die Frequenz, und negative Energien können nicht mehr greifen. Das Licht der Monade, der göttlichen Quelle, kann in alle Ebenen unseres Seins einfliessen. Das Licht der Quelle ist immer da und immer in der Verbindung. Je mehr wir uns freischalten, desto mehr fliesst das Licht in uns ein, und der Lichtmensch kann in uns geboren werden.

Übung: Geistiges Training für den Emotionalkörper

Unsere multidimensionale Existenz ist wie ein Haus mit vielen Räumen. Wir wollen diese Räume durchlichten und nicht einzelne Räume ausgrenzen und verschliessen. Wenn wir Gefühle unterdrücken, lernen wir nie ihre wahre Kraft kennen. In jedem der unterdrückten Gefühle wartet ein Schatz auf uns, wenn wir lernen, ihre Essenz zu erkennen und zu leben. Gefühle sind eine kraftvolle Energie, die deine Schwingungsfrequenz erhöhen und dich in dein wahres Potenzial bringen können.

Gefühle existieren in einem breiten Spektrum, vom scheinbar negativen Pol bis zum positiven Pol. Wir können dieses Spektrum auch mit den Tasten eines Klaviers vergleichen, und jede Gefühlskategorie ist eine Oktave unserer Gefühlsmusik. Ich unterscheide fünf Kategorien oder Oktaven: Trauer, Wut, Eifersucht, Glück und Liebe-Gefühle. Mit der hier beschriebenen Übung können wir den Umgang mit diesen fünf Gefühlen trainieren, ähnlich wie ein Muskeltraining. Trainiere deine «Gefühlsmuskeln» jeden Tag, und du wirst erfahren, wie du immer stärker wirst ... und immer mehr dich selbst.

Ein weiterer Trainingsbereich ist die Angst. Angst ist kein Gefühl, sondern ein Instinkt, aber passt dennoch hierher, weil Angst vielmals als Feind gesehen wird. Angst in der Essenz ist jedoch ein Warnsystem und Wächter, vergleichbar mit einem inneren Samurai. Durch das Erleben und Erfahren dieser Essenz erkennen wir, was für ein wichtiger Helfer dieser innere «Samurai» ist.

Wähle nun eines dieser Gefühle aus und stelle es dir wie eine Kugel vor. Oftmals machten wir schon in der Kindheit die Erfahrung, dass es gefährlich ist, uns auf tiefere Gefühle einzulassen. Jetzt geht es darum, alle Gefühlsräume tiefer wahrzunehmen und neu zu bewohnen.

Nimm ein unpersönliches Beispiel, zum Beispiel eine Szene aus einem Film oder eine Geschichte aus einem Buch, und aktiviere mit diesem Beispiel das Gefühl, das du üben möchtest.

Wenn du das ausgewählte Gefühl im Fokus hast, dann lass das Beispiel los und fühle nur noch das Gefühl. Übe so lange, bis du die ganze Kugel mit diesem Gefühl ausfüllst. Du kannst deinen Atem zu Hilfe nehmen, um das Gefühl zu manifestieren, indem du dir vorstellst, dass du die Kugel von innen her ganz «ausfühlst». Wenn du 100 Prozent erreicht hast und diese Fülle tragen und aushalten kannst, erlebst du paradoxerweise eine Entspannung, die von alleine kommt. Das Annehmen dieses Gefühls ist eine Hingabe in das göttliche Vertrauen und ein klares Ja zu dir und deiner Kraft, die aus der göttlichen Quelle kommt. Der Zugang zur reinen Essenz dieser Gefühle wird freigeschaltet, und wir fühlen die Liebe Gottes, die uns trägt und der wir alles übergeben können.

Bewusstseinswandel und das Neue Zeitalter

Heute ist die Zeit, dass die Menschen erkennen, dass sie Lichtwesen sind. Zuerst bedeutet dies zu erkennen, dass unsere Existenz nicht auf den physischen Körper beschränkt ist. Viele wissen dies bereits, und es geht darum, dieses Licht über die verschiedenen Körper im Menschsein zu verankern und über das Menschsein hinaus strahlen zu lassen. Wenn wir uns nicht freischalten, können wir nur eine begrenzte Energie wahrnehmen. Es geht darum, dass wir uns in diesem Bereich entwickeln. Wenn wir dies tun, nehmen unsere Zellen mehr Licht auf, und unsere feinstofflichen Körper transformieren sich zu einer Merkaba, und der Lichtkörper aktiviert sich. Unsere gesamte Aura verändert die ganze körperliche Struktur. Sie sieht aus wie ein Mandala, wie ein Miniatur-Lichtschiff. Diese Energiefrequenz brauchen wir, um den Dimensionen-Wechsel zu vollziehen.

Die Sonne kommt jetzt der Erde zu Hilfe, indem sie vermehrt Energien auf die Erde strahlt, die unterstützen, die Schwingung zu erhöhen. Die Sonne hilft der Erde, um diesen Dimensionen-Wechsel voranzutreiben. Dies bedeutet, dass jetzt alles mehr an die Oberfläche kommt. Es ist für uns eine Riesenchance. Statt diese Herausforderungen zu unterdrücken, wegzuschicken oder zu bewerten, dürfen wir sie einfach fühlen. Allein durch das Fühlen werden diese Strukturen in Licht getränkt und in bedingungslose Liebe eingebettet. Wir müssen nicht etwas tun oder etwas verwandeln, es passiert einfach – allein indem wir bewusst wahrnehmen was ist, und einfach fühlen. So wird diese Wahrnehmung mit Licht erfüllt, und wir spüren die Fülle und Liebe Gottes.

Je stärker unsere Lichtfrequenz ist, desto mehr sind wir Kanal für die geistigen Welten. In der jetzigen Zeit zeigen sich den Menschen immer mehr Sternenwesen, Lichtwesen und Engelwesen. Tausende Menschen auf dieser Erde haben in den letzten Jahren solche Erscheinungen gehabt. Ich habe Anfang Dezember letzten Jahres in Stein am Rhein, wo ich lebe, etwas erlebt, das wie eine Einweihung war. Es geschah in einem Moment, wo ich überhaupt nicht daran dachte. Ich schaute in dieser Zeit öfters in die Sterne, sprach mit der Sternenfamilie, war mit den Sternengeschwistern in Verbindung und habe darum gebeten, dass sie sich mir noch mehr zeigen. Doch sie haben sich mir nicht auf die Art gezeigt, wie ich es mir vorgestellt hatte. Es geschah in einem

Moment, in dem ich sehr verzweifelt war und an mir selbst zweifelte. Ich bin dann spazieren gegangen, und da kam es zu dieser Lichterscheinung oder Lichtbegegnung – es war unglaublich. Und ich wusste, dass es auch für mein Umfeld «unglaublich» sein würde! Ich rief spontan meinen guten Freund Armin Risi an – wir geben ja immer wieder Vorträge zusammen – und erzählte ihm von dieser Erscheinung. Er sagte mir, dass er ähnliches erlebt habe, und das sogar zusammen mit einer Gruppe. Dieses Erlebnis war schon fünfundzwanzig Jahre her, aber es war unvergesslich. Erst als ich dies hörte, konnte ich mein eigenes Erlebnis annehmen, und eine grosse Dankbarkeit erfüllte mein Herz.

Viele Menschen haben schon solche Erlebnisse gehabt. Das war für mich ein bewegender Moment, deshalb auch dieses Thema heute, weil ich spüre, dass die geistige Familie jetzt bewusst mit uns Kontakt aufnehmen möchte. Die Lichtwesen schauen nicht mehr einfach nur zu. Sie beobachten genau, was wir tun. Sie schauen mit einem liebevollen Auge auf uns, sie bewerten nicht. Sie sagen nicht: «Diese streiten, die andern nicht, jetzt lieben wir die einen mehr als die andern.» Sie schauen bedingungslos, aber sie freuen sich über alle, die im eigenen Licht standhaft bleiben und nicht aufgeben.

Wir dürfen uns darauf vorbereiten, dass wir persönlich und zunehmend auch kollektiv Zeichen aus den höheren Dimensionen bekommen. Wenn sich die Merkaba aktiviert und mehr Lichtenergie in den Körper einfliesst, verändert sich die Zellstruktur. Unsere Zellen nehmen die Licht- und Sternenfrequenz auf, so dass immer mehr Energie in die Zellen einfliessen kann. Die Schwingung des Körpers erhöht sich und bringt gewisse Herausforderungen mit sich. Wir brauchen weniger Schlaf und weniger Nahrung. Durch diese Schwingungserhöhung bekommen wir Zugang zu Sensoren für die multidimensionalen Welten und entsprechende Einblicke.

Der Lichtmensch in unserem Herzen wird geboren, wenn wir unser Bewusstsein entwickeln und erweitern, und jeder Mensch ist dazu in der Lage.

Dafür braucht es «Bodenpersonal», das zeigt, wie man dies machen kann. Denn wir lernen es ja nicht in der Schule. Das, was ich euch erzähle, soll eine

Aufmunterung sein, dies auch in euch zu verankern. Wir alle können unser System freischalten für die lichtvollen Welten, wenn wir dies wollen. Denn es kommt nicht einfach von allein.

Wenn wir im Hier und Jetzt ein Gefühl aus unserer inneren Fülle heraus fühlen, heilt sich dieses Gefühl auf allen Ebenen unseres Seins. Wir müssen nicht mehr zurück zum Ursprung dieses Gefühls gehen, irgendwohin in die Vergangenheit. Es gibt nur das JETZT. Solange wir Ausreden finden wie: «ich fühle dies wegen diesem oder jenem, wegen meiner Kindheit, wegen eines vergangenen Lebens», dann sind wir in einer Projektion, und wir kreieren immer die Geschichte, die wir aus unserer Perspektive heraus sehen.

Wenn wir aber ohne Projektionen fühlen, entstehen Bilder aus einer Offenbarung heraus, und wir erhalten Geschenke, damit wir erkennen, was im JETZT für uns wichtig ist.

Deshalb ist es wichtig, dass wir immer mit unserer inneren Führung verbunden sind und aus dieser Essenz heraus fühlen. Die Herausforderung, uns lichtvoll und gut zu fühlen, ohne von aussen bestätigt werden zu müssen, macht wirklich Spass. Wenn wir Bestätigungen von aussen brauchen, ist dies aufgrund eines mangelnden Selbstbewusstseins. Wenn wir dieses Gefühl umwandeln und die Selbstliebe spüren, können wir uns in der Fülle und in der Liebe fühlen, egal was im aussen geschieht. Das ist die Geburt des Lichtmenschen in uns: wir können aus der göttlichen Quelle in unserem Inneren schöpfen. Wir sind «in uns selbst erfüllt». Dann können negative Einflüsse oder Angriffe von aussen unsere Zellen und unsere Lichtstruktur nicht mehr beeinflussen. Das Schöne ist:

Je mehr wir diese innere Fülle, diese innere Quelle, für uns erschliessen, desto mehr können wir das ganze Spektrum der Gefühle annehmen und ihr wahres Potenzial erleben. Jedes Mal, wenn wir bedingungslose Liebe spüren, ist es wie ein Kuss von Gott, der unsere Energie millionenfach potenziert. Das ist eine Einladung an uns, den Mut zu haben, wahrhaftig zu fühlen.

Meditation

Bewusstseinswandel durch das Herz

Bitte setze dich bequem hin und erlaube deinem Körper, ganz entspannt zu sein. Atme tief ein und aus. Atme ganz bewusst ein und aus, sanft und kraftvoll ein und aus. Atme tief, so wie am Morgen, wenn du erwachst und dich streckst. Die Sonne geht auf. Das Licht erfüllt deinen Herzraum. Du erwachst aus dem Schlaf, der wie ein Dornröschenschlaf war. Das Licht hat dich wachgeküsst, und du öffnest deine inneren Augen. Es ist wie ein Auftauchen aus der dichten Materie. Du schwimmst im Licht und blickst in die Unendlichkeit der Lichtwelten.

Du hast dir diesen Moment ausgesucht. Auf der Reise deines Lebens gemäss deinem Seelenplan ist jetzt der Moment, dich zu erinnern und dein wahres Wesen in deiner umfänglichen Schönheit wahrzunehmen. Du bist ein Kind der Erde und ein Kind des Himmels. Die Erde hält dich wie eine Mutter an der einen Hand, der Himmel hält dich wie ein Vater an der anderen Hand. Sieh dich wie ein Kind, das mit Mutter und Vater spazieren geht. Du spürst die Freude in deinem Herzen, dass Mutter und Vater sich lieben, und du spürst, wie sehr du geliebt wirst. Spüre diese weibliche und männliche Kraft in dir, wie sie sich lieben und in Einklang sind. Du fühlst die Kraft der geistigen Familie. Du fühlst die Kraft in dir, und du spürst, wie diese Kraft dir Mut und Vertrauen gibt, dich zu erinnern.

Du bist hier auf der Erde, um deinen Lebensplan und deine Lebensaufgabe zu leben. Das Verkörpern dieser Kraft, dieses Lichts und dieses Einklangs ist deine Aufgabe als Mensch und deine Berufung als Lichtwesen. Erinnere dich, dass du aus diesem Grund in die Welt der dichten Materie eingetaucht bist.

Atme wieder bewusst ein und aus. Fühle deinen Körper, deine Gefühle, deine Gedanken und Energien. Fühle die Kraft und den Frieden in dir. Du bist im Frieden mit dir und der Welt, im Frieden mit deinem Körper und deinen Gedanken, was auch immer sie von aussen an dich herantragen. Du fühlst deine spirituelle Essenz. Du hast einen freien Willen, und aus diesem innersten Kern heraus entsteht jetzt ein klares Ja zu deinem Lebensplan und deiner Lebensaufgabe. Fühle dieses Ja in dir. Du spürst die Kraft und die Entschlossenheit – jetzt, wo dein Glaube, dein Wissen und deine Selbsterkenntnis wach und präsent sind. Verinnerliche dieses Ja, diese Kraft und diese Entschlossenheit, sodass du dich immer daran erinnern kannst, auch dann, wenn die Kraft und die Entschlossenheit manchmal wieder schwächer sein werden. Jetzt bist du in der Kraft. Jetzt hast du die Entschlossenheit. Und jetzt sprichst du dieses Ja. Lasse das Ja deines Herzens in dir erklingen und leuchten, und es erklingt und leuchtet in jeder Zelle deines Seins.

Fühle die Heilwelle, die dich durchströmt. Dein Ja zu deiner Beziehung mit dir selbst ist wie eine Umarmung an das Universum, und du spürst, wie diese Umarmung hundertfach erwidert wird. Die geistige Welt freut sich so sehr über jede Seele, die sich erinnert und erwacht. Und nun bist auch du erwacht und erinnerst dich.

Es ist das grösste Geschenk, das du schenken und empfangen kannst: dich in Vertrauen der universellen Schöpferkraft schenken. Göttliche Hingabe mit einem klaren JA. Fühle die Freude und Kraft, die aus dieser inneren Verbindung entstehen. Fühle die Heilung. Fühle deinen Schutzkreis. Fühle den Frieden. Fühle die Heilung und den Segen. Atme diese Heilkraft ein und alles Belastende aus. Atme tief ein und aus, bis nichts Belastendes mehr in dir ist. Atme Liebe ein und Frieden aus ...

Diese Liebe, dieses Licht, diese Kraft ... das bist du in deinem Ursprung und deiner Essenz. Danke dir, dass du dieses Geschenk angenommen hast und nun mit dir und der Welt teilst. Und empfange den Dank, den du bekommst, mit offenem Herzen. Der Dank strömt dir von der Erde und dem Himmel zu. Spüre diesen Dank, den du empfängst, und spüre, dass du unendlich geliebt bist.

Lasse dir in tiefer Stille ein paar Minuten Zeit, um alles, was du jetzt erlebst und fühlst, in deinem Bewusstsein zu verankern. Atme und fühle ... Atme tief, so wie am Morgen, wenn du erwachst und dich streckst. Die Sonne geht auf. Das Licht erfüllt deinen Herzraum. Du atmest tief und streckst dich. Bewege deine Arme und Beine.

Erinnere dich auch im Wachbewusstsein an die Kraft, die du empfangen hast. Geh frisch gestärkt zurück in dein Leben! Gönne dir diese Meditation bei Gelegenheit auch am Abend vor dem Einschlafen und tauche danach ein in einen Heilschlaf. Schwimme im Heilstrom, reise in das Land der lichtvollen Träume und erinnere dich am Morgen an das spirituelle Erwachen. So wird jeder neue Tag zu einem Ausdruck des Erwachens und der Erinnerung daran, wer du bist und warum du hier bist.

Nadine Reuter, März 2020

Einleitung zur Meditation
Audio 2020
1:55 Minuten

QR Code scannen oder Link in Browser eingeben.

www.licht-herz.media/reutera1

Bewusstseinswandel durch das Herz Meditation
Audio 2020
18:18 Minuten

QR Code scannen oder Link in Browser eingeben.

www.licht-herz.media/reutera2

Literaturhinweis:
Nadine Reuter: Wenn nicht Liebe, was dann?,
LICHT-HERZ Verlag, Dezember 2020

NADINE REUTER

Seit zwanzig Jahren bin ich als mediale Beraterin und spirituelle Heilerin tätig und begleite Menschen in ihrer persönlichen, spirituellen und beruflichen Entwicklung.

Mein beruflicher Werdegang umfasst Ausbildungen in geistigem Heilen, Energie- und Körperarbeit und EFT Coaching. Meine Aufgabe sehe ich darin, Menschen an sich selber zu erinnern und sie auf ihrem einzigartigen Weg zu unterstützen. Durch meine Sensitivität und Wahrnehmungsbegabung ist es mir möglich, mich sehr gut in andere Menschen hineinzufühlen und sie zu verstehen.

Ich wurde 1976 in Schaffhausen geboren und bin das älteste von drei Kindern. Mein Elternhaus befindet sich in der Natur und hat einen grossen Garten mit wunderschönen Bäumen und Blumen, weshalb ich mich von klein auf in meinem eigenen Naturreich bewegen und entfalten konnte. Mit meiner Hochsensitivität war ich anfänglich weitgehend allein, und ich musste als Jugendliche Wege finden, um die Herausforderung mit dieser geistigen Wahrnehmung in meinem Leben zu integrieren.

Mit Anfang 20 wurde ich in Zürich mit einer eigenen Praxis selbständig. Wie durch ein Wunder fanden schnell viele Menschen zu mir. Geschäftsleute suchten meinen Rat, Bankiers, Sportler, Menschen aus allen Berufsgattungen, auch Eltern mit Kindern. Ich staunte selber, wie der Rat der geistigen Welt den Menschen helfen konnte, und dies stärkte auch mein Vertrauen in meine Begabungen. Es kam zu mehreren Fernsehauftritten, auch im Schweizer Fernsehen, und Zeitschriften schrieben Artikel über mich.

So bekam ich die Gelegenheit, meinen Beruf in der Öffentlichkeit vorzustellen und über das Phänomen der Hochsensitivität zu sprechen. Die vielen positiven Feedbacks zeigten mir, dass mein Beruf akzeptiert wird. Nachdem ich als Teenager mich selbst als «komisch» empfunden hatte, wurde ich hier im wahrsten Sinn des Wortes eines Besseren belehrt, und ich durfte auch erkennen, dass ich nicht der einzige Mensch bin, der über solche Begabungen und Wahrnehmungen verfügt und aus diesen Fähigkeiten einen Beruf gemacht hat.

Auf dem Weg meines Seelenplans spürte ich den Ruf, Mutter zu werden. Im Jahr 2010 wurde mein Sohn geboren. Er ist mein grösstes Geschenk und mein grösster Lehrer, der mir nochmals neue Aspekte meiner Wahrnehmungsgabe zeigt.

Ich bezeichne meine Weltsicht als ein «ganzheitliches Bewusstsein». Ich nehme die geistige Welt nicht als getrennt von uns Menschen wahr und habe mich auch nie gefragt, ob es Gott oder Engel gibt. Für mich war immer klar, dass dies Realitäten sind, viel mehr noch als die sichtbare materielle Welt. Engel, Naturwesen, geistige Helfer usw. sind Teil des multidimensionalen Kosmos, von dem auch wir Menschen ein Teil sind, weshalb es uns möglich ist, Informationen ganzheitlich wahrzunehmen.

In diesem Bewusstsein integrieren wir die Intuition und das Rationale sowie die «mediale» Wahrnehmung. Medialität bedeutet für mich nicht einfach «Channeling». Medialität ist das bewusste oder intuitive Wahrnehmen von energetischen Zusammenhängen und Wesenheiten, da wir alle über die gemeinsame Quelle verbunden sind. Und aus dieser Quelle heraus wird es möglich, inspiriert zu sprechen und Botschaften aus dieser Quelle weiterzugeben.

Website: https://nadinereuter.ch

Die Geburt des Lichtmenschen in uns
Ausschnitt aus dem Vortrag
Video 2020
7:04 Minuten

QR Code scannen oder Link in Browser eingeben.

www.licht-herz.media/reuterv1

DEINE INTUITIVE WAHRHEIT

Jacqueline Le Saunier

DEINE INTUITIVE WAHRHEIT

Wir befinden uns in einer Zeit, in der es vor allem darauf ankommt, die eigene, innere Herzenswahrheit zu leben. Alle Lebenslügen, die du bisher gelebt hast, ob klein oder gross, werden verstärkt sichtbar. Damit meine ich, dass sie in dir immer einen stärkeren Widerstand und Druck auslösen werden, der dich nachts nicht mehr schlafen lässt und dir tagsüber ein schlechtes Gewissen verursacht. Das mag vielleicht sehr radikal klingen, doch in dieser neuen Zeit wird alles intensiver fühlbar und sichtbar. Das Licht wie auch der Schatten. Schmerz und Verletzungen, die du vielleicht lange übergangen hast, kommen an die Oberfläche und es leuchtet dir plötzlich ein, warum einige Dinge in deinem Leben genau so geschehen sind, wie sie zu dir gekommen sind.

Deine Wahrheit zu leben bedeutet aus geistiger Sichtweise, deine Herkunft, Heimat, anzuerkennen und dein Handeln danach auszurichten. Diese Heimat befindet sich in jedem von uns und durchdringt uns mit ihrer Liebe. Es ist Gott, die All-Quelle, Alles-was-ist, Fülle. Es ist der Schlüssel, um dir deinen Himmel auf Erden zu kreieren und letztendlich ist es deine einzige Chance hier noch auf dieser Erde, in dieser Inkarnation, zu diesem Zeitpunkt, zu bleiben.

Lass es mich dir näher erklären:
Die Schwingungsfrequenz unserer Erde erhöht sich jetzt und gleicht sich der Frequenz der feinstofflichen Ebenen an, was viele als Aufstieg der Erde bezeichnen. Und da die Erde dies tut, haben wir als Menschen, Tiere und Pflanzen auf diesem Planeten das Privileg, hier mitgehen zu können. Es bedeutet, wir dürfen – müssen – unsere Schwingung auch erhöhen und diesen höheren Frequenzen anpassen.

Viele von uns haben diese Schwingungserhöhung schon länger gefühlt und haben viel Bewusstseinsarbeit gemacht. Viele werden nun durch äussere Umstände dazu ermächtigt, diesen Weg sehr schnell zu gehen. Viele Seelen fühlen wiederum, dass sie dieser Schwingung gerade nicht gewachsen sind, verlassen ihren Körper und bereiten sich erstmal in der geistigen Welt vor, bevor sie dann zu einem späteren Zeitpunkt wieder inkarnieren.

Aufgrund dieser Schwingungserhöhung gehen wir gerade durch eine Serie von energetischen Kontraktionen. Wenn du eine gläserne Platte der Schwingung einer höheren Frequenz aussetzt, wird sie sich erstmal zusammenziehen und viel Energie dafür benötigen. Setzt du die Beschallung fort, kann es sein, dass die Kontraktionen so stark sind, dass das Glas bricht. Es geschieht ein «Durchbruch», und alle Teile sind befreit.

Übertragen auf unsere derzeitige Situation auf dieser Welt bedeutet dies: Die hohe Frequenz des höheren Bewusstseins, ausgelöst durch die äussere Schwingungserhöhung, strömt stärker auf uns ein. Und was passiert? Viele Menschen ziehen sich erstmal zusammen und versuchen, krampfhaft an Altem festzuhalten. Wir halten an Bequemlichkeiten, unserer Beständigkeit und den gewohnten Gedankenmustern fest. Wir bekommen Angst und Panik, die vielleicht sogar noch von aussen gestärkt werden. Wir möchten in unserer bequemen Box verharren, obwohl wir innerlich eine grosse Sehnsucht verspüren. Es ist eine Angst in uns, an einem bestimmten Punkt weiter zu gehen. Wir haben vielleicht eine schmerzhafte Erfahrung gemacht, als wir in unserer Kindheit einfach im grenzenlosen, kreativen Sein waren, und durch unsere Eltern oder Lehrer gebremst wurden. Wahrscheinlich wurde uns Liebe entzogen oder verweigert, als wir nicht so waren, wie es von uns gewünscht wurde und eventuell ist da eine grosse Verletzung entstanden. All das hat bei den meisten von uns in einer kleineren oder grösseren Form stattgefunden, was ohne Bewertung angesehen werden sollte. Die wenigsten haben nur bedingungslose Liebe erfahren.

Doch in unserer neuen Zeit strömt diese innere Frequenz – der göttliche Liebesstrom – immer stärker auf uns ein, und bald werden wir uns hingeben müssen/dürfen und die Grenzen der Box sprengen. Wir werden endlich Dinge loslassen, die uns festhalten, uns nicht weiterkommen lassen. Und auch wenn wir hinter der Box womöglich, oder ziemlich sicher, nach einiger Zeit eine neue Box finden, in die wir uns durch eine neue Bequemlichkeit hineingebracht haben, werden wir trotzdem immer schneller befreit sein und einen sich wiederholenden Breakthrough erleben. Wir werden es schaffen, uns immer wieder komplett zu befreien, um in unsere innere Herzenswahrheit zu kommen, weil wir fühlen, wer wir tatsächlich sind.

Obwohl sich die Energie um uns herum vielleicht manchmal negativ oder be-
ängstigend anfühlt, ist es wichtig zu wissen, dass sie in Wirklichkeit ein Indi-
kator dafür ist, dass die Dinge besser werden. Wir erhalten mit ihr ein Zeichen,
dass unser Bewusstsein auf der Seelenebene damit beginnt, sich gegen jegliche Eindämmung zu wehren. Vergleichbar wie in einem Kokon oder in einem
Geburtskanal sind wir dabei, auszubrechen. Wir werden geboren aus einem
alten Behälter. Und wie bei einer Geburt wird jeder von uns anfangen, sich
erst einmal unwohl zu fühlen. Wir erleben innerlich wie auch äusserlich eine
vermeintliche Einengung. Es wird dunkel, wir werden mit unseren Schatten
und den Schatten der Welt konfrontiert. Aber wisse, tief in dir drinnen, da ist
etwas Gutes, etwas Lichtvolles. Es wird immer mehr sichtbar und zeigt sich
dann als Freiheit und Wahrheit.

> Weil du gerade jetzt inkarniert bist, kannst du dir sicher sein, dass du ei-
> nen inneren Vertrag eingegangen bist, mit deiner Grossartigkeit, deinem
> Mut, deinem Feuer und deinem tiefen Interesse an der Menschheit, diese
> hohe Frequenz auf unserer Erde zu halten.

Deine Intuition als Schlüssel zu deiner Authentizität

Es gibt nur einen Wegweiser für dich, um herauszufinden, was deine innere
Wahrheit ist und was die Wahrheit ist bei all den Informationen, die täglich
im Aussen auf dich einströmen, und das ist deine Intuition. Gerade in der
heutigen Zeit, in der technologischer Einfluss immer mehr voranschreitet und
dadurch viel verfälscht wird und du leicht getäuscht werden kannst, hilft dir
keine andere Fähigkeit ausser Intuition, um zu wissen, was echt und authentisch ist und was nicht. Sie unterstützt dich ausserdem zu erkennen, was deine Vision in all deinen Lebensbereichen hinter der Box ist.

> Intuition ist die Stimme deines Herzens.
> Das Herz ist der Sitz deiner Seele,
> deine Seele ist verknüpft mit deinem Höheren Selbst
> und dein Höheres Selbst ist Teil des göttlichen Seins – der All-Quelle –
> Gott.

Deshalb ist deine Intuition die Wahrheit des allwissenden Feldes, das durch dich spricht. Sie gibt dir immer die für dich stimmigste Botschaft und weiss, was wahr ist. Jeder Mensch besitzt Intuition, sie ist kein Privileg für bestimmte Menschen, sondern kann von jedem wieder durch Training, Fokussierung und Liebe bewusst aktiviert werden. Wenn du dich in jeglicher Situation bewusst auf die Liebe ausrichtest, erhöht sich dadurch deine Schwingung und werden deine intuitiven Kanäle aktiviert.

Die Intuition wird oftmals auch als das Bauchgefühl bezeichnet, jedoch ist sie das nicht. Dein Bauchgefühl entsteht aus Erfahrungen, die du bewusst oder unbewusst in deinem Leben schon einmal gemacht hast. Wenn du dann in eine ähnliche Situation gerätst, erinnert sich dein System daran und gibt dir eine Botschaft, die auf die damaligen Erfahrungen gründet. Hast du vielleicht Schmerz erfahren, wird dein System dir aufgrund dieser Abspeicherung dazu raten, diesen Weg nicht zu gehen. Das Bauchgefühl ist ein wunderbares Werkzeug, hat aber nichts mit wahrer Intuition und somit mit deinem wahren, jetzigen Weg zu tun. Denn auch wenn du früher eine Situation erfahren hast, die in Schmerz geendet hat, muss es nicht bedeuten, dass die ähnliche Situation dich wieder in Schmerz führt, da du ja vielleicht einen Entwicklungsprozess gemacht hast und nun anders mit einer Situation umgehst.

Wenn du den Fokus für einige Zeit wieder verstärkt auf deine Intuition richtest, wird dir auch der Unterschied zu deinen Gedanken sehr klar und du wirst immer mehr klare, intuitive Botschaften erkennen.

Intuition kommt immer ohne Emotionen – ohne Angst, Wut, Traurigkeit, überschwängliche Freude. Sie spricht neutral, subtil und ganz klar zu dir, ohne dich in eine bestimmte Richtung drängen zu wollen, denn da sie von der höchsten Quelle stammt, gibt sie Raum für deine Selbstermächtigung und deinen freien Willen. Intuition ist ohne Argumentation, ohne Wertung, schnell, ohne bewusste Aufmerksamkeit und ohne Denken.

Intuition findet ihren Ausdruck durch deine Hellsinne; dem Hellsehen, Hellfühlen, Hellhören, Hellschmecken und Hellriechen. Es kann ein gutes inneres Gefühl sein, ein inneres Wissen, ein Bild, Farben, Töne und Gerüche, ein körperlicher Schmerz oder Druck. Du bist von Geburt an mit deinen Hellsin-

nen ausgestattet. Dir wurde vielleicht gesagt oder du glaubst, du seist nicht gut oder spirituell genug oder nicht mit den Gaben der Hellsichtigkeit gesegnet. Vielleicht denkst du auch: «Ich komme nicht aus einer traditionellen Heiler-Familie, wo schon die Ururgrossmutter eine Seherin war, weshalb soll ich es dann können?» Meine eigene Erfahrung sagt mir, dass dies in dir entstandene, limitierende Gedankenmuster sind, um dich von deiner Herkunft abzuhalten und damit auch davon, deine wirkliche Grösse zu leben. Diese Glaubensmuster des «Jemand hat das Privileg und die Gabe und der andere nicht», schafft Trennung und in der All-Quelle ist das nicht vorgesehen, nur in unserer Welt der Ego-Struktur und Dualität. Jeder Mensch hat die Möglichkeit, seine Intuition und seine Hellsinne zu verwenden – jederzeit und unabhängig davon, auf welcher Entwicklungsstufe er sich befindet. Lass dich von niemandem limitieren, und erlaube dir nicht, jemand anderen höher zu stellen als dich selbst, sondern entscheide dich für deine Grösse, dein göttliches Sein.

Durch bewusstes Training und Beobachten wirst du herausfinden, mit welchen Merkmalen deine intuitiven Botschaften am meisten und klarsten zu dir kommen. (Wenn du stärkeren Zugang zu deiner Intuition bekommen und sie trainieren möchtest, empfehle ich dir mein Buch «Intuition – Dein Powertool».)

Erkenne durch deine Intuition deine Lebensvision in dieser Neuen Zeit

Wenn du anfängst mit deiner Intuition zu arbeiten, wirst du bald merken, dass du immer mehr einen anderen Fokus auf dein bisheriges Leben richten wirst. Denn wenn du mit deiner Intuition arbeitest, bedeutet es gleichzeitig die Entscheidung zu treffen, ihr auch zu folgen.
Bei jeder Tätigkeit, die du machst, wirst du herausfinden, ob dies gerade aus deinem Herzen kommt oder ob es eine Handlung deines Egos ist. Du wirst deine wirkliche Vision hier auf Erden fühlen, warum du genau jetzt in dieser Zeit geboren wurdest. Die Indianer sprechen davon: «Jeder Mensch hat eine eigene Strophe auf diese Welt mitgebracht, die dem grossen Lebenslied fehlen würde, würde sie nicht gesungen werden.»

Es ist jetzt deine Aufgabe in dieser Zeit, diese – deine – Vision zu leben. Du hast wundervolle Potenziale und Talente, die zusammengefügt diese Einzigartigkeit ergeben, die gebraucht wird auf dieser Erde. Das Grundprinzip der Neuen Zeit heisst Dienen, damit lassen wir das Ego fallen.

Alle Tätigkeiten die auf Macht, Gier, Egoismus und Narzissmus aufgebaut sind, werden keine Existenz mehr in dieser Zeit finden. Das einzige, was in allen Berufen zählt und was dir ein wirklich erfülltes, erfolgreiches und glückliches Leben kreieren wird, ist deine innere Haltung des Dienens in allem was du tust.

Darunter wird keine Selbstaufgabe oder Unterwerfung verstanden, sondern ein Handeln aus Kreativität, aus Selbst-Bewusstsein, aus innerem Frieden und intuitiver Herzenswahrnehmung. Diese Kombination ergibt einen Grundzustand der Glückseligkeit. Wenn du glückselig bist, gibt es keine Grundlage mehr, jemand anderen zu unterdrücken, keinen Vergleich und keine Gier, sondern ein tägliches Schaffen von noch mehr Fülle im Aussen – weil du plötzlich spürst, dass du so viel Fülle in dir trägst. Das erzeugt die Grundessenz des Dienens.

Der wichtigste Schritt, um dahin zu gelangen ist die Selbstliebe. Ein Zustand von Frieden in dir, weil du erkennst, dass du nichts sein musst, weil du bereits bist.
«Ich muss nichts sein, weil ich bereits bin.»

Schon allein dieser Satz wird einen grossen Druck und Ballast von deinen Schultern nehmen und dich in einen Zustand von Zufriedenheit versetzen. Selbstliebe bedarf einer ständigen Überprüfung und Ausrichtung auf dieses innere Gefühl des Friedens.

Eine wichtige Übung, um dorthin zu gelangen ist, deine Intuition jeden Tag erneut zu fragen: «Was dient jetzt meinem höchsten und optimalsten Wohl?» Und dann die Botschaft, die du bekommst, so gut es dir möglich ist, umzusetzen. Es muss dir nicht immer sofort gelingen, doch solltest du alles versuchen, deine Box zu durchdringen, um die Botschaft deiner intuitiven Stim-

me umzusetzen. Selbstliebe bedeutet auch, in deinen Prozessen Geduld mit dir zu haben und zu vertrauen, dass du von deiner göttlichen Quelle geführt wirst, wenn immer du dich für die Liebe entscheidest. Konkret bedeutet dies, die klare Absicht zu haben, dich selbst zu lieben und dann loszulassen, und dich deiner Liebe hinzugeben und vor allem Geduld mit dir zu haben. Dadurch entwickelst du gleichzeitig auch die Liebe und Geduld in all deinen Beziehungen und es entstehen weniger Spiegelungen des Mangels an deiner Selbstliebe bei anderen Menschen im Aussen.

Erst aus diesem inneren Zustand der Liebe heraus kann man anderen Menschen aus einer aufrichtigen, nicht ego-basierten, Ausrichtung helfen. Dann unterstützt du nicht, weil du Macht, Liebe oder Aufmerksamkeit brauchst, aus einer Opferhaltung heraus, sondern weil du so viel zu geben hast.

Um deine Lebensvision herauszufinden, kannst du deine Intuition dann immer wieder erneut fragen: «Wie kann ich jetzt der Welt am besten dienen?» Du wirst sofort, egal in welchem illusionären, äusseren Zustand du dich gerade befindest, in dir eine enorme Fülle von deinen Potenzialen erspüren, die du anderen Menschen, Tieren, der Erde zu geben hast.

Eine Möglichkeit Potenziale herauszufinden ist es, dich daran zu erinnern, was du in deiner Kindheit gerne gemacht hast. Was war es, das deine Seele hüpfen liess, auch wenn du darin zu einem gewissen Zeitpunkt gebremst wurdest? Was hast du in früheren Jahren immer wieder in deinen Tagträumen visualisiert? Hier findest du schnell Klarheit darüber, was schon immer in dir schlummerte und durch dich in diese Welt kommen möchte.

Auf der anderen Seite kannst du auch durch kreative Handlungen herausfinden, was deine Potenziale sind: tanze, male, singe, schreibe, spiele, mache Musik, baue etwas, kreiere. Wenn wir Kreativität ausüben, sind wir immer sofort in der Anbindung und dadurch im Grundzustand unseres wahren Seins, das unsere Lebensberufung kennt. In diesem Zustand haben wir leichteren Zugang, Verbindung zu unserer Intuition aufzubauen und dort Antworten zu bekommen, was unsere Lebensvision ist.

Mit deiner schöpferischen Macht deine Wahrheit manifestieren

Dein Leben zu kreieren bedeutet, deine schöpferische Kraft wieder ganz zu dir zurückzuholen und dich dadurch selbst zu ermächtigen. Der Aufstieg in die 5. Dimension, in das Neue Zeitalter, bedeutet ganz radikal, diese Macht anzuwenden und ihr bewusst zu sein.

> Wenn du eine klare Herzensbotschaft aussendest, geht sie bis zum Ende des Universums und wieder zurück, durchdringt mit ihrer Schwingung alles und hat eine grosse Wirkung.

Eine Botschaft aus deinem Herzen mit einer klaren Intention hat eine stärkere Wirkung als viele Millionen unklarer Sendungen von vielen Menschen. Allein diese Dimension anzuerkennen und die Stärke und Grösse deiner klaren Absicht oder Entscheidung aus deinem Herzen zu erfassen, wird dein Leben in Magie verwandeln. Es herrschte bisher so viel Leid auf dieser Erde, weil viele Menschen nicht klar in dem waren, was sie wirklich wollten und dadurch von anderen Kräften, die ganz klar waren, manipuliert werden konnten. Die meisten Menschen wissen was sie nicht wollen, aber nicht, wie sie sich im Detail ihr Leben wirklich vorstellen. Das klarere Element im Universum gewinnt, nicht das Stärkere. Gibt es eine Energielücke durch Unklarheit im Raum, wird diese sofort durch eine exaktere Schwingung aufgefüllt. Deshalb ist eine klare Botschaft deiner Intuition so wichtig, da sie eine machtvolle Manifestationskraft, da Herzenskraft, besitzt, wenn du dich entscheidest sie umzusetzen.

Wenn du dies bisher in deinem Leben noch nicht praktiziert haben solltest, ist hier zunächst etwas Zeit erforderlich, denn du darfst dir wirklich dein ganzes Leben und deine ganze wundervolle Welt – den Himmel auf Erden – ganz klar mit der Hilfe deiner Intuition ausmalen. Nimm dir dazu viele grosse Papierblätter und schreibe und male dir deine Welt. Pippi Langstrumpf hat aus gutem Grund gesungen: «Ich mache mir die Welt, wie sie mir gefällt.» An dieser Stelle würde ich diese Strophe etwas umformulieren: «Ich mache mir die Welt, wie sie meinem Herzen gefällt.»

Wenn du dir alle Details klargemacht und aufgeschrieben hast, dann fühle dich jeden Tag in diese Welt hinein, so wie du es früher als Kind gemacht hast. Mache Tagträume und sieh dich und deine Mitmenschen in dieser Herzenswelt. Versuche alle Gefühle zuzulassen und dich wirklich darüber zu freuen. Dadurch ziehst du deine Vision in die Realität. Verbringe so viel Zeit damit, wie es für dich möglich ist. Es gab einen erfolgreichen Basketballspieler, der einen Unfall hatte und dessen beide Beine mehrfach gebrochen waren. Man hatte ihm gesagt, er würde niemals wieder so wie früher spielen können. Doch die Beine dieses Mannes, der in seinem Krankenhausbett gefesselt war, heilten wie durch ein Wunder, ganz schnell und er stand wenige Wochen später wieder auf dem Basketballfeld bei einem Turnier. In Interviews wurde er gefragt, was denn sein Geheimnis war, warum er nach vielen Wochen des nicht Spielens wieder so fit war und seine Muskeln fast nichts an Masse verloren hatten. Er sagte: «Ich hatte nie aufgehört zu spielen. Jeden Tag war ich stundenlang auf dem Basketballfeld und habe trainiert, stärker denn je zuvor.» Obwohl er mit 2 Gipsen nicht aufstehen konnte und die äussere Situation gerade noch anders war, verbrachte er in seiner Visualisierung den Tag als gesunder, fitter Basketballspieler und heilte somit schnell seine Realität. Er sagte auch noch etwas ganz entscheidendes: «Ich war jeden Tag so dankbar für meine beiden Beine.»

Die Dankbarkeit ist der letzte Schlüssel, um deine innere Wahrheit im Aussen zu kreieren. Bedanke dich bereits für das Ergebnis. Bedanke dich für deine intuitive Botschaft, deine Vision. Denn sei dir bewusst, auch wenn du sie in diesem Moment noch nicht mit deinen physischen Augen sehen kannst, so ist sie doch in der energetischen Welt schon vorhanden. Durch diesen starken Fokus kommt sie dadurch noch schneller in die physische Realität.

So lebst du deine wahre Macht in diesem Neuen Zeitalter und es ist deine Aufgabe zur Heilung unserer Erde, der Menschen, der Tiere und Pflanzen, diese Macht wieder zu dir zurückzuholen und sie einzusetzen.

> Du wurdest mit diesen 3 wichtigsten Tools ausgestattet:
> Intuition – Schöpferkraft – Liebe
> Sie sind grenzenlos und können dir niemals weggenommen werden.

Vergiss nie:
Was auch immer du nicht änderst.
Wählst du.

Lies diese zwei Sätze nochmals durch.

Ich glaube an dich. Von machtvollem Spirit zu machtvollem Spirit.
Jacqueline Le Saunier, Mai 2020

Intuitives Meisterbe-wusstsein
Meditation
Audio 2020
11:30 Minuten

QR Code scannen oder
Link in Browser eingeben.

www.licht-herz.media/lesauniera1

Wie du erkennst, dass du schon in der 5. Dimen-sion angekommen bist
Video 2020
19:43 Minuten

QR Code scannen oder
Link in Browser eingeben.

www.licht-herz.media/lesaunierv1

Literaturhinweis:
Jacqueline Le Saunier: Intuition – Dein Powertool, Allegria/Ullstein 2019

JACQUELINE LE SAUNIER

Jacqueline Le Saunier ist Spirituelle Trainerin für Intuition & Heart Empowerment, Berufungscoach, Speakerin, Schauspielerin und Gründerin der Online-Plattformen www.seelen.vision und www.intuition.community sowie Autorin des Buches «Intuition – Dein Powertool».

Ich wurde, wie jeder von uns, mit intuitiven, hellseherischen Fähigkeiten geboren. Damals habe ich in meiner Kindheit schon mit meinen geistigen Freunden kommuniziert. Es waren andere Kinder aus der geistigen Welt, die meine Spielkameraden waren. In meiner Ausbildungsphase als Medium und Heilerin haben mir diese Erinnerungen Sicherheit und Vertrauen gegeben, weil ich somit wusste, dass das alles schon mal bei mir da war und ich es nur wieder hervorholen musste.

Da meine Mutter Schauspielerin ist, wurde ich zunächst auch Schauspielerin. Ich wollte anderen Menschen etwas von mir mitgeben, etwas von dem, was mich anders auf die Welt schauen liess, ich wollte das Herz der Menschen erreichen, um sie zum Umdenken zu bringen.

Doch in der Schauspielerei spürte ich, dass mir etwas fehlte – mir fehlte Liebe, mir fehlte der Zugang zu meiner Seele. Eines Tages schenkte mir eine Freundin das Buch «Erzengel Raphael spricht». Dieses Buch und eine Reise nach Paris veränderten mein Leben ganz und gar. Ich kann mich noch genau erinnern, wie ich bei der Kathedrale Notre Dame stand und mich plötzlich ganz klar ein strahlendes Licht, diese unendliche LIEBE, die uns alle verbindet, die Weite und Fülle des Lebens, durchströmten. Und dann erschien mir Erzengel Raphael:

«Du musst nicht an Engel glauben, sondern du solltest nur zulassen, dass die Möglichkeit besteht, dass es eine Energie gibt, die ich LIEBE nenne, die durch

uns alle strömt und die so stark ist, dass sie ALLES heilen und ALLES ermöglichen kann.»

Das heilte vieles in mir und ich erkannte meinen eigenen Seelenweg.

Meine Lebensmission auf dieser Welt ist es, anderen Menschen den Zugang zu ihren inneren Fähigkeiten zu zeigen, sie in ihre ganze Kraft zu führen, damit sie ihre Seelenberufung, ihre Kreativität und Potenziale erkennen und damit ein authentisches, selbstbestimmtes und erfolgreiches Leben führen können. Denn du und jeder auf dieser Welt haben das verdient. An erster Stelle steht für mich, die Rückverbindung zur eigenen Intuition zu zeigen, denn sie ist der Schlüssel zum Herzen und zur Seele.

Websites: www.seelen.vision und www.intuition.community

Hellsehen lernen und Aktivierung in 5 Schritten Video 2020 11:38 Minuten	QR Code scannen oder Link in Browser eingeben.  www.licht-herz.media/lesaunierv2

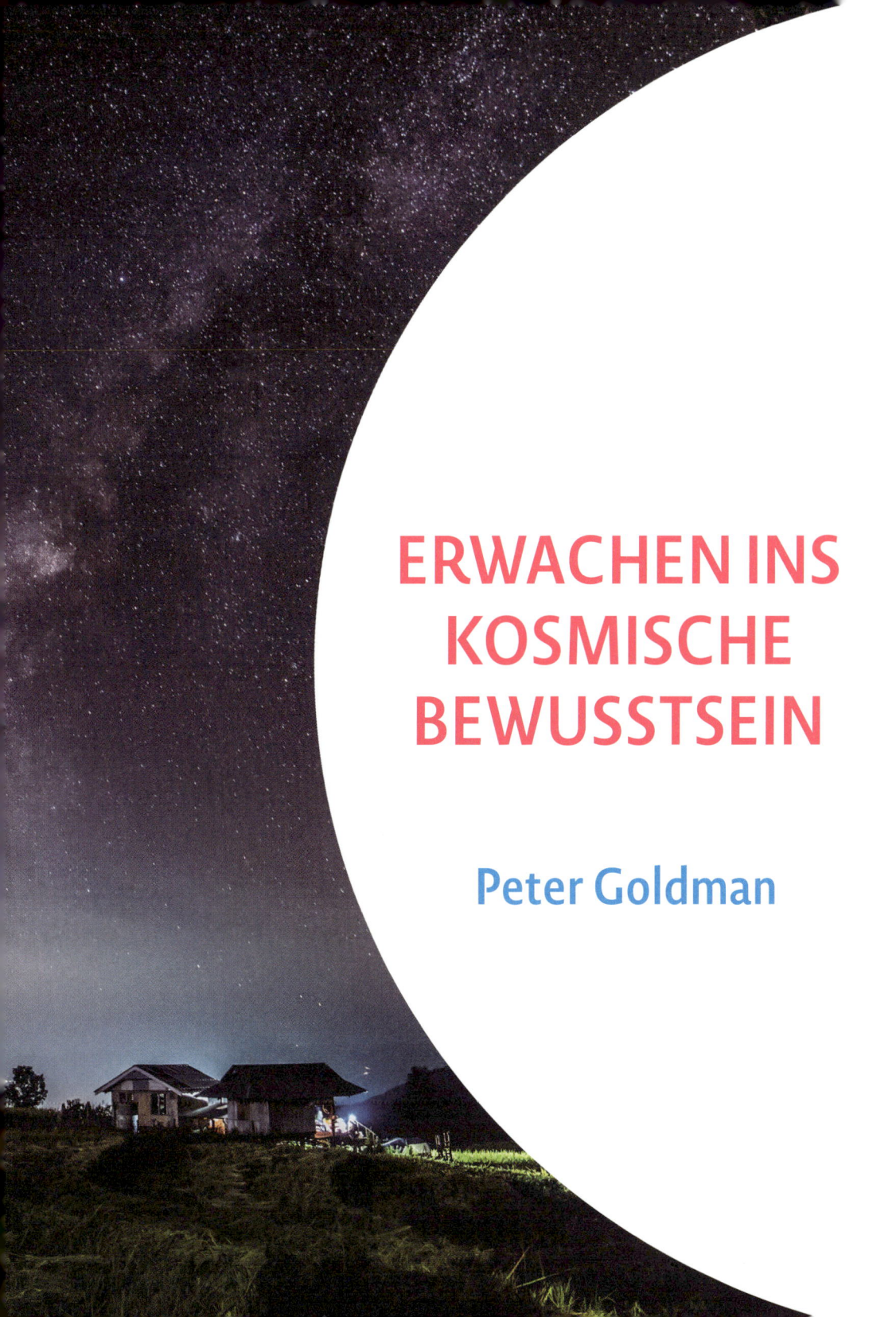

ERWACHEN INS KOSMISCHE BEWUSSTSEIN

Peter Goldman

ERWACHEN INS
KOSMISCHE BEWUSSTSEIN

Jede Inkarnation wird im Moment der Zeugung mit einem Seelenplan verbunden. Dabei wird Karma in konkrete Möglichkeiten übertragen, indem über die Zeit und den Raum verstreute Ankerpunkte miteinander verbunden werden. Dieser Prozess vollzieht sich im Rahmen eines Netzwerkes aus zusammengehörigen «Punkten von Bedeutsamkeit». Dazu gehören Zeitpunkt und Ort der Zeugung und der Geburt, Geschlechts- und Rassenzugehörigkeit, Ursprungsfamilie, Glaubenssysteme sowie Schlüsselfaktoren aus vorhergehenden Inkarnationen. Ganz bestimmte Lichtfrequenzen übertragen dem sich entwickelnden Embryo das kosmische Diagramm seiner Seelenreise. Es entsteht im Hirn eine «Sternenkarte», aus der die kosmische Ausrichtung der Seele ersichtlich ist.

> Je mehr sich die Partnerschaft zwischen der Menschheit und dem Planeten hin zu einem bewussten und liebevollen Austausch entwickelt, desto ausgeprägter wird unsere Empfänglichkeit für höhere Lichtschwingungen. Dadurch erwachen wir ins Bewusstsein unserer kosmischen Sternenheimat, wo die ganze Menschheit nun an der Schwelle zu einem Zeitalter des Lichts steht.

Parallel dazu entwickeln sich auch die feinstofflichen Körper der inkarnierenden Seele. Das Gleichgewicht der Drüsen und Nerven reagiert ganz unmittelbar auf den Entwicklungszustand der Chakren. All dies geschieht unter der Führung der Lichtkräfte, die die nächsten Einweihungsstufen der Menschheit lenken. Dieser Prozess geschieht gerade sehr aktiv im Ätherkörper, der dem stofflichen Körper als Muster dient und ihm ermöglicht, sich durch die Elemente von Luft, Sonnenlicht, Erde und Wasser unablässig selbst zu erhalten und zu erneuern.

Der Geburt und den Prägungen der ersten Lebensjahre wird von der geistigen Welt besonders viel Aufmerksamkeit geschenkt. Im Hirn gibt es einen «Meisterstillpunkt». Dieser empfängt über die Silberschnur, welche die Verbindung zur Seele gewährleistet, einen sich ständig aktualisierenden Fluss der Seelenbestimmung, der sich in die entfaltenden Ereignisse ergiesst.

Dieser Fluss wird manchmal behindert durch Herausforderungen wie Schock-erfahrungen, weil wir gegen bestimmte Erlebnisse oder Erfahrungen Wider-stand leisten, sodass wir des Gefühls verlustig gehen, zum Leben Ja sagen zu können. Dies ist eine durch den Überlebenstrieb ausgelöste Schutzreaktion. Meist sind es Erfahrungen aus früheren Leben, die in der sich entwickelnden Persönlichkeit als verletzliche Bereiche aufscheinen.

Während des Heranwachsens gibt es Momente, die wir zwar innerhalb der Zeit linear erlebt haben, die aber in Wahrheit unverarbeitet stehen geblieben sind und daher nicht durch den Kreislauf der Erinnerung integriert werden konnten. Als Folge davon ist die Seele nicht mehr uneingeschränkt präsent, und ihre Originalität und Kreativität sind beeinträchtigt. So entstehen im Laufe der ersten sieben Lebensjahre die Muster für das ganze Leben.

Grundsätzlich besteht immer die Möglichkeit zu Heilung und Wiederher-stellung, ungeachtet dessen, welche Unvollkommenheiten am Lebensmus-ter entstanden sind. Im Zeitalter des Lichts wächst die Empfänglichkeit für höhere Schwingungen von Sternenlicht und beeinflusst und fördert die Wiederherstellung eines ungehinderten Flusses durch die Silberschnur. Der Fortgang der Inkarnation durch ihre grundlegenden, prägenden Momente hindurch steht unter Schutz, und der höhere Seelenplan für die Inkarnation wird der «Erinnerung» zugänglich.

Auf diese Weise lassen sich Erkenntnisse gewinnen, die nicht nur den Eintritt der Seele in die Verkörperung, sondern auch ihren Übergang am Ende des Lebens betreffen. Neue Einschätzungen und Erkenntnisse im Zusammen-hang mit dem Tod finden Eingang in die Gesellschaft. Es wird klar, dass das Bewusstsein nach dem Tod im Astralkörper weiterlebt. Der Wert und die Be-deutung des Trauerprozesses erscheinen dadurch in einem neuen Licht, und es findet ein deutliches Erwachen statt in Bezug auf das, was von den Glau-benssystemen zu diesem Thema vermittelt wird.
Veränderungen in der chemischen und strukturellen Beschaffenheit des Ge-hirns erweitern das Blickfeld und führen zu entsprechenden Erkenntnissen. Die Entdeckung paralleler Ebenen gleichzeitigen Erlebens und die damit zu-sammenhängende Auflösung der Ur-Lebensangst öffnen den Weg zur Frei-heit im Sein.

Im Zeitalter des Lichts fördert die gesteigerte Empfänglichkeit für die Schwingungen des kosmischen Sternenlichts auch das Bewusstsein für die Gegenwart der Lichtwesen, welche die Menschheit durch die Zeiten und Zyklen ihrer Entwicklung hindurch behüten und führen.

Schatten aus der Geschichte klären

Jede Bewegung im Leben wird aufgezeichnet und erinnert. Der Zugang zu dieser Erinnerung eröffnet sich demjenigen, der eine fragende, suchende Lebenshaltung einnimmt. Es liegt in der Natur der Dinge, dass Nützliches verdaut und aufgenommen wird, während alles andere in den Kreislauf zurückgelangt. Das Leben erneuert und aktualisiert sich ununterbrochen. Trotzdem reichert sich Vergangenes in der Atmosphäre an und kann in bestimmten Umgebungen und Strukturen wie auf einer fotografischen Platte eingeprägt bleiben. So kann es sein, dass Unaufgearbeitetes aus der Vergangenheit eine Atmosphäre ganz und gar durchdringt.

Dies gilt auch für Ereignisse, die von Unmenschlichkeit geprägt waren und für Zeiten, in denen Diktaturen und ihre Ideologien den schöpferischen Geist unterdrückt haben. Solchen Zeiten seelischer Erschöpfung folgen oft Revolutionen und andere Ausnahmezustände, die das «schöpferische Herz» noch mehr versklaven. So gibt es immer wieder Phasen, in denen die Menschheit zurückgehalten und die inkarnierte Seele daran gehindert wird, ihre höhere Bestimmung zu erfüllen.

Dies bringt jeweils die «Lichtwissenschaftler» (hohe kosmische Wesen) auf den Plan, die für interdimensionale Integrität sorgen und die kosmische Ausrichtung der Evolution aufrecht erhalten.

Innerhalb des Geflechtes von göttlicher rechter Ordnung und göttlichem rechtem Handeln ereignet sich immer auch Unerwartetes, immer im Rahmen der Gegebenheiten, Rhythmen und Zyklen der interdimensionalen Prozesse. Die karmischen Grundsätze gelten immer und überall; jede Erfahrung wird früher oder später zum Guten gewandelt.

In der dritten Dimension gibt es ebenso wie auf den interdimensionalen und niederen astralen Ebenen immer wieder Perioden der Läuterung und der Erneuerung. Gerade jetzt erleben wir eine solche Zeit, die sämtliche Lebensbereiche betrifft.

Viele der jetzt inkarnierten Seelen sind gut vorbereitet auf die besonderen Möglichkeiten der Zeit, in der wir leben. Die Lichtwissenschaftler wirken aktiv darauf hin, dass die Klarheit und Ausrichtung der Seele sowohl in Bezug auf das Leben des Einzelnen wie auch in Bezug auf seine Zugehörigkeit zu einer bestimmten Gruppe gestärkt und immer bewusster wird.

Sternensysteme und die Wurzeln der Menschheit

Sowie sich das Leben durch alle Dimensionen hindurch stetig erneuert, formt sich die stoffliche Welt aus Sternenstaub. Die menschlichen Seelengruppen sind in bestimmten Sternensystemen verankert. Durch jede Hauptgruppe und durch die zahlreichen Untergruppen wirken Kräfte, die kosmische und universelle schöpferische Prinzipien verkörpern. Die Möglichkeit, sich in eine solche Struktur hinein zu inkarnieren, schenkt der Seele unermessliches Potenzial für das Erwachen ihrer Einzigartigkeit.

Aus der Spezialisierung der verschiedenen Seelengruppen heraus erleben wir nun allmählich die Entstehung des planetarischen Menschen. Dadurch verändert sich die Beziehung zwischen der Menschheit und den Engelhierarchien der Lichtwesen und Lichtkräfte. Diese stehen auf höheren Stufen von Zivilisation und Kultur, in deren Obhut und unter deren Führung sich die Menschheit durch viele Zeitalter hindurch entwickelt hat. In der heutigen Zeit beginnt ein neuer Zyklus der Zusammenarbeit und des gemeinsamen Weges.

Wir ergreifen nun selbst die Fäden der Seelenreise durch die Ewigkeit. Ahnungen vergangener Inkarnationen und Einweihungen tauchen auf. Die Logik des rationalen Denkens wird vom Feldbewusstsein der Intuition durch-

drungen. Dies fördert die Erinnerung an weit zurückliegende Zeiten, an vergangene Leben und an Lernerfahrungen aus dem Schlafzustand. Das alles geschieht nicht linear, sondern im Kontinuum der Zeit. Den neuen Generationen wird es sehr vertraut sein.

Die Einweihungsschulen sowohl alter wie auch moderner Zeiten arbeiten alle aktiv im ätherischen Feld, das die Erde umgibt. Während wir «schlafen», besuchen wir die innere Schule, die eine grosse Rolle spielt bei der Verarbeitung der Geschehnisse des Tages und bei der Vorbereitung der Synchronizität künftiger Ereignisse. Die innere Schule hat ausserdem eine grosse Bedeutung beim Abschluss eines Lebens und in der Zeit zwischen den Inkarnationen.

Der Eintritt ins Zeitalter des Lichts ermöglicht uns eine bewusstere Erinnerung an unsere eigene Geschichte. Daraus ergibt sich eine klarere, spontanere Beziehung zu einer immer sichtbarer werdenden feinstofflichen Welt. Die Empfänglichkeit für das volle Spektrum von Licht und Klang geht Hand in Hand mit der Ausrichtung der sich inkarnierenden Seele auf ihre «Sternenkarte».

Die Menschen, die jetzt in ein geistiges Bewusstsein erwachen, haben eine faszinierende Seelen-Biografie! Wir wachsen nun in eine erweiterte Partnerschaft mit der Erde, der Natur und der Universellen Präsenz hinein.

Peter Goldman, April 2020

Dieser Beitrag wurde von Barbara Golan aus dem Englischen übersetzt.

Literaturhinweis:
Peter Goldman: Goldworte – Aus der Werkstatt der Seele – Texte, Meditationen, Gespräche, LICHTWELLE Verlag 2009

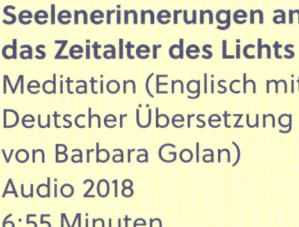

**Seelenerinnerungen an
das Zeitalter des Lichts**
Meditation (Englisch mit
Deutscher Übersetzung
von Barbara Golan)
Audio 2018
6:55 Minuten

QR Code scannen oder
Link in Browser eingeben.

www.licht-herz.media/goldmana1

**Segnungen der Meister
der Einweihung**
Meditation (Englisch mit
Deutscher Übersetzung
von Barbara Golan)
Audio 2014
15:18 Minuten

QR Code scannen oder
Link in Browser eingeben.

www.licht-herz.media/goldmana2

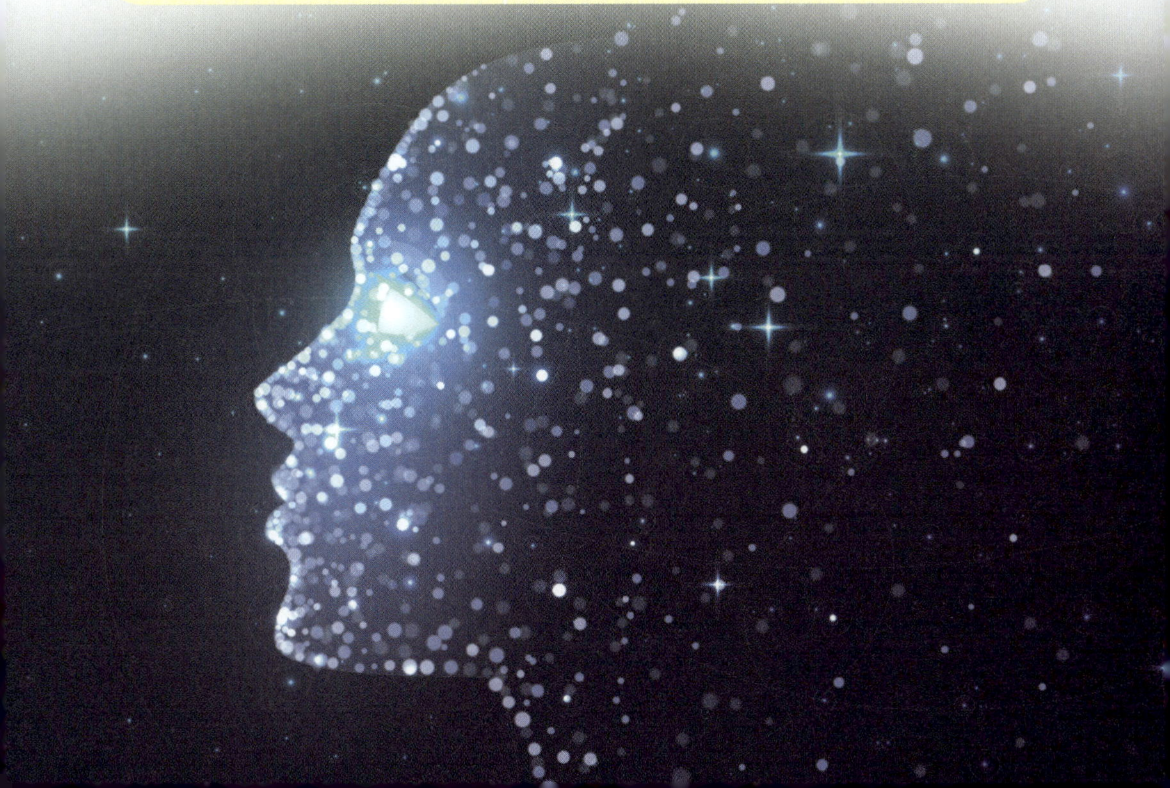

PETER GOLDMAN

Peter Goldman ist zutiefst verbunden mit den höheren Ebenen der Lichtwelten und den Lichtwissenschaftlern und Meistern, die die irdische und menschliche Evolution begleiten und lenken. So schaut er mit den Augen der Liebe und Weisheit dieser Hohen Wesen auf das jetzige Geschehen und bleibt dabei doch ganz Mensch.

Er ist spiritueller Heiler, Lehrer, Künstler und Geschichtenerzähler. Er hat die einzigartige Gabe, uns unversehens in einen urvertrauten Raum zu führen, in die Werkstatt der Seele, wo wir unserem wahren Wesen und unseren schöpferischen Visionen begegnen können. Durch seine spirituelle Arbeit bringt er die menschliche Schwingung in Einklang mit der Seelenschwingung und führt Menschen kompetent in die Meisterschaft der Persönlichkeit. Er lebt in England und wirkt dort als Leiter des Centre of New Directions, White Lodge in Tunbridge Wells. Daneben geht er einer intensiven Lehrtätigkeit in Europa, Israel und Übersee nach.

Peter Goldman qualifizierte sich 1963 in London als Osteopath und Naturheilpraktiker. Ab 1965 studierte er beim international bekannten spirituellen Lehrer Ronald Beesley und arbeitete bis zu dessen Tod 1979 intensiv mit ihm zusammen. Gemeinsam mit Beesley erforschte er die therapeutische Verwendung von Licht und Farbe als Fernheilungsprogramm.

Seine Forschungs- und Lehrtätigkeit gilt dem kosmischen Bewusstsein der Menschen und der «Schwingungsmedizin», die Licht, Farbe und Klang umfasst. Seit über 20 Jahren unterrichtet und lehrt er Philosophie und Praxis der Spirituellen Psychotherapie. Neben der Arbeit mit Licht und Farbe entwickelte er eine hoch wirksame Klangtherapie unter Verwendung der harmonischen Klänge von Musikstimmgabeln.

Sein tiefster Wunsch ist es, mit seiner Arbeit das Erwachen der Menschheit in das interdimensionale Bewusstsein zu unterstützen und den subtilen heilenden Eigenschaften von Licht, Farbe und Ton einen angemessenen Platz in Bildung und Medizin im 21. Jahrhundert zu geben.

Website English: https://centreofnewdirections.net
Website Deutsch: www.interdimensional.net

The purpose of Meditation
Englisch
Video 2013
2:06 Minuten

QR Code scannen oder Link in Browser eingeben.

www.licht-herz.media/goldmanv1

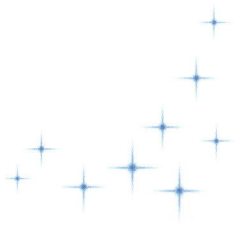

DIE MANIFESTATION DES PARADIESES

Jeanne Ruland

DIE MANIFESTATION DES PARADIESES

Aufbruch in das Goldene Licht-Zeitalter

Goldene Zeit – bald ist es so weit,
Freude der drei Welten – Einheit in der Vielfalt,
das Liebeslied des Universums durchzieht alles Sein.
Erklingt in sanften Tönen, weit in das All hinein.
Mit den Sternen verbunden, der Heimat im Licht
ein neuer freudvoller Morgen anbricht.

Das Leid ist vorbei, die Trennung löst sich auf,
Einheit und Verbundenheit nehmen ihren Lauf.
Die Schleier der Maya werden beiseite gezogen,
das Leben wird in der Balance der Liebe gewogen.
Karma, Leid, Schmerz, Nöte sind ein für alle Mal vorbei.
Verzeihen und Vergeben ist der Weg in das Licht,
damit der neue Tag anbricht.

Sünde gibt es selbst nicht mehr in unseren Träumen,
Menschen baden in Liebesschäumen.
Das Licht der Einheit durchzieht alles Leben
und lässt uns ein neues Bewusstsein weben.
Die Erde, sie ist ein heiliger Ort,
sie wird getragen durch das heilige Wort.
Menschen erkennen sich in der Liebe wieder.
Es gibt kein höher und kein nieder.
Im Herzen verbunden und im Lichte vereint,
doch einzigartig, im reinen Seelengewand,
wirken wir Menschen nun Hand in Hand.
Mächtige schöpferische Kräfte verleihen uns
die Krone der Schöpfung in eine neue Zeit,
bist du der Liebe in dir zu dienen bereit!

Fähigkeiten, Talente und Stärken werden gesehen,
gefördert, so dass alle in ihren Kräften stehen.
Neue Perspektiven in höheren Räumen,
noch nicht mal geahnt in alten Träumen,
eröffnen eine ganz neue Entfaltung.
Freie Energie und wahre Fähigkeiten
eröffnen neue grössere Weiten.

Wir erwachen im Garten, in dem wir einst begannen,
in dem wir den Alptraum der Trennung ersannen,
nun bewusst in einem neuen Werden,
als eine Menschheit des Himmels auf Erden.
Gekrönt und wachgeküsst im Schöpfergewand
wirken wir jetzt Hand in Hand.
Wir sind die Brücke und der Bogen in eine neue Dimension.
Viele Lichtkräfte erwarten uns schon.
Die Blume des Lebens baut sich wieder auf,
das Neue Zeitalter nimmt seinen Lauf.

Wandlungszeit – Das Paradies erwacht in uns

HAWAII
Ha – der Lebensatem
Wai – fliessende, strömende Lichtenergie
I – aus dem Höchsten kommend

Das Paradies ist kein entfernter Ort im Himmel, sondern ein Bewusstseinszustand in uns. Indem wir uns auf diesen Bewusstseinszustand einschwingen und zurückkehren zu unseren Ursprüngen, können wir das Paradies auf Erden wieder verankern und erinnern.

Aus geistiger Sicht stehen wir vor einer Schwelle. Vor einem noch nie dagewesenen evolutionären Schritt in ein neues Zeitalter des Friedens. Diese Zeit markiert das Ende eines alten Zeitenzyklus und damit den Beginn eines neuen goldenen Zeitalters und eines globalen Erwachens in ein kosmisches Bewusstsein. Das Goldene Zeitalter wird paradiesisch beschrieben. Es ist ein Zeitalter des Friedens, der Fülle und der Glückseligkeit, in dem der Himmel auf Erden sichtbar ist.

In vielen Religionen und Kulturen finden wir die Beschreibung eines Goldenen Zeitalters, des Wassermann-Zeitalters oder Satya Yuga. In alten Schriften finden wir Erzählungen, die etwa so lauten: Der König des Himmels wird den Thron besteigen und die drei Welten vereinen, alles Leiden ist vorbei. Keiner wird sich mehr gegen den anderen wenden, durch die grossartige Herrlichkeit des Erwachens in der Ewigkeit lösen sich alle Trennungen auf. Alle Wesen und alle Welten werden glücklich sein, es gibt keine Angst, Sünde, kein Leid und keine Krankheiten mehr. Das alte Karma der Menschheit ist erlöst und beendet. Menschen verjüngen sich, kehren zurück in ihre wahre Schönheit, in den Kern ihrer Essenz und erhöhen die Schwingung beständig durch die Liebe, die durch sie fliesst, im Einklang und Wohlwollen mit der Natur. Im Zusammenwirken und im Synthesebewusstsein entwickeln sich freie saubere Energien, ein neues Gemeindewesen, ja ein strahlendes goldenes Wesen der gesamten Menschheit, in der jeder seine Talente und Fähigkeiten zum eigenen Wohl, zum Wohl des Gesamten und im Einklang mit dem Höchsten einsetzen wird.

Wir sind jetzt in einem Übergang von der 3. Dimension über die 4. Dimension in die 5. Dimension. Dieser Umbruch ist ein Weg der Befreiung und der Erlösung, der über die Inneren Ebenen geschieht. Wir lösen uns aus dem materialistischen Weltbild, das uns in der 3. Dimension gefangen hält, hinein in ein geistiges Weltbild der unbegrenzten Möglichkeiten.

> Wir Menschen sind in erster Linie geistige Wesen, die für eine gewisse Zeit eine menschliche Erfahrung machen und nicht physische Wesen, die ab und zu eine geistige Erfahrung machen. Als geistige Wesen haben wir Zugang zu allen Dimensionen und Ebenen des Geistes. Wir erinnern uns an unsere Heimat im Licht und an die Kraft der Erlösung, die in uns wohnt und von uns angewendet werden kann.

Schauen wir in der Phase des Umbruchs aus der menschlichen Sicht und aus alten Wertesystemen, dann könnte uns diese Zeit sehr verängstigen.

Schauen wir aus einer geistigen Sicht, so weht der Sturm der Wandlung in eine neue Zeit aus höheren Dimensionen, aus dem All, auf unsere Erde und lässt sich nicht mehr aufhalten. Wir sind auf dem Weg spiralförmig zurück ins Zentrum unserer Galaxie. Die Krone unserer Erde beginnt um den Nordpol herum zu leuchten (unsere Erde trägt immer mehr eine Lichtkrone). Diese erweckt die kosmische DNA, was dazu führt, dass die gesamte Menschheit langsam in einen Zustand des Erwachens eintritt. Der Bewusstseinswandel hat Ende 2012 sanft angefangen und nimmt nun rasant an Fahrt auf. Er stellt sich in der 3. Dimension und in der 5. Dimension sehr unterschiedlich dar. Wir durchlaufen gerade die 4. Dimension und damit den Wechsel.

Aus der Sicht unseres Hohen Selbst und der 5. Dimension können wir erkennen, dass alles im göttlichen Plan ist. Der Mensch denkt, Gott lenkt. Es geht nicht mehr darum, sich gegenseitig die Schuld zuzuschieben.

> Es geht darum, zu sich selbst und in die eigene Seelenkraft zu kommen, die eigenen schöpferischen Kräfte zu entwickeln, alte Schattenspeicher zu transformieren, aufzuwachen, wahrhaftig zu wirken und das neue Werden, wo immer es geht, in Gedanken, Worten und Taten mitzugestalten und die Vision einer neuen Zeit und des Paradieses stabil zu halten.

Die Erde, ja das gesamte Universum wird sich mit uns verwandeln. Kosmische Einflüsse, die jetzt stattfinden, üben Druck auf diesen Bewusstseinswandel der Erde und der Menschen aus. Wir erkennen immer mehr, dass wir verbunden sind, dass alles mit allem verbunden ist und dass wir Eins sind. Grosse Lichtströme aus dem Zentrum der Galaxie fliessen auf die Erde und ihre Bewohner und haben Auswirkungen auf das Gesamte, unabhängig davon, was einzelne Menschenseelen wollen.

Sie erhöhen die Energie, die Frequenzen und Schwingungen. Dadurch ist es jetzt möglich, dass viele Dinge, die bisher im Verborgenen geschehen konnten, ans Licht kommen, dass wir sie durchschauen und als Kollektiv in den Wandel und in die Erlösung bringen.

Messungen zeigen, dass sich das Erdmagnetfeld seit 150 Jahren langsam abschwächt. Dadurch spüren wir zunehmend mehr Transparenz, Klarheit und durchschauen die alte Matrix und die von Menschen gemachten manipulativen Grenzen. Wir wachsen darüber hinaus und transformieren diese durch ein erhöhtes Bewusstsein. Die Matrix passt sich wieder der göttlichen Matrix an. Mit unserem erhöhten Bewusstsein verankern wir unser Sein neu auf der Erde und erkennen das Paradies wieder, das mitten unter uns ist.

Es gibt eine schöne Geschichte, die ich hier kurz einfügen möchte:
Es war einmal ein sehr weiser alter Mönch. Er war hoch geachtet. In seinen Audienzen wurde er am häufigsten folgendes gefragt: «Warum bin ich hier? Was ist der Zweck meines Daseins?»
Da hob der Mönch an und sprach: «Wenn du stirbst und das Tor des Todes in die Ewigkeit passierst, wirst du von einem hohen Lichtwesen empfangen. Es wartet dort auf dich. Es wird dir genau eine Frage stellen und diese lautet: «... und wie war es im Paradies? Was wirst du antworten?»

Astrologische und astronomische Umwälzungen und ihre Bedeutung in der neuen Zeit

Astrologisch sind diese Umwälzungen in den Sternbildern zu sehen. Viele Astrologen sagen, dass sie solche Sternenkonstellationen in dieser geballten Form, wie sie im Jahr 2020 auftreten, bisher noch nicht «auf dem Schirm» hatten. Alles was jetzt passiert, ist nur ansatzweise erklärbar und stellt uns alle vor eine grosse Herausforderung, die wir aber gemeinsam meistern können. Es sind innerhalb kürzester Zeit grosse Wachstumsschritte möglich. 2020 ist ein historisches Jahr in der Weltgeschichte, in der sich vieles verändert und die bisherigen Paradigmen keinen Bestand mehr haben. Der Prozess hält an bis 2035, eine Zeit, in der wir viel Wechsel, Unruhen und Neuerungen erfahren werden.

Diese kosmischen Veränderungen sorgen für einige grosse Veränderungen, die schon längst begonnen haben. Das Magnetfeld der Sonne hat sich in einem kurzen Zeitraum auf ca. 230 % erhöht. Der Mond verändert sich. Auf dem

Mars sieht man erstmals Wolkenbildung. Auf dem Saturn bildet sich ein seltsames Hexagon an den Polen. Der magnetische Nordpol der Erde hat seine Wanderungsgeschwindigkeit auf rund 50 km pro Jahr vervierfacht. Damit verändert sich die Schwingung und die Kraft der Planeten. Bisherige Interpretationen der Planetenenergien müssen neu geprüft und überarbeitet werden. Die kosmische Heilige Geometrie ist in unserem Universum am Wirken.

Das heisst, die Heilige Geometrie, das feinstoffliche kristalline Gitternetz, das alles durchzieht und Licht in der Form sichtbar macht, baut sich nun wieder auf. Wunden und Narben, die durch künstliche Felder entstanden sind, beginnen zu heilen. Lichtstrukturen verbinden sich wieder und bauen die göttlichen Felder wieder auf. Neues Licht strömt herein. Dies bedeutet, dass wir lernen dürfen, die Planetenenergien aus ihren alten Beschreibungen in der 3. Dimension in eine neue Zeit hinein und in ihre wahre Kraft und Grösse zu erlösen, die wir dann hier auch auf Erden widerspiegeln können.

Beispiele:
Mars wurde lange als kriegerisch angesehen. Ungünstige Konstellationen kündigten bisher Kriege an. In der ursprünglichen Matrix war Mars einfach unbegrenzte Schöpferkraft, Power etwas Neues zu formen, Licht in neue Formen zu leiten. Mars diente dazu, die Erde und alles Leben zu beschützen.
Saturn, die grosse kosmische «Spassbremse», dem bisher das Blei, Karma und Hindernisse zugeordnet waren, reinigt sich wieder in das Gold des ewigen Lebens, das höheren Gesetzmässigkeiten folgt. Er ist der Schatzmeister, der Hüter der Schätze, die im Menschen verborgen sind. Er führt uns in die Goldkammer unserer Seele. Durch ihn können wir das Gold des Daseins, das Gold des Himmels auf der Erde leben, durch das Einhalten des universellen kosmischen Gesetzes der Liebe.
Pluto, das Stirb- und Werde-Prinzip, wird zum Wandelprinzip des ewigen Lebens. ... usw.

Das gesamte Paradigma, alle Parameter, die bisher in der begrenzten Sicht der dritten Dimension gültig waren, dürfen sich auf ihre ursprüngliche reine vollkommene Energie besinnen und einstellen.
Eine wunderbare Aufgabe für die Astrologen der neuen Zeit.

Kennzeichen des Neuen Zeitalters

Die deutlichen Zeichen des Wandels sind unübersehbar.

Ein wichtiges Zeichen des Neuen Zeitalters ist die Rückkehr des universellen Wissens, insbesondere der Heiligen Geometrie.

Dazu möchte ich euch das Bild mitgeben, das ursprünglich für uns als Menschheit gültig war:

Der Urbauplan des Menschen

Laut Kabbala war die Menschheit ursprünglich auserkoren, die zehnte Hierarchie Gottes zu werden: Adam Kadmon, der Gottmensch (Christusbewusstsein), der selbstbewusste Mensch.

Erwacht, erleuchtet, segnend auf einem Apfel auf der Erde stehend, über die Erde wachend, sie beschützend. Der Apfel symbolisiert dabei den Garten Eden, die Venus, die universelle Schwingung der Liebe, aus dem das Universum erbaut ist. Das Erwachen in der Liebe. In uralten Kapellen vor dem 11. Jahrhundert finden wir noch diese ursprüngliche Darstellung unseres Daseinszwecks, das Leben durch unsere Liebe zu segnen, uns an das Christusbewusstsein in uns zu erinnern und damit an das auf ewig erleuchtete, unantastbare Wesen in uns.

Durch Machtmissbrauch und Manipulation verloren wir die drei göttlichen Eigenschaften:

Herrlichkeit, Unsterblichkeit, Weisheit.

In der Kabbala finden wir folgende Zeilen für das Bildnis des göttlichen Menschen:

«Sein Kopf ist eine Triade aus Weisheit und Intelligenz,
die überragt werden durch die Krone, die Herrschaft symbolisiert.
Die Brust, die Schönheit, ist verbunden
mit dem rechten Arm, der Barmherzigkeit
und dem linken Arm, der Gerechtigkeit.
In einer dritten Triade beherrschen die Genitalien,

die als Fundament bezeichnet werden,
das rechte Bein, die Festigkeit
und das linke Bein, die Pracht,
die wiederum eine Triade mit den Füssen bilden,
welche Königreich Malkuth bedeuten.»
– (Hugh J. Schonfield)

Malkuth – Das Königreich ist die 10. Sephira

Der kabbalistische Lebensbaum, bestehend aus den 10 Sephirot, spiegelt die göttliche Schöpfung und symbolisiert gleichzeitig den himmlischen Menschen, den Adam Kadmon. Die 10 Sephirot (Einzahl: Sephira) sind die 10 Lichtausströmungen des göttlichen Geistes. Die 10. Sephira heisst Malkuth und bedeutet das irdische Königreich. Sie ist eine besondere Sephira, denn hier fliessen alle anderen 9 Sphären (Sephirot) und Pfade zusammen und durchdringen sie. Malkuth steht für die physische Welt, die materielle Manifestation des universellen Lichts und wird in den vier Elementen Luft, Wasser, Feuer, Erde dargestellt. Malkuth repräsentiert den Garten Eden und zugleich den physischen Körper, in dem das gesamte Universum mikrokosmisch enthalten ist. Hier erleben wir den freien Willen und die Manifestation unserer eigenen Schöpfung. Eines der Gesetze der Erde ist das Gesetz von Ursache und Wirkung. Was wir säen, das werden wir ernten. Wie im Himmel so auf Erden. Was wir denken und glauben, das wird unsere Erfahrung.

In der Schulung des Lebens haben wir die Möglichkeit der bewussten Vollendung in das was wir sind, immer waren und wieder sein werden. Götter im Werden. Da diese Ebene des Malkuth aus den dahinterliegenden 9 Sphären der göttlichen Lichtausströmungen entstanden ist, haben wir die Möglichkeit, die Verbindung vom Himmel zur Erde herzustellen.

> Wir können uns als Geist, als Hohes Selbst, mit einer irdischen Inkarnation verbinden und erhalten somit die Gabe zu erlösen, zu wandeln und Leuchtspuren der Ewigkeit durch unser Sein zu hinterlassen. Die Erde ist die Krönung der Manifestation des Geistes.

Mit anderen Worten, wir sind die Krönung der Schöpfung, ob wir es glauben oder nicht.

Es hat Milliarden Jahre gedauert, diese Schöpfung zu entwickeln.

Wir sind das Höchste im Tiefsten und das Tiefste im Höchsten. Wir können den himmlischen Menschen, Adam Kadmon, oder das Christusbewusstsein, den Gottmenschen in uns erwecken und dieses Reich in all seiner Vielfalt und seinem unbegrenzten Potenzial behüten, beschützen und weiterentwickeln. Damit nehmen wir unsere Aufgabe hier auf Erden wieder an und erfüllen, wozu wir gekommen sind: Das Paradies zu erinnern und den Himmel auf Erden durch unsere Liebesfähigkeit, die nur uns Menschen in dieser bewussten Form zu eigen ist, zu erwecken.

Der Schlüssel zum ewigen Leben liegt in uns. In der fünften Kammer unseres Herzens. *1) Kehren wir ein, kehren wir um und erkennen, wer und was wir sind. Unsterblichkeit, Weisheit und Herrlichkeit finden wir, wenn wir uns nach Innen wenden, um unsere Vollkommenheit zu erkennen.

Die Heilige Geometrie und ihre Bedeutung für ein neues Werden auf Erden

«Wir sind in Form gebrachte Ewigkeit.»

Die Formen der Heiligen Geometrie, die auch unter dem Begriff «platonische Körper» bekannt sind, stellen die Grundbausteine für alles auf dieser Welt Existierende dar. Sie erzeugen klare, lichtvolle, hoch schwingende und strukturierte Botschaften. Die Heilige Geometrie kann uns Menschen in die Lage versetzen, unser Bewusstsein in eine höhere Stufe zu erheben und somit neue Erkenntnisse zu erlangen bzw. die Fähigkeit der «Heilung» zu entwickeln. Für das neue Bewusstsein ist die Heilige Geometrie unumgänglich, da sie uns mit dem Bauplan der Schöpfung verbindet und uns im Aufstieg hilft. Sie wurde in den alten Mysterienschulen, deren Bauten bis heute in ihrer Schönheit, universellen Ausrichtung, Kraft und Würde leuchten, gelehrt.

Wir finden die Heilige Geometrie in den hermetischen Gesetzmässigkeiten und ewig gültigen Lehren und Schriften. Sie verbindet eine höhere Seinsebene, eine höhere Dimension mit der Dimension von Raum, Zeit und Form und schafft grösstmögliche Schönheit, Harmonie und Ausgewogenheit. Sie erinnert uns an die Ewigkeit in allem, die Einheit, die Liebe, die Schönheit, die Vollkommenheit und die Vollendung innerhalb der Schöpfung.

Durch die Heilige Geometrie können Felder wieder in ihre ursprüngliche göttliche Ordnung «zurückgedreht» werden: sie werden mit ganzer göttlicher Strahlkraft durchströmt und finden somit vollkommene Regeneration und Heilung. Die Heilige Geometrie ist für die Heilung und den Aufstieg unumgänglich.

Die ganze Natur ist in göttlicher Ordnung aufgebaut und vom Licht der Schöpfung durchdrungen und beseelt. Jede Blume, jedes Blatt, jede Zelle... Unser Körper besteht aus einem vollkommen geometrischen Lichtfeld. Jede Zelle und jedes Organ sind in vollkommen göttlicher Ordnung aufgebaut. Wir haben weitere Lichtfelder in und um uns, die seit mehr als 13000 Jahren geschlafen haben und jetzt auf ihr Erwachen warten. Mit unserer Bewusstseinsentwicklung werden sie geöffnet. Wenn wir diese Lichtfelder erinnern und sie aktivieren, wenn wir sie wieder an der göttlichen Ordnung ausrichten, die schwingende Liebe und Licht in ihrem heiligsten Kern ist, werden wir immer mehr in unser schöpferisches Potenzial, in Verbindung mit dem Urplan der Schöpfung eintauchen. Wir kehren zurück in die Einheit. Einheit und Vollkommenheit ist Wahrheit.

Unser Körper ist der Tempel unserer Seele. Er ist in perfektem Mass und heiliger Geometrie aufgebaut. Das geometrische Gefährt des Aufstiegs in andere Dimensionen ist schon in ihm enthalten, da alles in seine innerste Bestimmung geführt wird. Wenn wir uns auf die vollkommenen Lichtfelder ausrichten, werden sie in uns aktiviert.

Die Heilige Geometrie gibt uns einen Schlüssel jenseits von Religion und Wissenschaft in die Hand, mit dem wir uns am ursprünglichen, natürlichen Feld der Schöpfung ausrichten können.

In der Heiligen Geometrie ist alles mit allem verbunden und jede Weisheitszeile, die je geschrieben wurde, finden wir in der Offenbarung der lebendigen Natur.

> Die Heilige Geometrie verbindet uns über unseren Herzschlag mit dem Herzschlag in allem Leben und dem Herzschlag des Universums.

«HEILIG» bedeutet: von den Sphären des Lichtes durchdrungen und mit allen Sphären des Lichtes verbunden, das ununterbrochen in die Form fliesst, sich wandelt und in das Licht zurückströmt.
«GEO» ist die Erde.
«METRI» ist das Mass. Die Raumlehre.

HEILIGE GEOMETRIE bedeutet: Das Mass der Erde, das Mass der Materialisation, das Mass des Lebens ist durchdrungen von unsichtbaren Sphären des Lichtes. Materie ist verdichtete und gebündelte Lichtstruktur, die sichtbar wird und sich wieder in das Licht hinein erlöst.

Wenn wir uns auf der geistigen Ebene mit der Entstehung unseres Sonnensystems und seiner Entwicklung befassen, erkennen wir, dass das kristalline Licht und die kristallinen Lichtstrukturen die ersten Schöpfungsformen sind und alles durchziehen. Diese Lichtstrukturen verdichten sich schrittweise und kristallisieren schliesslich zur materiellen Wirklichkeit. Deshalb sind alle Ebenen des Seins im lebendigen Geist der Einheit, in der Heiligen Geometrie, miteinander verbunden. Alles Leben trägt kristalline Lichtstrukturen der heiligen Geometrie in sich. Als Menschen durchlaufen wir in unserem Werden im Mutterleib die gesamte Schöpfungsgeschichte in der Heiligen Geometrie – vom Einzeller bis zum Menschen. Das Leben ist ewig, die Form wandelt sich zyklisch in den Kreisläufen des Lebens, vom Unsichtbaren ins Sichtbare und zurück ins Unsichtbare. Wie das Einatmen und Ausatmen.

KRISTALL – CHRIST ÜBER ALL – Das feinstoffliche Kristall-Licht der Einheit führt in die Urquelle zurück, aus der wir unbegrenzt schöpfen können.
Kristalline Formen sind der Ursprung, aus dem die gesamte materielle Welt besteht (Wasserkristalle, Salzkristalle, Quarze ...). Das Kristall-Licht kann alle Formen annehmen und ist amorph, das heisst es kann sich in allen Formen ausdrücken. *2)

Die Heilige Geometrie in ihren vielfältigen Studien- und Erfahrungsmöglichkeiten, ist der Schlüssel und das Schloss in eine neue Zeit, in Einheit und Vielfalt. Unser Körper ist in der perfekten Geometrie aufgebaut. Wiederholende Muster der Heiligen Geometrie durchziehen die gesamte Natur bis in die höchsten und feinstofflichsten Bereiche.

Das Erwachen beginnt inwendig in uns – von Innen nach Aussen

Wir manifestieren von Innen nach Aussen, vom Geist in die Form, da wir Energielenker und Energieleiter sind. Wir leiten mit jedem Gedanken, mit jedem Wort, mit jedem Gefühl und mit jeder Geste Energien und erleben ihre Auswirkungen in unserem Leben gespiegelt.

Alle Werkzeuge der Schöpfung und der Plan, nach dem wir angetreten sind, sind bereits in uns angelegt. So wie ein Baumsame schon den gesamten Baum in sich trägt, so tragen wir schon alles für die Vollendung in uns.

Wichtig ist, dass wir uns nach innen wenden, uns unseres Selbst bewusst werden und die Strukturen des Lichtes in uns wieder ausrichten und aufrichten. Dies geschieht über die Heilige Geometrie unseres Körpers. Er ist der Tempel, der Lichttempel unserer Seele und verbunden mit allen Ebenen und Dimensionen des Seins. Dadurch können wir Schritt für Schritt in die höheren Dimensionen erwachen, das Licht dieser Dimensionen integrieren und viel grössere Felder für uns Selbst und für das Gesamte halten. Wer einmal in den Königsgräbern in Ägypten war, weiss, dass das Leben nicht mit dem Tod endet, sondern viele Stufen, Räume, Wege und Dimensionen hat, in die wir erwachen können. Dies ist unser Lichtdienst im Namen der Quelle, im Namen Gottes. Wir sind hier, um diesem Licht zu dienen und den Plan zu erfüllen, nach dem wir angetreten sind.

In dem wir unseren Geist in die Liebe hineinbeugen und aus unserem Selbst wirken, kann uns etwas Grösseres an die Hand nehmen und führen. Indem wir unseren «Aufstiegskörper» entwickeln und immer mehr im Lichte erwachen, können wir die Energien für das Gesamte anheben, die göttlichen und paradiesischen Strukturen errichten. Wir sind dabei nicht allein. Geistige grosse Meister, die diesen Weg vor uns gemacht haben und den Raum der Liebe in höheren Dimensionen halten, nehmen uns an die Hand, unterstützen uns und tragen uns, wenn wir uns mit unserem freien Willen an sie wenden und uns in täglicher Hingabe auf vielen verschiedenen Wegen an das Hohe Selbst, das ewige Licht in unserem Herzen, hinwenden.

Wichtig ist, dass wir unseren «Aufstiegskörper» entwickeln. Dies beginnt mit dem Merkabafeld um unsere Körper, durch das wir auf die Erde gekommen sind.

Unser Kommen aus dem Licht in das Dasein

Wenn sich eine Seele aus dem ewigen Licht bereit macht, in die Form zu kommen, wird der richtige Zeitpunkt bestimmt, der mit bestimmten planetaren und galaktischen Sternenkonstellationen einhergeht, mit Sternkreisen bis in das Zentrum unserer Galaxie. Die Sternzeichen sind dabei der erste Ring um unser Sonnensystem. Dahinter wirken noch grössere und weitere Räume der genauen Planung aus dem Urlicht des reinen Seins und den Dimensionen, die wir bisher in unseren vielen Erdeninkarnationen erfahren haben. Stelle dir die verschiedenen Inkarnationen deiner Seele vor wie eine Tonleiter, mal hoch mal tief, je nach dem, was wir in einem kurzen irdischen Zyklus erlebt, getan, erfahren und weiterentwickelt haben. So gibt es von Inkarnation zu Inkarnation Aufstieg und Fall, Vorwärts und Rückwärts, dennoch ist alles an Erfahrungen und Einweihungen in uns abgespeichert. Daraus wird das nächste Erdenleben ersonnen, in eine bestimmte Generation, zu einem bestimmten Zeitpunkt. Nichts in diesem Universum ist dem Zufall überlassen, alles geschieht gemäss höher wirkender kosmischer Gesetzmässigkeiten, die wir aus dem Blickwinkel unserer begrenzten Sicht auf Erden nicht zu erfassen vermögen.

Die jetzigen Lebensumstände ergeben sich aus den vorhergehenden Inkarnationen und in Berücksichtigung aller Fähigkeiten und Talente, aller Entwicklungsmöglichkeiten und Erlösungsarbeiten die notwendig sind, um höhere Stufen in diesem Erdenleben oder die Vollendung zu erreichen. Oder wir sind Avatarseelen, die hier herkommen, um zu erlösen.
Der Weg hier auf Erden liegt in uns. Wir alle haben Zugang zu der Universellen Weisheit, tragen die Liebesfähigkeit in unseren Herzen, haben die Chance uns zu entwickeln und über die gespiegelten und erfahrenen Erlebnisse hinauszuwachsen, indem wir uns höheren Ebenen zuwenden, erkennen, vergeben, uns selbst vergeben und reinigen. Gnade ist immer da.

Wir haben in jedem Leben die Chance uns zu vollenden, da die höheren Dimensionen immer offen stehen. Liebe hat alle Zeit der Welt. Unsere Seele stammt aus der Ewigkeit, sie hat keine Eile, denn sie ist schon vollkommen. Wir sind es, die die Schleier der Maya durchschauen dürfen, sie zur Seite ziehen können und uns erheben können, in das was wir bereits sind.

Es liegt an jedem einzelnen von uns. Keiner kann unseren Weg für uns gehen. Jeder Weg ist einzigartig. Es ist ein inwendig aktiver Weg. Jeder, der den friedlichen Weg wählt, weiss wie viel es von einem fordern kann, authentisch und im Frieden zu bleiben, was immer auch im aussen geschieht.

Wenden wir uns der göttlichen Liebe in unserem Herzen zu. Lieben wir uns Selbst so wie unseren Nächsten und das Gesamte, so erwacht die Einheit in uns.

Gebet
«Lass uns allzeit deine zärtliche Zuwendung spüren und durch sie mit gleicher Liebe unsere Schwestern und Brüder lieben. Liebevoll hast du jede einzelne Seele gestaltet. Hilf uns, stets ihre Einmaligkeit zu ehren und zu achten und die Melodie zu hören, die du in uns und in ihr spielst.»

Im Entwicklungsprozess vom Geist in die Form durchlaufen wir bereits das gesamte Mysterium des Lebens, die gesamte Heilige Geometrie, alle kosmischen Lichtstrukturen, ja wir bestehen aus ihnen. Wir durchlaufen die gesamte Entwicklungsgeschichte der Erde und der Menschheit und bis wir geboren werden, haben wir alles bereits in uns.

Jede Entwicklungsstufe der Schwangerschaft in der Mutter, die wir für diese Inkarnation mitgewählt haben, symbolisiert auch einen Abschnitt unserer Seele, in dem wir aufgestiegen, abgestiegen oder stehengeblieben sind in früheren Leben.

Ich hoffe, ich kann mit diesen Zeilen die grösseren und allumfassenden Zusammenhänge und damit das Wunder des Lebens in dieser besonderen Zeit sichtbar und greifbar machen: wir erhalten jetzt eine neue Chance, uns selbst zu meistern und alte Energien, die noch in uns gespeichert sind, zu erlösen.

Heilige Geometrie müssen wir nicht lernen, noch berechnen, wir können sie in neuen Bereichen anwenden, zum Beispiel für saubere und freie Energie. Heilige Geometrie ist bereits in uns. Wir sind es, die sich daran erinnern dürfen, dass wir aus einem vollkommenen, harmonischen, geometrischen, alles durchdringenden, göttlichen Feld kommen. Meister und Lehrer helfen in diesem Erinnerungsprozess.

Während meines Unfalls in meinem 17. Lebensjahr wurde ich auf Grund eines hohen Blutverlustes und des darauffolgenden kurzen Herzstillstandes für klinisch tot erklärt. Meine Seele hatte sich für einen Augenblick aus dem Körper gelöst, war jedoch mit ihm noch verbunden. Das heisst, ich schwebte für einen Augenblick zwischen Himmel und Erde. Ich war weder hier noch dort. Ich befand mich in einem Feld der vollkommensten heiligen Geometrie. Heilige Formen strömten im gleissenden Licht auf mich zu, wandelten sich und lösten sich wieder auf. Es war unbeschreiblich beglückend, wie ich von diesem überirdischen, ja himmlischen Glanz erfüllt wurde. Ich erfuhr eine Liebe, eine Freiheit und Weite, die nicht von dieser Welt waren, in jeder Faser meines Seins. Alles war von den heiligsten Geometrien erfüllt, Licht in heiligen Formen, Formen, die in das heilige Licht zurück strömten. Ein Zustand, den ich niemals in meinem Leben vergessen werde und der mich immer wieder in Verzücken und Glückseligkeit versetzt, wenn ich ihn erinnere.

Wir können beginnen, uns aktiv in der Heiligen Geometrie auszurichten und damit im Gottesfeld, in dem wir alle ein Teil des Gesamten und gleichzeitig das Gesamte selbst sind. Indem wir uns der Heiligen Geometrie zuwenden, erkennen wir, dass alles bereits perfekt und vollkommen ist, wie auch immer es sich hier gerade zeigt. Auf anderen Ebenen sind das Paradies und die Blaupause der Erde in ihrer ursprünglichen Vollkommenheit erhalten. In dem wir uns aktiv und bewusst ausrichten, üben, üben, üben und nicht müde werden weiter zu erwachen, können wir durch unser Selbst diese Ebenen erinnern und das Paradies, das mitten unter uns ist, erkennen.

Nun möchte ich euch durch die Tore der Heiligen Geometrie ein Stück mitnehmen in die göttliche Matrix, aus der wir alle bestehen.

Es gibt nichts Beglückenderes als diese göttliche Matrix wieder fühlend zu errichten und neu zu erwachen in das, was wir bereits sind. So können wir beginnen, von höheren Ebenen heraus diese Welt glorreich, zärtlich und liebevoll zu wandeln und zu erinnern: wir sind Licht aus dem höchsten Licht. Kinder Gottes, und damit göttliche Töchter und Söhne, die jetzt ihren Platz so wie er für uns vorgesehen ist, Stück für Stück einnehmen. Ja, je mehr wir die Schöpfungsgeschichte unserer Erde studieren und in den Offenbarungen der lebendigen Natur lesen, desto mehr erkennen wir demütig das Wunder des Lebens, die unermessliche Weisheit, die uns durchströmt und dass wir tatsächlich die Krone der Schöpfung sind, die sich nun langsam vollendet in ihrer Gesamtheit. Ein noch nie dagewesener evolutionärer Schritt für die gesamte Menschheit steht bevor. Die Tore stehen für jeden einzelnen jetzt offen.

Wir finden bekannte und unbekannte Erzählungen und Geschichten des Aufstiegs von Frauen und Männern rund um den Globus. Sie haben sich hier vollendet und sind vollkommen in den höheren Dimensionen erwacht. Manche haben ihren Körper mitgenommen und können sich heute an vielen Orten materialisieren und dematerialisieren so wie Melchizedek, Babaji, Mutter Maria, Quan Yin, Saint Germain usw., andere wiederum haben den Körper hiergelassen, damit wir uns in der Gegenwart der Ewigkeit, die in den Kristallen der Knochen abgespeichert ist, erinnern können. An diesen Orten geschehen viele Heilungen und Wunder. In unserem europäischen Raum sind die bekanntesten aufgestiegenen Meister Jesus Christus und Mutter Maria. Sie haben den Aufstieg mit ihren Körpern in die nächste Dimension gemacht und wirken in alle Dimensionen hinein. Deswegen geschehen auch so viele Wunder, Erkenntnisse und Heilungen in der Hinwendung und Hingabe an ihre Gegenwart.

Beginnen wir praktisch mit dem Merkabafeld um uns herum

Um eine Seele aus dem Licht in die Form zu empfangen, müssen sich 72'000 Lichtbahnen öffnen. Dies ist die Zahl der Venus und der Liebe. Eine Eizelle des Himmels (Sperma), aktiv, beweglich, dynamisch und eine Eizelle der Erde, passiv, wartend, empfänglich, kommen zu einem kosmischen Zeugungspunkt zusammen. Je nach Schwingungsfeld der Eltern formt sich die kosmische Seele in die menschliche Form. Zwei Kugeln mit einem Kern im Zentrum verschmelzen und beginnen ihren Tanz der grossen polaren Kräfte zusammen. Wir durchlaufen die Fischblase, dann das Tetraeder, dann baut sich das zweite Tetraeder auf, die Tetraeder schieben sich ineinander, das Merkabafeld ist errichtet. Die Zellteilung geschieht weiter bis hin zur Blume des Lebens. Hier organisieren sich die Zellen nach einem bestimmten Bauplan. Die Herzzellen befinden sich zunächst über dem Kopf und sinken durch den Geist in das Zentrum unseres Seins. Sie beginnen den Puls des Lebens zu spielen, in dem sich alles durch den Klang in einer vorgegebenen Weise zu organisieren beginnt. Irgendwann muss sich der Geist zurück in die Liebe beugen, um den Ursprung seines Daseins zu ergründen und in der Einheit allen Lebens zu erwachen.

Über das erste Merkabafeld strömt unsere Essenz in unser wahres Wesen hinein. Dieses enthält den Bauplan, nach dem sich die Zellen wie von allein organisieren und dieses Wesen in der Form nachbilden. Wenn wir nun bewusst in den Aufstiegsprozess hinein gehen, so beginnen wir damit, das Merkabafeld aufzubauen und zu aktivieren, um somit ein grösseres «Herz-Liebesfeld» zu errichten.

MERKABA

Mer – das Licht - Kind
Ka – der Geist – Vater Gott
Ba – die Seele – Mutter Göttin
Einheit der Triade – die heilige Dreifaltigkeit
in ewiger Liebe verbunden,
aus der alles Leben entsteht.

Der Christusstern leuchtet in jedem von uns
und wartet auf sein volles Erwachen.
Er führt uns nach Hause.
Sicher, geborgen, zentriert in Ruhe und Bewegung gleichzeitig.
Dualität in ergänzender Form.
Erwecke das Lichtfeld in dir.
Erlebe dich neu.
Du bist ein Teil eines grossartigen Plans.
Nimm deine Entwicklung in die Hand und lasse zu, dass sich dein Feld
von selbst aus der inneren Weisheit formt.
Fühle die Liebe zu allem Leben.
Die Liebe, die immer da ist und die alles in Schönheit, Kraft und Wahrheit
erweckt.
Liebe ist der Weg, der alles in sich vereint und dich nach Hause führt.
Er beginnt in dir und führt dich auf die Reise zu deinem wahren Selbst.

Es gibt unzählige Bücher, CDs, Animationen und Anleitungen zur Merkaba im Internet. Wichtig jedoch ist das Herzfeld. In dem wir Schritt für Schritt in der Liebe zu uns Selbst und damit in der Liebe zu allem Leben erwachen, entfaltet sich unser Merkabafeld von allein.

Wir können viele technische Übungen machen; wenn wir den Geist nicht in die Liebe beugen und nicht den Mut haben, den Weg unseres Herzens zu gehen, wird uns die Technik zwar ein Stück weiter bringen, schenkt uns aber nicht die Erfüllung, die wir erhoffen.

Geistige und seelische Entwicklung gehen Hand in Hand.
Der Geist hat nicht die Oberhand, er darf in die Balance mit der Seele kommen.

Hier eine kleine Übung

Unsere Verkörperung ist der Ort des Aufstiegs, aus der Endlichkeit in die Ewigkeit, aus dem Ego in das Selbst, aus der Verkörperung in die vollkommene Selbstverwirklichung.

Dies ist eine von vielen kleinen Übungen aus der Lichtfeldheilung *3) und der Heiligen Geometrie.

Über die Heilige Geometrie sind wir mit dem Gottesfeld und allen Dimensionen verbunden. Somit auch mit hohen Engelsschwingungen und Meisterschwingungen, die unsere Entwicklung beschleunigen können, wenn wir uns an sie wenden und sie einladen.

Nimm dir etwas Zeit.
Spüre deinen Körper und frage dich: «Wo bin ich gerade in meinem Körper? und wie und in welchen Bereichen ist mein Körper gerade beseelt und beleuchtet?»
Du wirst bemerken, dass dies punktuell in bestimmten Regionen deines Körpers der Fall ist.

Nun atme in deinen Geist.
Nimm deinen Geist wahr. Wie fühlt er sich an?
Lass ihn immer deutlicher werden.

Nun atme in deine Seele.
Nimm deine Seele wahr.
Wie fühlt sie sich an?
Lass sie immer deutlicher werden.

Spüre nun deinen Geist und deine Seele gleichzeitig.
Wo berühren sie sich, wo sind sie noch getrennt voneinander?

Bitte nun, dass sie sich vollständig durchdringen und zu einer Einheit werden. Atme ein paarmal tief ein und aus. Spüre nun nach. Wie fühlst du dich jetzt in deinem Körper?
Einheit und Verbundenheit beginnt in uns.

Nun wiederhole die Übung mit folgender Ausrichtung:

Wende dich an die Meister und Meisterinnen des Lichtes, die dir sehr nahe sind, oder du kannst zum Beispiel folgende Anrufung sprechen:

«Sei gegrüsst du alldurchdringendes kristallklares Christuslicht des Universums, Quelle allen Seins.

Gott Vater, Mutter und Kind in einem, ihr Meister und Meisterinnen des Lichtes, ihr Weltenlehrer und Weltenlehrerinnen, ihr Engel, Erzengel und heilenden Engel, meine Schutzengel, ihr lichtvollen Hüter der Elemente, Wasser, Feuer, Luft, Erde und Äther in mir und in allem, mein Selbst in seiner dreifaltigen Gestalt und gesamten Weisheit – hohes Selbst, mittleres Selbst und unteres Selbst – Metatron und Shekina, ihr hohen Kräfte, die ihr den Aufstieg gemacht habt. Nehmt mich an die Hand und führt mich auf dem Pfad, den ihr bereits vollendet habt. Ich bin bereit.»

Warte, bis du ihre Gegenwart bemerkst und begrüsse sie auf deine Weise.

Lege deine Hände auf dein Herz. Atme in das Herz und in die ewige Flamme in dir.

Dehne diese Flamme über die Atmung in dir und um dich herum aus, immer heller, klarer und immer weiter.

Bitte nun, dass sich dein Lichtkörper vollständig aufbaut.

Bitte nun, dass sich dein Lichtkörper vollständig aktiviert.

Nun schliesse deine Augen, komme zu dir Selbst und wiederhole die ursprüngliche Übung mit dieser Ausrichtung. Lasse dich dabei durch die lebendigen Kräfte des Lichtes führen.

Macht es für dich einen Unterschied?

Schreibe dir auf, was du erlebt und erfahren hast.

Hier eine gute Beschreibung, wenn unser Merkabafeld aus der Liebe heraus entfaltet ist:

«Ein Mensch mit gütigem, hoffendem Herzen fliegt, läuft und freut sich; er ist frei. Weil er geben kann, empfängt er; weil er hofft, liebt er.»
 (Franz von Assisi)

Wie entfaltet sich nun das Neue Zeitalter?

«Gegenwärtigkeit ist das Ende aller Zeit»

Hier die ersten Anzeichen:

- ♥ Zeit wird relativ, ja unbedeutend
- ♥ Frieden und Glückseligkeit im Herzen
- ♥ Zuversicht und tiefes Vertrauen in sich Selbst und in die göttliche Führung
- ♥ Ereignisse geschehen aus dem Augenblick heraus, authentisch und wahrhaftig
- ♥ Der Flow setzt ein
- ♥ Wir denken an etwas und es manifestiert sich manchmal augenblicklich
- ♥ Wir denken an jemanden und er ruft an oder meldet sich
- ♥ Wir haben spontane Eingebungen und sie erfüllen sich
- ♥ Wir sind in unseren Träumen wach und wandeln in die Liebe hinein
- ♥ Wir wählen immer Wege, die uns weit, leicht, frei und offen halten
- ♥ Wir fühlen uns leicht und beschwingt, getragen
- ♥ Wir können Engel und Meister direkt in unserer Gegenwart bemerken und wandeln mit ihnen hier Seite an Seite
- ♥ Seelen, die schon auf der anderen Seite sind, behüten uns, wir fühlen und erkennen ihre Gegenwart
- ♥ Hochsensibilität, Feinstofflichkeit, wir spüren und wissen Dinge über Zeit und Raum
- ♥ Wir schauen durch die Form in das Dahinterliegende und durchschauen Absichten
- ♥ Wir haben stets das Gute im Sinn – Never hurt, always help
- ♥ Wir nehmen die Dinge an, wie sie sind
- ♥ Wir spüren die Verbundenheit und die Einheit, jenseits der Trennung
- ♥ Wir freuen uns von Herzen mit anderen an all dem Guten, das geschieht
- ♥ Wir fühlen uns richtig und gut, so wie wir sind und wirken im Einklang aus uns selbst heraus

In dem wir aufwachen, das Licht und die Liebe in allem erkennen, beginnt eine neue Bewegung in uns. Wir folgen nun universellen Gesetzmässigkeiten. Dem Gesetz der Resonanz. Dem Gesetz der Schwingung. Dem Gesetz der Einheit. Wir schwingen uns gegenseitig ein und auf, erinnern uns gegenseitig durch das osmotische Wissensfeld, das uns alle miteinander verbindet und dadurch geschieht das neue Werden.

«Wenn du das Universum verstehen willst, denke in den Begriffen Energie, Frequenz und Schwingung.»
(Nikola Tesla)

♥ Wir suchen nach Wegen der freien Energie, neuen Umgangsformen die nachhaltig sind.
♥ Wir erkennen die Erde als lebendiges Wesen an und als Grundlage (und nicht die Wirtschaft, wie wir sie in der 3. Dimension vorfinden). Wir sind gut mit ihr verbunden, beziehen sie mit ein und folgen den Impulsen, die wir aus dem inneren Raum erhalten.
♥ Wir lassen uns führen von den Kräften des Lichtes, die unseren Weg und unsere Bestimmung kennen.
♥ Auch wenn wir nur den nächsten Schritt erkennen können und uns in manchen Lebenssituationen ausgeliefert fühlen hier auf Erden, so wissen wir doch, dass Gott am Ruder sitzt und uns führt.
♥ Wir bleiben in unerschütterlicher Treue an das Licht und im Glauben an uns Selbst und an das Gute, um das zu tun und zu vollbringen, wozu wir hergekommen sind.

«Tu zuerst das Notwendige,
dann das Mögliche,
und plötzlich schaffst du das Unmögliche.»
(Franz von Assisi)

> Indem wir uns selbst treu sind, der Stimme unseres Herzens folgen und den Fokus auf unsere Herzensvision halten, richten wir uns neu aus und in der Liebe auf. Wir entwickeln neue Parameter.

Wenn wir lieben, wollen wir keinem Leben auf diesem Planeten etwas zu Leide tun, so entwickeln wir ein neues Verhalten den Tieren gegenüber, der Natur gegenüber und teilen die daraus gewonnenen Erkenntnisse mit der Welt. Zu seiner Zeit wird dieser Same Feuer fangen und sich wie ein Lauffeuer überall entfalten.

> Wir werden geführt, zusammengeführt und innerlich gerufen. Dadurch beginnt sich wie der Phönix aus der Asche das Neue Zeitalter in seiner Zeit zu entfalten.

Alte Strukturen wandeln sich, neue ausgerichtet an der göttlichen Matrix entstehen. Dies geht in Wellen. Neues betritt die Bühnen dieser Welt, Altes zeigt sich nochmal... usw. Es ist wie ein Tanz, in dem Vieles gewandelt und neu betrachtet wird. Ein Wiedererkennen jenseits der Masken und Rollen.
Da wir die Bestimmung in uns tragen, gilt es immer zuerst nach innen zu horchen und die nächsten Schritte authentisch aus der Liebe unseres Herzens zu tun.

Wir erkennen: «*Alle Geschöpfe der Erde fühlen wie wir. Alle Geschöpfe der Erde streben nach Glück und Frieden wie wir. Alle Geschöpfe der Erde lieben, leiden und sterben wie wir, also sind sie uns gleichgestellte Werke der göttlichen Quelle und unsere Geschwister.*» (Franz von Assisi)

Wer im Frieden angekommen ist und die Entwicklung, die darin liegt, einmal erfasst hat, der möchte nicht mehr zurück. Er beginnt aus der Einheit zu wirken und zum Wohle des Gesamten Lichtdienste zu tun. Dadurch wird der Lichtgeist in allem Leben berührt und kann sich zur gegebenen Zeit entfalten. Alles ist bereit gestellt, alles ist vorhanden. Immer und immerzu. In der Hingabe an die Einheit und die All-Liebe des Universums entfaltet sich durch und mit uns das neue Werden.

Richten wir uns immer mehr auf unser inneres Wesen aus.

Gleichen wir uns über die Heilige Geometrie mit allen göttlichen Feldern der Schöpfung ab.

Entwickeln wir unsere innewohnenden Superkräfte, die Zeit des Wachstums, des WACH-Werdens ist jetzt. Der Lichtkörper entfaltet sich und ganz neue Fähigkeiten werden in uns aktiviert.

Uns stehen jede Menge Hilfen auf allen Ebenen zur Verfügung, um den Plan, den wir uns aus unserer Seele heraus vorgenommen haben, zu erfüllen.

Da hier auf diesem Planeten der Himmel auf Erden ist, ist das gesamte Universum am Erwachen einer neuen Erde interessiert. Wenn wir erwachen, so strömt eine noch nie dagewesene Frequenz und Liebe durch Raum und Zeit. Eine Liebe nicht von dieser Welt, doch durch diese Welt geboren. Eine neue Zeit beginnt nicht nur für uns, sondern für unsere Brüder und Schwestern im gesamten All.

Ich weiss nicht wie es geschieht, doch weiss ich sicher, dass es geschieht. Jeder von uns ist einzigartig und trägt eine bestimmte Lichtcodierung in sich, die für das neue Werden auf Erden bestimmt ist.

Wir finden uns zusammen in den unterschiedlichsten Bereichen und Themen, erschaffen neue Lösungen und beglückende Erfahrungen in Synthese und Liebesbewusstsein. Überall entstehen zuerst kleine Inseln – paradiesische Inseln – diese werden immer mehr Zustrom bekommen und schliesslich fliessen sie ineinander: Paradies-Paradigma.

Para stammt aus dem Griechischen und bedeutet neben, bei, zu...hin, entlang... usw. Das heisst, wir stellen neue Wege und Möglichkeiten bereit und neben die bestehenden Möglichkeiten hin. Unsere Seele wird früher oder später das wählen, was uns in die wahre Heimat unserer Seele hinein befreit.

In diesem Sinne.

Danke für dein Kommen.

Danke für dein Sein.

Danke für alles, was durch dich in dieser Welt geschehen kann.

Jeder Gedanke, jedes Gefühl, jedes Wort der Liebe schlägt unendliche Wellen in vielen Ebenen und Dimensionen des Seins.

Unterschätze nicht die Flamme der Ewigkeit, die in jedem Herzen wohnt.

Licht kann nicht besiegt werden, es ist. Wir finden es in der Stille und im Frieden mit und in uns.

Wir sind, du bist, ich bin. .... Eins mit allem.

In Liebe und Dankbarkeit
Jeanne Ruland, März 2020

Heilungsmeditation
Video 2020
13:20 Min.

QR Code scannen oder
Link in Browser eingeben.

www.licht-herz.media/rulandv1

Literaturhinweise

*1) Jeanne Ruland: Das Dodekaeder und die fünfte Herzkammer, Schirner Verlag 2011

*2) Jeanne Ruland: Heilige Geometrie in der Natur, Schirner Verlag 2019

*3) Jeanne Ruland: Wege der Lichtfeldheilung, Schirner Verlag 2015

Jeanne Ruland: Schöpfungsmuster der Natur, Kartenset, Schirner Verlag 2019

Jeanne Ruland: Lemuria – Rückkehr in das Paradies – Erinnerungen der Seele, Schirner Verlag 2018

Jeanne Ruland: Lemuria, Kartenset, Schirner Verlag 2018

Jeanne Ruland: Lemuria, Das Paradies in deinem Herzen – Begleiter in der Neuen Zeit, Schirner Verlag 2019

Jeanne Ruland: Die Heilige Geometrie der platonischen Körper, Schirner Verlag 2010

Jeanne Ruland: Heilige Geometrie, Kartenset, Schirner Verlag 2017

Jeanne Ruland: Heilige Geometrie in Aktion, Schirner Verlag 2018

Jeanne Ruland: Die Gegenwart der Meister, Schirner Verlag 2020

Jeanne Ruland: Die Gegenwart der Meister, Kartenset, Schirner Verlag 2020

JEANNE RULAND

Jeanne Ruland ist spirituelle Lehrerin und Heilerin sowie Autorin zahlreicher Bücher. Sie erforscht seit vielen Jahren Lichtstätten in vielen Dimensionen, wie z.B. die Hallen von Amenti und viele mehr. Ausgehend von ihrem reichen theoretischen und praktischen Erfahrungsschatz im Umgang mit den geistigen Kräften teilt sie mit grosser Freude und Liebe ihr Wissen, um Menschen an die unbegrenzte Kraftquelle und das Potenzial im Inneren zu erinnern.

«Ich bin 1966 in München geboren und habe viel auf meinem bisherigen Lebensweg erlebt. Von Kindesbeinen an gilt meine grosse Liebe der Natur, den Felsen, Wäldern, Wiesen, Bächen und ihren Wesenheiten.

Ich bin als Flugbegleiterin viel um den ganzen Erdball gereist und habe erfahren, dass die Erde, die Menschen, die gerade da sind, und der Weg selbst uns führen, lehren und tragen. Aus australischer Sicht sieht unsere Welt ganz anders aus, als von Alaska und doch befinden wir uns auf derselben Kugel, nur in einem anderen Feld, das uns ganz andere Erkenntnisse schenkt.

Auf meinen Reisen war die wichtigste Erfahrung: Wenn Menschen aus aller Welt und allen Nationen, allen Alters, aller Glaubensrichtungen zusammen um das wärmende Feuer sassen, wenn alles willkommen war was ist, wir gemeinsam kochten, wir uns Geschichten erzählten, uns austauschten, miteinander meditierten, uns über die Lehre eines Meisters verständigten, Lichtdienste ausführten oder Rituale zelebrierten, Mantras und andere Lieder sangen und uns gegenseitig achteten und Freude im Austausch miteinander hatten, dann wurde dies für mich zur Vision des Friedens, die ich immerzu in meinem Herzen halte.

Auf meinem Lebensweg habe ich verschiedene Ausbildungen absolviert. Dazu zählen Raja Yoga und Meditation, eine 2-jährige Ausbildung in Alchemie (1987 – 1989), der Ruf der universellen Bruderschaft des Lichtes in Indien (1987). In die Meister-, Engel- und Strahlenlehre nach Elizabeth Clare Prophet wurde ich 1989 in Los Angeles eingeweiht. Mein schamanischer Weg begann 1990 unerwartet in einer Flughöhe von 30000 Ft über dem Nordatlantik. Seit der Zeit habe ich bei verschiedenen Lehrern an verschiedenen Plätzen Einweihungen in schamanischen Heiltechniken erhalten. Dieses Wissen und die Erfahrungen aus meinen eigenen Forschungen gebe ich in meinen Büchern, Vorträgen und Seminaren weiter.

1994 wurde ich zum ersten Mal Mutter, mittlerweile habe ich drei Kinder.

Im Jahr 2000 begann meine Tätigkeit als Autorin, 2001 die Vortrags- und Seminartätigkeit.»

www.shantila.de

Eine neue Welt
Interview von Thomas Schmelzer mit Jeanne Ruland auf Mystica.TV
Video 2019
52:15 Minuten

QR Code scannen oder Link in Browser eingeben.

www.licht-herz.media/rulandv2

AUSKLANG VON ELISABETH BOND

Der Segen von Erzengel Michael für das Zeitalter des Lichts

Die folgende Meditation und die einführenden Worte sind von Elisabeth Bond, einer spirituellen Lehrerin und Heilerin aus der Schweiz. Mit ihrer transformativen Lichtarbeit begleitete sie unzählige Menschen auf ihrem individuellen Weg und öffnete mit ihren Büchern, Lehren und Meditationen das multidimensionale Bewusstsein der Menschen für das Zeitalter des Lichts. Die von Erzengel Michael inspirierten Texte stammen aus einem öffentlichen Meditations-Nachmittag im Mai 2017 in Zürich. Elisabeth Bond verliess ihren physischen Körper im Juli 2019.

«Jetzt, in dieser Zeit der grossen Wandlung, geschieht ein grosses Rütteln, alles verändert sich und die Menschen brauchen mehr Schutz, mehr Verständnis, Liebe sowie Vertrauen in sich selbst. Dabei spielen die Erzengel eine wichtige Rolle. Einer, der immer dabei war, wenn es um die Evolution der Menschheit ging, ist Erzengel Michael. In alten Schriften wird er als der Steuermann des Himmels beschrieben. Er steuert jetzt den Himmel, den wir **in uns** tragen, wieder in die richtige Richtung.

Erzengel Michael ist der erfahrenste Erzengel, weil er mit dem ersten Strahl, dem Strahl des Aufbaus, des Manifestierens, des Muts und auch des Empfangens neuer Ideen wirkt. Das sind die wichtigsten Kräfte, mit der sich die Menschheit jetzt wandeln darf. Und wer vollbringt die Wandlung jetzt konkret auf der Erde? Das ist immer die Aufgabe derjenigen, die gerade da sind, und wir sind jetzt da! Also sind wir seine Mitarbeiter.

Wenn wir zum Beispiel wissen, dass es am nächsten Tag viel zu tun gibt, etwas, das wir materialisieren möchten, oder einfach etwas, das auszuführen ist zum Wohl des Ganzen – wir sind immer vernetzt –, dann können wir am Abend bevor wir einschlafen, Erzengel Michael anrufen: Wir bitten ihn, dass er uns mit dem elektrisch-blauen Licht hilft, richtig zu manifestieren und uns mit seiner rötlichen Lichtflamme in unserer Liebe stärkt. Wenn wir am andern Tag diese Arbeiten tun und in Aktion kommen, spüren wir, wie Erzengel Michael einen blauen Ring um uns herum materialisiert und wir eingebettet sind in seinen unendlichen Segen.»

MEDITATION

Lege die aktive Hand auf Dein Herz und spüre das innere Feuer. Mit dem Atem spürst Du auch den Puls dieses Feuers, die Kraft, den Mut, das Lieben, die Essenz des Lebens, die Schöpfungsessenz der Seele. Du spürst, wie Segen Dich einhüllt, der Segen des Lebens. Und Du spürst, wie Harmonie Dich einhüllt, Liebe, Kraft, aber auch Mut, Mut zur Ausdehnung und Erweiterung. Du spürst das Heilige Feuer in Dir, das Heilige Schöpfungsfeuer, das jeder Mensch in sich hat.

Nun legst Du die Hand wieder auf Deinen Oberschenkel. Und Du fühlst Dich jetzt eingebettet in die Obhut der Engel. Viele, viele Engel sind im Raum. Und sie zeigen sich alle in einer elektrisch-blauen Tönung. Es sind auch Engel dazwischen, welche die Farben der Rot-Töne haben. Sie alle gehören zur Schar des Erzengels Michael.

Du rufst jetzt mit dem Herzen Erzengel Michael an, und Du spürst eine grosse Kraft, die entsteht. Ein riesiges Kraftfeld entwickelt sich jetzt. Du spürst in Deinen Zellen den Rhythmus dieses Kraftfeldes. Du spürst den nie versiegenden Schutz des Erzengels Michael, und Du bist in seinem Kraftfeld – jetzt! Durch dieses Kraftfeld bekommst Du nun kosmische Informationen, und Du hörst mit dem Herzen zu. Hör, was Michael sagt – jetzt! Das sind Informationen, die Du oft auch im Gebet, in Deinen Meditationen, aber auch im Sinnieren, in Deinen Gedanken bekommst.

Pflege die hohe Kunst, mit dem Herzen zu hören. Du kannst sehen, aber Du kannst auch hören. Und wenn Du Michael anrufst, hörst Du ihn. Michael sagt Dir nun: «Alles, was sich überlebt hat, stirbt.» – Es ist viel, das sich überlebt hat, in der Menschheit, aber auch in Deinem Leben. Höre zu, mit dem Herzen. – Und Erzengel Michael spricht nun: «Alles, was neu werden will, sucht eine Form. Auch durch Dich werden Formen gesucht, je nach Deinem Seelenplan.» Hör zu, er spricht jetzt zu Dir. Was für Formen können durch Dich entstehen? Sind das physische Formen, sind das feinstoffliche Formen, ist das eine Kombination? Hör gut zu.

Spüre, wie sich Dein Puls jetzt mit dem Puls des Universums verbindet und wie Du mutiger wirst, zu manifestieren. Sei ein Pionier, auch im Kleinen. Was tauch jetzt auf, was Du in Deinem heutigen Tag, jeden Tag, so wie Du lebst, im Kleinen manifestieren könntest und auch kannst. Was taucht jetzt auf?

Erzengel Michael sagt zu Dir – jetzt: «Wisse, Du bist kein Kind des Lichts, Du bist jetzt ein Meister des Lichts, benimm Dich auch wie ein Meister in der Zeit. Tritt hervor in Deinem Leben. Es ist jetzt Zeit, dass Du Deinen Abschluss feierst von den vielen Jahren des Lernens. Eine Abschlussfeier – jetzt!» Es kann eine stille Feier sein, aber es kann auch eine Feuer-Feier sein mit viel Spass und Tanz, oder es kann beides sein. Du bist jetzt auf Deiner Abschlussfeier von den vielen Jahren des Lernens.

Nun bist Du bereit, einen kraftvollen Licht-Segen, kraftvolle Lichtsegnungen von Erzengel Michael zu empfangen. Dies in Fülle der elektrisch-blauen Flammen und in Fülle der orange-gelbrosa-roten Flammen. Diese Licht-Segnungen füllen jetzt die Leere in Dir, dort, wo noch das Unbekannte ist, das, was kommen wird. Du wirst es sehen und erkennen.

Empfange jetzt von Erzengel Michael die Lichtsegnungen für Deine Neugeburt. Du wirst neu geboren. Wer bist Du?
Empfange den Segen – jetzt! Empfange jetzt die kraftvolle Licht-Segnung von Erzengel Michael für das Loslassen. Die Atome in Deinen Zellen lassen die Schwere los, die Emotionen lassen alles los, was sie immer wieder erfahren haben, das, was schwer ist. Empfange jetzt die Licht-Segnung für Dein Loslassen.
Und nun empfängst Du die kraftvolle Licht-Segnung von Erzengel Michael für das Kommende, das zu Dir kommen will. Er segnet Deine aufbauende Kraft, damit Du das Kommende empfangen wirst und kannst. Empfange den Segen für das Kommende. Öffne weit Dein Herz.
Und nun empfängst Du die kraftvolle Licht-Segnung von Erzengel Michael für Deine Intuition, für die Bewegung darin, die Weitsicht und auch die Ruhe. Deine Intuition sorgt für ein Gleichgewicht zwischen dem Leben im Feinstofflichen und dem Leben in der Materie. Empfange die starke Licht-Segnung für Deine Intuition – jetzt!
Und nun empfängst Du die kraftvolle Licht-Segnung von Erzengel Michael für das kosmische Samenkorn, welches in Deinem Innersten angelegt ist und das Dich zum Meister des Lichts macht.

Nun bedankst Du Dich bei Michael. Du bist gesegnet, Du bist unendlich gesegnet. Atme Dich langsam in den Körper zurück, bewege Dich und öffne dann die Augen.

Der Segen von Erzengel Michael für das Zeitalter des Lichts
Meditation
Audio 2017
27:30 Minuten

QR Code scannen oder Link in Browser eingeben.

www.licht-herz.media/bonda1

Weitere Beiträge von Elisabeth Bond im Lichtwelle Online-Magazin:
www.lichtwelle-online.ch

HERZ-ETHIK
Bernadette von Dreien

Das Buch HERZ-ETHIK beantwortet mit grosser Klarheit die brennenden Fragen, die uns im Wandel zu einer Neuen Zeit beschäftigen. Es beschreibt tiefgründig und bewegend Herz- und Lebensaspekte, befasst sich mit den heute so herausfordernden Gesellschaftsfragen und verbindet auf einfachste Art und Weise ganzheitliche Psychologie, Psychosomatik, Spiritualität und Philosophie.

Mit dem Feuer des Herzens und dem Wissen, dass jetzt grosse Wandlungen geschehen, nimmt uns das Buch mit auf eine Reise hin zu einer lichtvollen und liebevollen Lebensweise, zu einem gemeinsamen Gestalten unserer Umwelt und zu einer friedvollen Menschheit.

LICHT-HERZ Verlag, 360 Seiten, ISBN: 978-3-907275-02-3

LICHT-HERZ Verlag

Die Publikationen des **LICHT-HERZ Verlages** geben bewusstseinserweiternde und herzöffnende Impulse in der jetzigen Wandlungszeit zum Zeitalter des Lichts. Der Verlag ist frei von religiösen, traditionellen oder sonstigen Systemen und richtet sich nach der Ethik des Herzens, die jedem Menschen innewohnt. Das herzbasierte Bewusstsein beginnt mit der persönlichen inneren Entfaltung, führt zu einem liebevollen und friedlichen Zusammenleben in der Gemeinschaft und bewirkt nachhaltige und lebensfördernde Entwicklungen in der Gesellschaft.

Der LICHT-HERZ Verlag (www.licht-herz.media) gehört zu:
IM LICHT Seminarzentrum und Buchhandlung.
Alle Veröffentlichungen unseres Verlags und ein reichhaltiges Sortiment an Büchern und unterstützenden Artikeln für den inneren Weg finden Sie in unserer Buchhandlung www.imlicht.ch . (Versand nur in die Schweiz)